보물지도 12

이 책을 소중한

_____님에게 선물합니다.

_____ 드림

• 기적을 보길 원하는 이들의 꿈의 목록 •

보물지도12

기획 · 김태광

배상임 최윤희 유지영 이해일 우희경
신상희 김명빈 배경서 양은정 나애정 한선희

위닝북스

당신의 꿈을 이루어 줄
보물지도를 그려라!

바쁜 일상 속에서 꿈보다 현실에 안주하는 것을 택하며 살아가는 이들이 많다. 오늘보다 더 나은 내일을 꿈꾸며 저마다 치열한 삶을 살면서도 끝내 도전하는 것이 아니라 현실에 안주하는 것을 택하는 모습을 지켜보면 안타까운 마음만 들 뿐이다. 이처럼 포기하는 것이 당연하게 여겨지는 시대에서 보물지도를 그리라니, 황당하다는 생각이 들지도 모른다.

꿈을 실현하기 위해서는 철저하게 계획을 세우는 것이 먼저다. 당신의 꿈을 적어 내려간 보물지도는 그 계획과도 같다. 꿈을 현실에서 펼치는 데는 많은 조건이 필요하지 않다. 꿈을 적은 보물지도를 가슴에 품고 열정적으로 하루를 살아가면 그것으로 충분하다.

나는 하루아침에 꿈이 이루어지도록 바라는 사람들에게는 이 책을 권하고 싶지 않다. 저절로 이루어지는 꿈은 없다. 당신이 찾고자 하는 보물로 당신을 데려다 줄 보물지도를 만들어라. 막연히 꿈만 꾸는 데 그치지 말고, 계획을 실천하며 소망을 이루어 나가라.

이 책의 저자들은 앞으로 이루어 나갈 자신들의 소중한 꿈의 목록들을 하나씩 적어 나갔다. 또한 평범한 사람들이 꿈을 이루어 가는 꿈의 목록들을 통해 누구나 용기를 얻고, 희망을 얻기를 바라는 마음을 책에 담았다.

결코 특별한 사람만이 꿈을 이루는 것이 아님을 깨닫기를 바란다. 그리고 어떠한 상황에서도 꿈을 향한 걸음을 멈추지 말기를 소망한다. 이제 꿈과 신념을 향해 열정적으로 노력하고 꿈이 실현될 당신의 모습을 생생하게 그려라.

2018년 4월

신상희

CONTENTS

보
물
지
도

12

PART
1

건강한 삶 살며
작가로서의
꿈 이루기

· 배상임 ·

배상임 교사, 독서지도사, 문학 심리상담사, 동기부여 상담사, 자기주도학습 코치

낮은 자존감으로 흔들리는 1318 청소년들을 위해 자존감을 높이는 교육을 펼치고 있다. 아이들을 가르치며 배우고 깨달은 경험들을 글로 남겨 누군가의 인생에 변화와 도움을 주는 메신저가 되고자 한다. 또한 자기계발 작가, 동기부여 강연가, 부모 컨설턴트로서 인생 제2막을 펼치고자 한다. 현재 '자존감'을 주제로 개인저서를 집필하고 있다.

Email bsyms99@naver.com   C·P 010.9487.2752

여든여덟 살까지
팔팔하게 몸짱으로 살기

음력 11월 6일(동짓달 초엿샛날)은 어머니의 기일이다. 올해는 어머니의 50주년 기일이었다.

지금도 눈을 감으면 그날의 기억이 생생하다. 그해의 첫눈이 내린 날이었다. 그때 나는 초등학교 2학년이었다. 동네 친구들이랑 동구 밖까지 눈을 만들어 굴렸다. 그러곤 산타할아버지 같은 눈사람을 만들어 세워 두었다. 우리는 추운 줄도 모르고 코가 빨개진 친구들과 서로서로 '루돌프 코'라고 놀려 대며 신이 났다. 즐겁게 놀면서 집으로 왔는데 우리 집 대문 앞에 흰색 병원차가 서 있었다. 그 순간 나는 심장이 쿵 내려앉는 것을 느꼈다.

들것에 실려 나와 병원차에 태워진 사람은 내 어머니셨다. 내 어머니는 산소마스크를 낀 채로 마치 주무시는 듯이 눈을 감고 계셨다. 나는 "엄마!" 하고 분명히 불렀는데 목소리가 밖으로 나오질 않았다.

함박눈이 소복소복 쌓이는 골목길에 서서 흰색 병원차가 우리 동네 입구를 빠져나가는 것을 울면서 한참 동안 바라보았다. 어머니와 함께 차를 타고 가신 아버지의 얼굴에서 눈물이 하염없이 흘러내리는 것을 보았다. 항상 씩씩하셨던 아버지가 그렇게 우시는 건 그때 처음 봤다.

그것이 어머니의 마지막 모습이었다. 나는 그날 이후로 내 어머니를 더 이상 못 보게 될 줄은 꿈에도 알지 못했다. 아직 '죽음'의 개념도 모르던 어린 시절에 어머니를 떠나보낸 일은 당시 내가 맞닥뜨린 가장 충격적인 일이었다.

어머니는 천성적으로 착한 분이셨다. 포항에서 생선 통조림 공장을 하셨던 부자 외할아버지 덕에 귀한 딸로 자랐다. 타지인 대구에서 고등학교를 마치시고 우리 아버지를 만나 결혼하셨다. 아버지는 자신이 외아들이었기 때문인지 자식 욕심이 있으셨다. 그래서 부잣집 딸로 자라면서 거친 일을 한 적이 없는 어머니는 우리 7남매를 낳아 기르셔야 했다. 지금에 와서는 같은 여자로서 어머니가 얼마나 힘드셨을지 이해할 수 있다.

어머니에게는 치통으로 얼굴이 뒤틀려 보자기로 얼굴을 가리고 두문불출하는 여동생이 한 명 있었다. 우리는 그분을 막내 이모라고 불렀다. 이모는 대구 인근 지역인 고산으로 시집가서 두

아들을 낳고 살고 있었다. 외할아버지께서 반대하시는 결혼이었기 때문에 그 뒤로는 부잣집 자식임에도 전혀 경제적인 도움을 받지 못했다.

우리 어머니가 친정엄마처럼 돌봐 주었다. 물질적인 도움을 주었을 뿐만 아니라 자주 찾아가서 집안일도 해 주곤 하셨다. 우리 7남매를 돌보는 것만으로도 지치셨을 텐데 사흘이 멀다 하고 고산행 버스에 몸을 실으셨다.

어머니가 쓰러지셨던 그날도 막내 이모 집 김장을 해 주고 오신 날이었다. 그 날 어머니는 우리 7남매를 남겨 두고 천국으로 가셨다. 그때 어머니의 나이는 겨우 마흔넷이었다. 그렇게 어린 나이에 어머니를 잃은 우리 7남매를 친자식처럼 돌봐 주신 고모가 계셨다. 아버지의 하나뿐인 여동생인 고모는 시집을 갔지만 고모부와의 사이에 자식이 없었다. 그래서 어머니가 안 계신 우리 집에 거의 매일 와서 살림을 보살펴 주었다. 어린 우리를 다 키워 주신 셈이다.

그렇게 3년이 지나 5학년이 된 어느 날, 학교에서 돌아와 현관에 들어섰다. 그런데 처음 보는 여성용 신발 한 켤레가 놓여 있었다. 방 안에서는 어른들이 화기애애하게 대화하는 소리가 들렸다. 아버지, 고모, 할머니 그리고 처음 듣는 목소리도 있었다.

나는 방 안의 새로운 손님, 신발의 주인공이 보고 싶고 궁금했지만 마루에서 잠시 기다렸다. 그때 방문을 열고 나오신 아버지께서 나를 보시더니 방으로 들어가서 인사하라고 말씀하셨다. 나는 묘한 이 분위기는 뭘까 궁금해하며 안방으로 들어갔다.

"임아, 여기 이분은 오늘부터 너희들의 새어머니야. 어서 인사 드려라!"

고모의 소개로 그 신발의 주인공이 우리들의 새어머니란 것을 알게 되었다. 이름은 최수자, 경주 최부잣집의 막내딸로 자랐고 나이는 마흔두 살이었다. 새어머니께서는 매우 미인이셨다. 그리고 독특한 억양의 부산 말씨를 쓰셨다. 지금까지 부산에서 미혼으로 살다가 지인의 소개로 우리 아버지를 몇 번 만났다고 한다. 그러곤 부인과 사별한 아버지에게 어린 자식들이 많은 걸 알고 우리들을 도와주시기로 결심했다고 말씀하셨다.

전혀 예상하지 못했던 일이라 우리 남매는 한참 동안 어리둥절해 했다. 처음에는 '엄마'라는 말이 잘 안 나왔다. 언니와 나는 그래도 빨리 적응한 편이었지만 오빠들은 '엄마'라고 부르기까지 오랜 시간이 걸렸다.

새어머니가 오신 후 따뜻한 어머니의 정을 다시 느낄 수 있어 좋았다. 하지만 무엇보다 그동안 매우 외로워하시던 아버지께서 밝은 모습을 되찾으신 게 가장 좋았다. 그다음으로는 어머니의 손길이 필요한 나이의 우리를 돌봐 주시느라 매일 우리 집에 오셨던 고모가 이제는 가끔씩만 와도 되는 점이 좋았다. 우리 아버지와 고모의 남매간의 정은 남달랐다. 일찍 할아버지를 여읜 어린 고모를 우리 아버지가 키운 것이나 다름없다 보니 두 분의 남매간 정이 매우 두터웠다. 고모는 몇 해 전에 돌아가셨지만 지금까지도 감사한 마음뿐이다.

새어머니가 우리 집에 오시고 10년쯤 지났을 때 사업에서 받은 스트레스가 원인이 되어 아버지께서 갑자기 돌아가셨다. 그 당시 아버지께서는 해운업에 크게 투자하셨는데 투자했던 조선회사가 부도나자 아버지의 건강도 함께 무너졌다. 결국 아버지는 환갑도 못 지내시고 세상을 떠나셨다.

그러자 나는 아버지가 돌아가셨으니 새어머니가 자기 집으로 되돌아갈 줄 알고 하루하루를 조마조마한 마음으로 지냈다. 남편도 없는 마당에 전처의 자식 7명을 돌봐 줄 리가 없다는 생각 때문이었다. 하지만 새어머니께서는 끝까지 우리 7남매를 지켜 주셨다. 감사한 마음을 이루 말할 수가 없었다. 새어머니는 우리들의 학교 행사에 모두 참석하셨다. 비록 잘하지는 못하셨지만 집안 살림도 도맡아 해 주셨다. 나는 어린 나이에 어머니와 헤어져서인지 새어머니와의 기억이 더 많이 남아 있다.

새어머니는 참 멋진 분이셨다. 영어는 물론이고 일본어와 러시아어도 구사할 줄 아는 신학문의 선구자셨다. 책을 읽다가 가끔씩 마시는 찻잔 속의 검은 물이 커피란 걸 새어머니 덕분에 알게

되었다. 새어머니께선 우리 7남매를 모두 결혼시키시고 12명의
손주들의 재롱과 함께 기쁜 여생을 누리시다 3년 전에 영면하셨
다. 언젠가 새어머니를 만난다면 이 말을 꼭 해 드리고 싶다.

"새어머니, 당신은 저희 가족을 위해 이 땅에 오신 천사이십니
다. 감사합니다. 존경합니다. 사랑합니다."

현재 나는 우리 부모님보다 더 오래 살고 있다. 요즘 노인대학
교 출입문의 비밀번호는 '9988(아흔아홉 살까지 팔팔하게 살자)'이라
는 말이 있다. 나는 아흔아홉 살까지는 바라지 않는다. 그저 지금
처럼 큰 병 없이 여든여덟 살까지 팔팔하게 살고 싶다. 그래서 나
는 매일 3가지 운동을 꼭 한다. 단호흡 운동, 하루에 2만보 걷기,
홀라후프 50분 돌리기가 그것이다. 나는 건강하게 88세까지 살
기 위해서 매일같이 운동을 부지런히 할 계획이다.

10층짜리
꼬마빌딩 주인 되기

"마지막 한 구좌 남아 있어요. 선착순으로 마감합니다."

총무님의 굵직한 목소리를 들으며 내가 마지막 가입자가 되었다. 'TM(티끌 모아 태산)'계에 가입 신청을 한 것이었다. 1년 동안 12명이 일정한 돈을 내고 모아서 그것을 순서대로 매달 한 사람에게 목돈을 안겨 주는, 일종의 낙찰계다. 내 기억으로는 그때 신입사원의 월급이 30만 원 전후였다. 그런데 월급의 33퍼센트에 해당하는 돈을 매달 곗돈으로 붓고 자신의 순서가 되면 100만 원가량의 돈을 탔다.

그땐 그랬다. 은행에 적금을 넣기보단 몇몇 친한 사람들끼리 계를 조직하는 것이 더 익숙한 모습이었다. 매달 월급에서 33퍼센트를 뚝 떼서 곗돈을 내기란 쉽지 않은 일이었다. 하지만 1년이라는 짧은 기간에 종잣돈을 마련할 수 있는 방법이었기 때문에 이 낙찰 계는 사람들에게 꽤 인기가 높았다.

예나 지금이나 돈이란 쓰고 남는 일은 절대 없다. 그래서 과감히 우선 저축을 먼저 하고 나머지 돈으로 생활을 해야만 그나마 돈이 달아나지 않을 것 같다는 생각에 열심히 참여했다. 내가 처음으로 가진 종잣돈은 이때의 계를 통해서 모은 100만 원이었다.

당시에는 수표 발행이 흔하지 않은 때여서 1만 원짜리 100장을 노끈으로 꽁꽁 동여매어 돈다발을 만들었다. 그것을 이부자리 밑에 숨겨 놓으니 불안한 마음에 도저히 잠을 이룰 수가 없었다. 열악한 자취방 천장의 생쥐님들의 발소리가 유난히도 크게 들렸다. 마치 누군가 내가 잠들기만을 기다리며 노려보고 있는 것 같은 큰 불안감에 뜬눈으로 그 돈다발을 사수했다. 지금도 그날 밤 최초의 내 돈다발을 지키던 긴장감과 설렘이 짜릿하게 떠오른다. 그리고 이렇게 만든 종잣돈은 은행에 장기 적립금으로 맡겼다. 그 당시는 복리 이자가 원금에 붙어 수익으로 돌아오는 재미가 쏠쏠하던 시절이었다. 아무튼 'TM'계는 내 재테크의 일등공신인 셈이다.

우리나라에서 88올림픽이 열리던 때였다. 이 무렵은 우리나라 경기가 부동산으로 쏠리던 때였다. 특히 주택 가격이 천정부지로 치솟았다. 그런 분위기에 힘입어 드디어 나도 내 집을 마련했다. 경북 K시의 한옥이었다. 추녀 끝이 활짝 펼친 제비 날개처럼 날렵

하며 운치 있고 마당이 꽤 너른 기와집이었다.

내가 10년 동안 사회생활을 하면서 모은 돈에 남편의 돈을 합쳐서 공동 명의로 구입했다. 내 재산 목록 1호가 탄생한 셈이다. 빚 없이 오로지 현금으로만 산 집이었다. 그땐 세상에서 부러운 게 하나도 없었다. 그해에 태어난 딸아이와 함께 우리는 마당 있는 집에서 행복하게 살았다.

그런데 아이가 초등학교에 입학하게 되자 아이가 걸어서 등교할 수 있도록 어쩔 수 없이 초등학교 부근의 아파트로 이사 가야 했다. 우리는 정든 한옥을 텅 빈 집으로 둘 수는 없었다. 그래서 인상 좋은 세입자 아주머니에게 한옥을 관리 하면서 잘 살아 달라고 부탁하고 새 아파트로 이사했다.

그런데 작년 봄에 K시청의 담당 공무원으로부터 우리 한옥을 팔지 않겠느냐는 연락이 왔다. 고즈넉한 주변 환경에 마당 너른 한옥이라 노인정 부지로 사용하기에 좋아 보이니 K시가 보상가로 살 수 있도록 협조해 달라는 내용이었다. 그 말을 듣고 나는 K시의 시민으로서 지역사회 복지사업에 조금이나마 일조하고 싶다는 마음이 들었다. 우리가 다시 한옥을 관리하며 살기에는 힘이 많이 들었다. 이 기회에 지역사회에 좋은 일도 할 겸 보상을 받기로 결정했다.

그런데 우리가 생각지 못한 난감한 일이 불거졌다. 우리가 K시에 한옥을 팔고 보상금을 받게 된다면 세입자는 단칸방도 얻을 수 없는 상황이 되어버린 것이었다. 그들이 돌려받을 전세금은 당시 시세에 따라 방을 구하기에는 턱없이 부족한 돈이었기 때문이었다. 그렇게 되면 한옥에 세 들어 사는 두 독거노인은 건강하지도 않은 그 작은 몸조차 따뜻한 방에 누일 수 없게 되고 길거리로 나앉게 될 것이었다.

두 노인이 낸 집세는 말이 전세금이지 그냥 집을 관리해 주시는 걸로 하고 받은, 시세에 못 미치는 적은 금액이었다. 그저 한옥을 처분할 기회가 왔다는 생각으로 보상 시책에 협조했더라면 정말 난감한 상황이 일어날 뻔했다. 우리는 시청 담당자에게 두 독거노인의 딱한 사정을 전달했다. 그리고 간곡히 민원을 올린 결과 다행히 노인정 부지는 다른 곳으로 추진하게 되었다.

우리 한옥이 있는 동네는 K시의 구시가지라서 매우 오래되고 낡은 단독주택들이 많다. 어린 자녀들은 자라서 대부분 신도시로 떠나고 부모님 세대인 어르신들만 남아서 동네를 지키고 있다. 이런 환경에서 어르신들을 위한 노인정은 꼭 필요한 시설이라고 생각되었다. 하지만 우리 집에 세 들어 사는 두 노인의 딱한 사정을 모른 척할 수는 없는 노릇이었기에 이 또한 잘한 선택이었다고 생각한다.

그러던 어느 날, 유난히 추운 겨울이 지나고 새로 매입한 부지에 세워진 '평화 노인정'이라는 문패를 보았을 때 감회가 남다르고 매우 기뻤다. 그 후 자녀들을 큰 도시로 떠나보내고 홀로 지내시는 어르신들이 모여 직접 식사를 만들어서 나눠 드시거나, 환담을 나누시거나, 가끔씩 노래자랑대회도 하시는 모습을 본다. 우리 한옥에 기거하시는 두 독거 어르신들도 어르신용 안전 보행기를 밀고 노인정으로 출근해 함께 어울리시는 걸 보고 내 마음도 한결 가벼워졌다.

지금 우리 한옥에는 독거노인 두 분께서 위 아랫집에 기거하며 자매처럼 다정하게 살고 있으시다. 가끔 들를 때면 우리 한옥의 너른 마당은 1년 내내 깨끗이 쓸어져 있다. 두 노인께서는 마당 한 귀퉁이에 여러 가지 채소를 가꾸신다. 그리고 마당 한가운데에 있는 수돗가에서 도란도란 얘기를 나누시곤 한다. 힘든 삶을 거칠게 살아오신 분들이지만 서로 닮은 인생의 동반자가 되어 다정하게 지내시는 두 어르신의 모습이 참 보기 좋았다.

남편과 나는 30여 년 동안 단 한 번도 집세를 올려 받지 않았다. 두 분께서 마당 너른 우리 한옥에서 바람이 불면 떨어지는 오동 나뭇잎을 쓸면서 오래오래 건강하고 행복하게 사셨으면 좋겠다. 맨 처음 한옥에서 우리 부부가 행복한 삶을 시작한 것처럼 두 어르신들도 행복하게 여생을 누리시길 바라는 마음이다.

요즘 재테크의 끝은 건물주가 되는 것이라고 말한다. 30년간 사람들과 휴식하며 잘 지낸 우리 한옥을 늠름한 새 빌딩으로 탄생시키고 싶다. 마당 너른 이 한옥 터에 10층짜리 빌딩을 세우고 꼬마빌딩주가 되는 게 내 꿈이다. 한옥의 담장 너머 박 넝쿨이 뒹구는 모습을 볼 수 없는 날이 오면 내 꿈을 실천에 옮기겠다. 만약 그날이 아주 더디게 오더라도 그날이 올 때까지 기다리는 착한 주인이고 싶다.

나미비아공화국에 한글학교 세우기

나미비아(Namibia)는 아프리카 남서부, 대서양 연안, 남아프리카공화국과 앙골라 사이에 있는 나라로 정식 명칭은 나미비아공화국이다.

나미비아의 역사를 보면 우리나라와 닮은 점이 많다. 오랫동안 열강의 식민 지배를 받았고 그에 따른 슬픈 역사를 지니고 있다. 특히 일찍이 독일의 식민지가 되어 남서아프리카로 불렸다. 1915년 이후 74년간이나 남아프리카공화국의 식민 통치를 받아 오다가 1990년 3월에 아프리카에서 53번째로 독립국이 되었다. 그로써 아프리카 대륙 식민지 역사에 종지부를 찍었다. 세계 제3위의 다이아몬드 생산국이지만 인접 국가인 남아프리카공화국의 수탈로 말미암아 경제가 피폐되었다. 독립한 후에도 남아프리카공화국에의 종속이 별로 개선

되지 않고 있다.

　나는 5년 전부터 아프리카 지도를 꼼꼼하게 보는 버릇이 생겼다. 왜 뜬금없이 '검은 대륙'이라 불리는 아프리카에 꽂힌 건가. 그것은 매년 연말이면 항공우편으로 날아오는 카드 한 장 때문이다. 바로 우리 학교와 자매결연을 하고 있는 나미비아 선교회 수녀님의 손편지다. 그 카드에는 예수그리스도 성탄의 기쁨을 나누고 1년 동안 우리 학교에서 나미비아에 보내 준 기부금에 감사하는 글씨가 빼곡히 담겨 있다.

　내가 교사로 재직하고 있는 중학교의 학생 수는 원래 600명 정도였는데 인구 감소 현상으로 현재는 400명으로 줄었다. 그래서 해마다 모금액이 줄어들고 있다. 이에 조금이라도 더 성금을 늘리기 위해 교직원들은 기부금 형식으로 모두 참여하곤 한다. 전 교직원이 기부에 참여하고 우리 학교 전교생이 자발적으로 모금해 모은 성금을 나미비아에 보내곤 했다. 그때마다 그곳에서 사목 활동을 하시는 수녀님께서는 감사의 마음을 담아 손편지를 보내 주신다. 카드에는 비록 적은 돈이지만 지구촌의 아이들에게 서로 돕고 살아가야 함을 인식시키기에는 충분하다고 적혀 있다. 뿐만 아니라 선한 행동인 기부 활동의 의미를 학생들이 되새길 수 있도록 학생들에게 카드를 꼭 전해 달라는 당부의 말씀도 적혀 있다.

　우리가 자매결연을 한 나미비아의 학교는 도심에서 떨어진 곳이라서 우리나라 돈으로 10만 원이면 집 한 채를 살 수 있다고 한다. 우리는 열악한 환경 속에서 머무를 곳이 없는 아이들에게 잠자리를 제공하고 건강하게 학교에 다닐 수 있도록 하는 데 드는 돈이 엄청나게 큰돈이 아니라는 사실에 적잖이 놀랐다.

뿐만 아니라 아이들의 학비와 병원 의약품 구입에도 매년 한 번씩 우리가 보내는 성금이 요긴하게 쓰인다고 했다. 물론 국내의 어린이재단에도 기부의 손길이 필요하다는 걸 모르는 바는 아니다. 그래서 우리는 '초록우산 어린이재단'을 통해 국내의 어린이들에게도 희망을 선물하고 있다.

낮과 밤의 기온 차이로 열사병과 폐렴으로 영유아들이 고통받는다는 뉴스를 보고 우리 학교 학생들은 털실로 직접 모자를 짜 나미비아로 보내기도 했다. 여중생들의 고사리 손이었지만 뜨개질 솜씨는 제법 괜찮았다. 특히 모자는 판매해도 될 정도로 솜씨들이 대단했다. 어린 마음에도 자신들이 직접 짠 모자가 지구촌 아이들의 생명을 지키는 데 일조한다는 사실에 자부심이 대단했다.

해마다 연말이 되면 우리는 1년 동안 모아 온 성금과 빨간색 모자를 얼굴 한 번 본 적도 없는 지구촌 아이들에게로 보낸다. 그리고 잠시라도 지구촌 영유아들이 고통에서 벗어나길 바라는 마음으로 활동에 매우 기쁜 마음으로 참여한다. 사랑은 받을 때만이 아니라 줄 때도 기쁘다는 사실을 몸소 체험하는 것이다. 우리

학생들은 날마다 키가 크듯이 그렇게 한 걸음씩 영적으로 성장해 나간다.

언젠가 우연히 TV 프로그램 〈100개의 희망학교, 아프리카의 미래를 그리다〉 편을 보았다. 전쟁과 기아에 허덕이는 아프리카 아이들의 슬픈 모습은 우리에게 이미 익숙하다. 한국전쟁을 겪은 우리나라도 불과 50년 전만 해도 전쟁 후유증으로 의식주가 형편 없었으니까 말이다. 우리는 전쟁 후의 우리나라에 전 세계인들의 도움이 줄을 이었다는 것을 기억한다. 의료 봉사, 약품 제공, 어린 이들을 위한 분유 공급 등등….

어느 나라나 마찬가지다. 전쟁의 가장 큰 피해자는 여자와 어린이다. 물론 전쟁터에서 목숨을 잃거나 부상으로 고통 받는 군인을 빼놓을 순 없겠지만. 한국전쟁 이후 우리도 먹을 것과 마실 물이 없어 본 적이 있지 않은가. 아프리카 땅도 마찬가지다. 그곳은 열악한 자연 환경까지 합세해서 모든 어린이를 더욱 고통 속에 빠 뜨리고 있다. 탐욕스러운 위정자들이 일으킨 전쟁에서 가장 고통 받는 건 어린이와 노인들이다. 어린이들은 배울 나이가 되어도 배움터가 없어 더욱더 절망적인 상황이다.

삶의 터전인 집도 없는 이런 상황에서 학교를 세운다는 것은 그야말로 꿈만 같은 일이다. 기아와 질병에 허덕이는 하루하루가 그들의 삶 자체다. 그 암흑의 땅에 우리나라가 주도적으로 추진한 위대한 프로젝트, '희망학교 100개 짓기 프로젝트'를 완성했다는 방송을 보면서 가슴이 뭉클했다.

그곳에는 뇌수종을 앓고 있는 한 여고생이 있다. 그녀는 자신은 결코 죽음에 굴복하지 않고 병마와 싸워 이길 것이라고, 그래서 자신의 나라 살림에 보탬이 되는 회계사가 되겠다는 꿈을 꼭 이룰 것이라고 다부지게 인터뷰했다. 그 모습을 보며 나는 콧등이 시큰해지는 것을 느꼈다. 열악한 환경이지만 배움에 대한 열정만은 넘쳐흘렀다. 그들이 바로 아프리카의 희망이다.

검은 대륙 아프리카. 비행기로 16시간이면 갈 수 있다. 나는 아프리카 중에서도 나미비아에 한글학교를 세우고 싶다. 평생 우리나라 아이들에게 국어를 가르치며 살아왔으니 이제 인생 제2막의 무대는 나미비아로 옮길 것이다. 나는 그들에게 유네스코가 인정한, 세계에서 가장 위대한 우리 말과 글인 한글을 가르치고 싶다. 위대하고 아름다운 우리의 한글을 알리고 우리 문학작품 속에 녹아 있는 한국인의 정신을 그들에게 알려 주는 21세기 애국자가 되고 싶다.

올해 첫 출간을 시작으로
저서 10권 출간하기

"선상님요, 우리 집에 있는 거 여기 다 갖고 왔심데이."

"예, 어무이. 이 무거운 걸 이고 오신다고 수고 많았습니다."

40여 년 전 어느 날 겨울에 갑자기 우리 엄마가 학교에 나타났다. 엄마는 운동장 한복판을 가로질러 사과 상자를 머리에 이고 황급히 교무실로 들어갔다. 나는 교무실 복도에 숨어서 선생님과 엄마를 지켜보았다. 엄마가 선생님들께 나눠 주려고 사과 상자를 이고 온 줄 알았다.

그런데 종례시간에 담임선생님으로부터 엄마의 학교 방문 사연을 들은 나는 깜짝 놀랐다. 우리 엄마가 내가 초등학교 6년 동안 쓴 일기장을 사과 상자에 담아 이고 왔다는 것이었다. 그때가 아마 초등학교 졸업식이 가까웠을 무렵이었던 것 같다. 담임선생님은 6학년 졸업식 때 내가 '자랑스러운 어린이 상'을 받을 수 있게 해 달라고 그 일기장들을 이고 와 교무실에 쏟아 놓고 가셨다고 말씀하셨다.

얼마 후 졸업식장에서는 내 이름이 불렸다. 나는 단상 앞으로 나가 금메달을 목에 걸었다. 드디어 엄마의 소원이 이루어진 것이다. 물론 도금을 입혀서 유난히 황금빛으로 번쩍거리는 금메달이었지만 내가 태어나서 처음 타 본 큰 상이었다.

나는 일기를 꾸준히 잘 썼다고 상을 받을 줄은 전혀 생각하지 못했다. 졸업식이 끝나고 마냥 얼떨떨해하는 나에게 엄마는 "그렇게 꼬박꼬박 일기를 잘 썼으니까 상을 받는 건 당연하지."라면서 행복하게 웃으셨다. 그러고는 "임아, 네가 일기를 날마다 꼬박꼬박 쓰는 걸 보고 꼭 상을 타게 해 주고 싶었다. 글 쓰는 연습을 많이 해서 작가가 되어 봐라."라고 말씀하셨다.

당신이 그 추운 날 일기장을 머리에 이고 학교로 달려오신 힘듦은 아랑곳하지 않는 밝은 표정이었다. 평소에는 별로 말씀이 없으신 편이라 그 속을 잘 몰랐던 나의 새엄마. 그날 나는 말이 없는 엄마가 사실은 속마음이 따스한 분임을 알게 되었다. 말없이 나를 지켜보셨다고 생각하니 어린 마음에도 감사했다. 작가가 되어 앞으로도 엄마를 기쁘게 해 드리고 싶다는 마음이 들었다.

그 시절 나는 일기를 매일 꼬박꼬박 썼다. 대수로운 일이 아니라고 생각했는데 그것이 자랑스러운 일이 되어서 졸업식 날 빛나는 금메달을 받을 줄 몰랐다. 아무튼 그날의 기쁨은 좋은 기억으로 오래갔다. 그때의 기억이 추진력이 되어서인지 모르지만 중학생이 된 후에도 교내·외 문예대회 수상자 명단에 내 이름이 자주 올라 있었다. 덕분에 국어 선생님들과 친하게 지내는 행운이 주어지곤 했다. 그것은 내가 도서실에 자주 가게 된 이유이기도 하다.

예민한 사춘기와 여고시절, 난 도서실에서 시간을 보낼 때가 많았다. 문예반 동아리 활동이나 도서부 일을 하면서 자연스레 책을 가까이했다. 문예반에서는 주로 문학작품을 읽고 독후감 쓰기와 독서 토론을 자주 했다. 나는 감수성이 예민한 시절에 가족보다 책과 함께 지낸 시간이 더 많았다. 그 당시 나에게 독서는 부조리한 인생의 답답함을 뻥 뚫어 준 청량음료와 같았다. 그렇게 책과 함께 지내는 시간이 또래 아이들보다 많았던 나의 학교생활에 문제가 생겼다.

한약을 잘 다루셨던 할아버지의 영향으로 아버지는 은근히 나를 한의학과에 진학시키려고 하셨다. 그래서 나는 고등학교 2학년 때까지 이과 반에서 자연계열 수업을 받았다. 그런데 수학2 영역의 점수가 턱없이 부족해서 아버지의 바람과는 달리 문과 반으로 이동하게 되었다. 그래서 이과 반에서 수업을 받지 못했던 국어2 영역을 독학으로 공부해야 했다. 그때 도서실에서 내가 읽은 책들이 나의 전체 독서량의 대부분을 차지한다고 해도 과언이 아니다. 어차피 문과로 전과한 이상 한의학과에 진학하는 것은 물 건너 간 것이었다. 그동안 해 온 한자 공부가 너무 아깝다는 생각이 들었다.

이런 나의 마음을 헤아리셨는지, 담임선생님께서 국어국문학과를 강력하게 추천하셨다. 현대문학과 고전문학을 두루 다루는 수업을 받게 될 테니까 한문 실력을 발휘해서 훌륭한 국문학도가 되라고 말씀하실 때 귀가 솔깃했다. 그래서 나는 국어국문학과에 진학하기로 결정했다. 담임선생님의 권유로 결정한 순간의 선택이었지만 정말 탁월한 선택이었다. 단 한 번도 후회한 적이 없었다.

나는 지난 12월부터 매일 운전할 때마다 CD를 틀어 놓고 골똘히 듣고 있다. 한 달 동안 〈한국 책쓰기 성공학 코칭협회(이하 한책협)〉 김태광 대표 코치의 〈의식수업〉 강의 내용을 매일 들었다.

"전생의 계획 중에 이미 다 계획된 일입니다. 내가 지금 마음 먹고 하고자 하는 일은 미리 계획되어 있는 것입니다."

"피하려고 해도 피해 갈 수 없습니다. 내 앞에 펼쳐지는 시련은 믿음이라는 씨앗을 잘 자라게 할 영양분 많은 거름입니다. 힘들다고 한번 피하면 계속해서 도망쳐야 합니다. 시련을 피하지 마세요. 오히려 '신의 딸'이라고 믿으세요. 우주의 힘을 끌어당겨 보세요."

이 대목을 듣는 순간 온몸에 찌릿한 전율이 강하게 느껴졌다. 김태광 대표 코치의 말은 흔히 강연가가 말로만 외치는 구호나 청중을 설득하려는 미사여구와는 달랐다. 듣는 모든 이에게 영적 성장을 가져다줄 만큼 확신에 차 있는, 우주의 에너지와 같았다.

지난 한 달 동안 나는 놀라운 내적 변화를 경험했다. 까마득하게 잊고 살아온 '작가'라는 나의 소망을 확실히 찾은 것이다. 오랫동안 짓눌려 있었던 어릴 적 내 꿈이 너무나 선명하게 되살아난 것이다. 어디선가 "작가가 되어 보렴." 하는 낯익은 목소리가 생생하게 들렸다.

〈의식수업〉 강의를 CD로 반복해서 들어도 나를 둘러싼 현실은 크게 달라진 게 없다. 그런데도 내 마음속에는 희한하게도 기쁨과 열정이 매일 흘러넘친다. '이것이야말로 기적이고 축복이 아닐까?' 하는 생각에 눈시울이 젖어들었다. '작가는 아무나 되나?'라는 부정적인 생각에 젖었다가도 "작가가 되어 봐라."라는 친근한 목소리에 또다시 힘을 얻곤 한다. 내가 가진 지식과 경험이 비록 평범할지라도 삶의 메신저로서 내 인생 이야기를 세상에 전하고 싶다. 세상에서 단 한 명에게라도 도움이 될지 모르니까.

"나는 작가다!"라고 외치지만 나는 좀 늦었다. 아니, '시작'은 많이 늦었다. 40여 년 세월을 흘려보내다가 이제야 길을 찾았다. 마치 산허리만 맴돌며 헤매다가 산을 오르는 길을 잃어버린 사람

같다. 그렇지만 시작이 늦어도 괜찮다는 이 정체 모를 자신감은 어디서 오는 걸까. "범은 죽어서 가죽을 남기고 사람은 죽어서 이름을 남긴다."라는 말이 있듯이 나는 작가니까 내 이름으로 출간한 책을 꼭 남길 것이다. "열 번째 출간을 축하합니다."라는 소리가 내 귓가에 벌써 들려오는 듯하다.

작가, 코치, 강연가로서
당당하게 살기

"선생님, 독후감 세 편 쓰기 숙제 오늘까지 내야 하나요?"

"그래, 수행평가니까 꼭 내야 돼!"

나는 대한민국의 교사다. 매일 학교로 출근하는 대한민국의 교사다. 나는 경북에 있는 한 중학교에 재직 중이다. 정년이 코앞으로 닥쳐왔지만 아직 퇴직을 결심하지 않고 있는 현역 교사다.

지금 당장 명예퇴직을 신청하고 나와도 퇴직금과 수억 자산 보유자에 해당하는 연금을 받을 수 있다. 남들은 황금 직장인데 뭐가 문제냐고 한다. 하고 싶으면 하고 그만두고 싶으면 그만두면 되니까 나의 퇴직 고민은 즐거운 비명이라고 말한다. 그러면서 주위 사람들의 부러움을 샀다. 나도 그 순간만은 약간의 우쭐함과 안도감을 느끼곤 했다.

하지만 어디에서 오는지 모를 2퍼센트의 부족함은 늘 나를 고민하게 만들었다. 요즈음 취업을 준비하는 '취준생'처럼 나는 스스로 은퇴를 준비하는 '퇴준생'의 길을 걷고 있었다. 나의 본업은 우리나라 교육부가 인정하는 국어 정교사지만, 그 외에도 독서지도사, 문학 심리상담사, 분노조절상담 지도사, 웃음치료사, 레크리에이션 지도사, 실버상담 지도사, 가족심리 상담사, 아동심리 상담사 등 다양한 자격증을 보유하고 있다. 그래서 현직을 떠나더라도 무료한 틈은 없을 것 같다. 앞으로 어떤 삶을 살아갈지는 내가 마음먹기에 달렸다. 은퇴 후에도 내가 가진 자격증을 활용해서 지역사회를 위해 봉사하며 의미 있는 삶을 살아갈 것이다.

대부분의 사람들이 아는 바와 같이 학교라는 곳은 학생과 교사가 교수·학습으로 연결되는 만남의 장소다. 그런데 요즘은 급변하는 시대적 현상에 따라 학교의 시스템도 많이 변하고 있다. 학생들은 '정보의 홍수시대'를 살고 있다. 그 정보 전달의 매체인 스마트폰의 위력은 이들에겐 신과 같다. 아이들에게 스마트폰은 바야흐로 모든 것 위에 군림하는 제왕인 셈이다. 그것은 새로운 우상으로서 아이들의 삶에 깊숙이 침투되어 가고 있다.

이렇다 보니 교육 현장 또한 정보화에 발 맞춰 변화해야 하는데, 실상은 아이들의 스마트폰을 관리하는 데도 여력이 부족하다. 그 뿐인가? 쏟아지듯이 범람하는 정보들을 리터러시(재점검)할 엄두도 못 내고 있는 실정이다.

상황이 이렇다 보니 문제는 점점 위축되는 독서 인구다. SNS 및 영상 문화가 대세인 세상에서 아이들이 책을 접하는 시간은 점점 더 줄어들 수밖에 없다. 나는 무엇인가를 시도해야만 했다. 그래서 2년 전부터 1학년 자유학기제의 주제별 수업에서 '독서 중 활동하기'를 진행하고 있다. 이것은 자신이 읽고 싶은 책을 골라서 독서하다가 자기 마음에 와 닿는 구절이나 문장을 옮겨 적고 그것에 대한 자신의 생각을 글로 쓰는 활동이다. 한 달에 네 번 독서하고 매달 한 번씩 메모한 문장들을 각자 발표했다. 처음에는 어색해하며 기죽은 듯 작은 소리로 말하던 아이들은 시간이 쌓여 갈수록 서로 공감하고 소통하며 즐겁게 수업에 참여했다. 시간이 지날수록 서로 이해하며 친하게 지낼 수 있게 되었다. 활기차고 진정성 있는 아이들의 발표 내용은 갈수록 감동을 주었다.

수업을 시작할 무렵에는 많은 아이들이 책을 그저 가지고만 있었다. 읽지도 않고 읽어도 메모하지 않았다. 내 눈을 피해서 잡담을 하거나 시간을 낭비했다. 나는 그런 아이들이 안타까웠다. 그래서 나는 독서 수업 전반부에 꼭 동기부여 수업을 먼저 했다. 독서도 제대로 잘하면 돈을 벌 수 있다고 말하자 아이들의 눈빛이 달라졌다.

한번은 예능프로 진행자인 유재석의 일화를 예로 들려주었다. 가히 국민 MC라고 할 만한 유재석이 센스 있는 애드리브의 대가가 된 비장의 무기는 바로 남다른 '독서'라고 말해 주었다. 실제로 유재석은 틈새 독서를 많이 하는 예능인으로 잘 알려져 있다.

독서 동기부여를 위해 내가 들려준 이야기를 듣는 아이들의 두 눈은 반짝거렸다. '아이들의 독서 욕구가 꿈틀대고 있는 지금이 독서 환경을 만들어 줄 때다!'라고 생각하고 독서대를 구입했다. 학생들이 올바른 자세로 독서할 수 있도록 환경을 변화시켜 주었다. 그랬더니 놀랍게도 책을 펴자마자 엎드려 자는 학생들이 눈에 띄게 줄었다. 이렇게 자유학기제 독서 수업은 나의 독서지도 능력을 한껏 발휘해 볼 수 있는 시간이었다.

요즈음 아이들은 정말 노트 필기하는 것을 싫어한다. 그래서 독서노트 필기 대신에 캘리그라피나 POP글씨로 꾸미기를 할 수 있도록 준비물을 나눠 주었다. 아이들은 변화된 환경을 좋아했다. 놀라운 발상과 창의성으로 독서와 그림이 합쳐지는 융합 수업을 활발하게 진행해 나갔다. 각양각색으로 꾸며진 독서활동 결과물은 학교 축제 때 전시장을 꾸미는 데 활용되기도 했다. 처음에는 책을 따분하게 여기던 아이들이 동기부여를 해 주고 의식을 확장시켰더니 독서에 흥미를 가지기 시작한 것이다. 그리고 자기주도적 독서활동을 통해 지정도서를 읽을 때보다 훨씬 적극적으로 다양한 책과 열린 마음으로 독서에 집중하게 되었다.

독서 코칭과 동기부여 학습을 실행해 본 결과는 대성공이었다. 한 학기 동안 아이들은 꾸준히 책을 읽고 명문장을 발견해 아름다운 글씨와 캐릭터로 그렸다. 그 후에 각자 책 소개 및 좋은 문장을 발표하고 친구들에게서 좋은 평가를 받았다. 그러고 나니 아이들은 훨씬 자신감이 커져 생기가 넘쳤다.

나와 함께 도서관 수업으로 한 학기를 보낸 아이들의 내적 변화는 매우 놀라웠다. 글을 읽고 조리 있게 발표하는 능력이 눈에 띄게 좋아졌다. 다른 교과 시간에도 자신감 있게 발표해 평가가 좋았다는 동료 교사의 이야기를 듣고 큰 보람을 느꼈다. 이렇게 아이들과 함께하는 학교생활에는 나름 잔잔한 기쁨이 있다.

딱히 누가 나를 변화시키려고 하지 않았지만 나는 스스로 변화를 원하고 있었다. 어느 날 문득 지금까지 책을 읽기만 하는 '독자'의 입장에서 이젠 나도 도서관 서가에서 내가 쓴 책을 볼 수 있는 '작가'가 되어 보자는 생각이 들었다. 그러던 어느 날 내 손에 잡힌 한 권의 책에서 신세계를 만났다. 바로 김태광 작가를 비롯해 여러 명의 작가가 함께 쓴 《나는 책 쓰기로 당당하게 사는 법을 배웠다》였다.

"당신이 직장인이라면 만사 제치고 책부터 써라!"
"책 쓰기는 인생을 바꾸는 자기계발의 시작이자 끝이다!"
"내 이름으로 된 책을 쓴 후 인생이 달라졌다!"
"성공해서 책을 쓰는 것이 아니라 책을 써야 성공한다!"

이런 당당한 문장은 난생처음이었다. 책을 읽는 순간 가슴이 심하게 요동쳤다. 왜냐하면 지금까지 나는 책이란 아주 특별한 경험이나 전문적인 지식을 가진 사람들이 쓰는 그들만의 전유물로 여겨 왔기 때문이다. 그러다 이 책을 접했을 때 나는 속으로 '유레카!'를 외쳤다. 그렇게 나는 〈한책협〉을 만났다. 그러고는 바로 〈책 쓰기 과정〉을 신청했다. 한 치의 망설임도 있을 수 없었다. 〈책 쓰기 과정〉을 신청한 지 한 달 만에 공동저서 2권을 쓰고 개인저서를 집필할 계획을 세웠다. 나는 놀랍고 빠르게 변화했다.

"작가님, 이번에 열 번째 쓰신 책이죠? 축하합니다!"

"선생님, 여러 가지 행사로 바쁘실 텐데 우리 학생들에게 멋진 강연을 해 주셔서 감사합니다!"

지금은 우습게만 들리지만 나는 반드시 이 즐거운 삶의 주인공이 되어야겠다. 요즘 나는 눈코 뜰 새 없이 바쁘게 지낸다. 작가로서 코치로서 강연가로서 은퇴 후에도 내가 하고 싶은 일을 하면서 현역으로 활발하게 살고 싶다. 그 꿈을 미리 앞당기고 싶은 열정으로 고군분투하고 있다.

보
물
지
도
12

PART
2

경제적 자유를
누리며 목표
이루어 나가기

· 최윤희 ·

최윤희 브레인 트레이너, 마음 치유 코치, 자기계발 작가, 동기부여가

가족사로 인한 마음의 고통을 명상과 마음 관찰을 통해 이겨냈다. 현재 브레인 트레이너로서 상처받은 많은 이들의 감정을 치유하고 있다. 현재 자신의 경험을 바탕으로 '감정 치유'에 관한 개인저서를 집필 중이다.

Blog blog.naver.com/wedo11   C·P 010.4202.6335
YouTube 최윤's 행복책방

가난과 결핍에서 벗어나
50억 원대 자산가로 성장하기

돈은 사람에게 품위와 자유를 선물한다. 돈의 결핍은 사람을 비루하고 쭈그러들고 똑바로 걷지 못하고 휘청거리게 한다. 돈은 내가 할 수 있는 무언가를 찾고 실행하게 하고 성장하도록 힘을 준다. 자본주의 사회에서 돈의 결핍은 행동을 축소시키고 존재감마저 상실시킨다. 어른들은 늘 세상을 살아가는 데 돈이 전부가 아니라고 하지만, 과연 그럴까? 돈의 부족으로 가정이 파괴된 환경에서 자라는 아이들을 보면 그 말은 정답이 아니라고 생각한다.

많이 배우지 못하고 가진 것 없어서 가난하게 살았던 부모님 탓에 나 역시 힘겨운 어린 시절을 보내야만 했다. 넓고 쾌적한 집에서 부모님과 풍요롭게 사는 친구들을 보면서 스스로 부족한 존재라고 생각하며 열등감만을 키워 왔다. 사람들 앞에서는 밝은 척, 안 그런 척했지만 가난 속에서 어린 여자아이가 느낀, '가진 것 없음'으로 인한 상처는 말도 못하게 컸다.

나의 아버지는 의류 공장을 하셨다. 그런데 수입이 일정치가 않았다. 어쩌다 돈이 들어오면 그마저도 불쌍하고 형편이 어려운 사람들에게 줘 버렸다. 술도 안 마시고 담배도 안 피우고 항상 웃으시던 착한 아버지였다. 그러나 어려운 사람을 돕고자 하는 이상적인 마음이 현실적인 능력과 매치되지 못해 생기는 폐해는 상상 이상이었다. 자신과 자신의 가족을 먼저 챙겨야 하는 가장임에도 남의 어려움만 먼저 챙기니 무능력한 가장이 되는 것은 당연했다.

내가 세 살 때쯤, 아버지가 일하시던 공장에서 몇 달째 월급을 받아 오지 못해 분유 값이 다 떨어진 엄마는 노심초사 안절부절못했다. 매일 아침 나가서 밤늦게까지 뼈 빠지게 일하는데 돈은 한 푼도 못 받아 오는 것이었다. 먹을 쌀과 피울 연탄이 떨어지니 엄마는 돈을 받아 오라고 아버지를 다그쳤다. 돈 달라는 말 한마디도 제대로 못하는 남편을 보고 엄마는 부아가 나서 나를 들쳐 업고 직접 공장 사장에게 달려갔다. 그러곤 공장 사장 멱살을 잡고 "내가 내 새끼랑 굶어 죽게 생겼다."라고 부르짖으며 목 놓아 울었다고 한다.

그런 일이 있은 다음 날, 사장은 아버지에게 우선 한 달치 월급을 챙겨서 보냈다. 그런데 아버지는 그 돈을 형편이 어려운 동료에게 주어 버렸다. 물론 남은 얼마간의 돈을 가져오긴 했지만 엄마는 '이 사람과 살면 내가 굶어 죽겠구나' 하고 심한 불안감을 느꼈다고 한다. 그렇게 불안한 삶은 지속되었고 지속되는 가난은 부부 사이의 불신을 더욱 단단하게 했다. 그 후 두 분은 결국 이혼을 선택하셨다. 이혼 후에 엄마는 억척스럽게 일했다. 돈이 안전한 삶을 위한 최선의 도구라고 생각하면서 평생을 사셨다. 가난하고 힘없는 부모의 곁에서 7남매의 맏이로 살아온 엄마의 그 당시 선택은 자신을 보호하고 지킬 수 있는 최선이었다.

유년시절, 나는 삶 속에서 돈의 노예처럼 살아가는 사람들의 모습이 비천하게 느껴졌다. 돈보다는 삶의 가치, 돈이 없어도 나를 반짝반짝 빛나게 해 줄 수 있는 가치를 찾아 헤맸다. 가난한 문학자들을 동경했고, 가난하지만 자신의 가치를 위해 전력을 다하는 꿈꾸는 삶이 멋있게 다가왔다. 어린 내가 그렇게 생각할 수밖에 없었던 이유는 내가 돈을 가지고 할 수 있는 일이 없었기 때문이다. 부모가 나에게 준 가난한 환경은 어린 내가 오롯이 감당해야 할 몫이었지, 해결할 수 있는 대상이 아니었기 때문이다. 나는 항상 혼자였고 먹을 것, 입을 것이 풍족하지 못했다.

한겨울의 추위는 더 혹독한 외로움을 느끼게 했다. 화려한 크리스마스 날에 가난한 여자아이는 방 안에서 웅크리고 있을 수밖에 없었다. 그때 내 곁에서 위로가 되어 주고 나를 멋진 세계로 안내해 주는 것은 오로지 책이었다. 책을 살 돈이 없었기 때문에 나는 매일 버스를 타고 서점으로 갔다. 서점에서 어린이 문고판 앞에 주저앉아 책이 선사하는 세계에 빠져들었다.

책 속에서 나처럼 가난하고 나처럼 외롭고 나처럼 추운 겨울을 보내는 사람들을 만났고, 그들과 이야기했다. '오늘은 이 책을 읽고 내일 오면 저 책을 읽어야지'라고 다짐하면서 행복해했다. 어떤 어려움도 슬픔도 그 시간 속에 있는 한 나를 침범하지 못했다. 그 시절 그 서점은 내가 삶을 살아 낼 수 있는 유일한 곳이었다.

하루는 읽던 책이 너무 갖고 싶어 낡은 잠바 속에 감추고 몰래 빠져나왔다. 그러나 초짜 책 도둑 어린 여자아이는 완벽하지 못한 시선 처리와 어설픈 행동 탓에 금방 잡히고 말았다.

"너, 이리 와 봐라."

"네?"

"아저씨 따라와 봐."

아버지 또래의 아저씨를 따라 들어간 곳은 서점 내의 사무실이었다.

"잠바 속에 감춘 거 뭐니?"

겁이 많고 순둥순둥한 나는 그대로 잠바 속에 감춰 두었던 책을 꺼내 보여 드렸다. 무섭고 떨렸다.

"그게 갖고 싶었니?"

"네…."

"그럼 돈을 주고 사야지."

"돈이 없어서요…."

나는 떨면서 울먹였고 아저씨는 지그시 나를 바라보았다.

"오늘은 아저씨가 그냥 보내줄 거야. 그러나 다시는 그런 짓 하면 안 된다."

아저씨는 그렇게 조용히 타이르시고는 손에 사탕 몇 개를 쥐어 주고 나를 사무실 문 밖까지 배웅해 주셨다. 그 이후 다시는 그런 짓을 하지 않았지만 나의 서점 순례는 쭉 계속되었다. 아마도 어딘가에서 차가운 땅바닥에 쭈그려 앉아 책을 읽고 있는 나를 지켜보셨으리라. 그렇게 나는 책을 통해 성장했다. 가난하지만 당차고 할 말 다 하는 아이로 성장했다.

부모의 이혼과 가난한 환경 속에서 나는 열등감이라는, 엄청난 크기와 무게를 가진 괴물을 만났다. 마음속의 그 괴물은 평소엔 이성 뒤에 숨어 살다가 문득문득 나를 죽이는 검은 그림자가 되어 내 속에서 똬리를 틀었다. 돈 때문에 헤어진 부모님 때문에 충분한 보살핌과 사랑을 받지 못했던 어린 마음이 키워 온 외로움과 상처였다.

내가 자식을 낳아 키워 보니 아이에게 부모는 세상 전부다. 그 안에서 사랑받고 안전함을 보장받으며 세상을 배워 간다. 하지만 그렇지 못할 경우, 심지어 아이들은 부모의 불행이 자신 때문이라고 생각한다. 실제로 외할머니, 외할아버지 그리고 외갓집 식구들은 틈만 나면 나를 보고 "너 때문이다."라고 한목소리를 냈었다. '네가 태어나서 너희 엄마가 저 고생을 한다'고.

청소년기가 되었을 즈음 비로소 '그게 왜 나 때문이야?' 질문했지만 어릴 적엔 정말 그런가 보다, 생각했다. '내가 태어나서 모든 일이 잘못되었구나'라는 사실은 내가 받아들여야 할 당연한 내 삶의 전제였다.

나의 어린 시절을 돌이켜 보면 참 잘 이겨 내고 참 예쁘게 잘 컸다고 생각한다. 내가 살아온 삶은 내가 이 세상에 태어난 이유를 찾게 했다. 가난이 가져다준, 내면의 탐구가 바로 그것이다. 가난하고 외롭지 않았다면 알 수 없었을 위대한 인간 의식의 발견이 나를 이 세상에 보내신 신의 의도임을 알았다. 적당히 또는 적절한 환경에서 삶과 인간에 대한 큰 의구심 없이 살았다면 나는 인생의 위대한 가치를 모르고 지극히 평범하게 삶을 끝마쳤을 것이다.

돈이라는 건 결국 의식의 문제라는 것을 알았다. 갖가지 시련 속에서 내가 일평생 동안 찾아 헤맸던 문제의 해답이 바로 이것이다. 어떤 상황, 어떤 환경에 있든 남의 말을 적당히 참고해 가며 사는 것이 진정한 자신의 삶은 아니라는 것이다. 오로지 생각의 힘으로 나를 성장시킬 수 있다는 사실을 깨달은 점이 내 인생의 가장 큰 수확이다.

신념과 확신은 새로운 삶을 살게 한다. 그 강력한 마음의 힘은 세상에서 내가 원하는 것을 이루게 하는 진리의 열쇠다. 사람과 동물의 차이는 생각하는 힘에 있다고 했다. 과연 '어떤 방식으로 생각해야 하는가?'에 대한 궁금증이 나로 하여금 삶을 살아가는 데 정답을 찾게 했다. 내적 갈등과 고뇌가 쓸데없는 걱정과 한숨으로 끝나지 않고 삶의 위대한 법칙을 발견하게 한 것은 나의 자랑이다.

나보다 편하게 별 탈 없이 인생을 살아온 사람들이 지금 "불행하다, 슬프다, 괴롭다."라고 나에게 토로한다. 오히려 나는 그들보다 신나고 재미있고 행복한 삶을 살고 있다. 남편 대신 집안의 경제를 끌고 오면서도 나는 남편과 알콩달콩 신난다. 이유 없는 불행과 시련은 없다. 불행과 시련 속에서 의미를 발견해 나를 제대로 세우는 것이 위대한 인간의 삶이다. 힘이 내 안에 있는데 부모와 배우자와 자식과 이웃들에게 불평하는 것은 미련한 짓이다. 내 안에서 힘을 찾고 내 안에서 힘을 키워 나의 삶을 사는 것이 완전한 삶이고 행복으로 가는 길이다.

내 마음의 힘은 나를 50억 원대의 자산가로 만들 것이다. 비록 지금까지는 가시밭길을 걸어왔지만 내가 꿈꾸고 희망하는 일이 내 앞에 곧 펼쳐질 것이라 확신한다. 나는 나의 버킷리스트인 '50억 원대 자산가 되기'를 이루기 위해 매일 50억 원대 자산가를 선포하고, 매일 50억 원대 자산가를 글로 쓰며, 매일 50억 원대 자산가를 노래할 것이다. 나의 신념은 곧 현실로 내 눈앞에 펼쳐질 것이다.

개인저서 출간해
인기 작가, 강연가로 성공하기

올 여름내 울었다. "나는 더 이상 이렇게 살고 싶지 않아. 나도 내 마음대로 하고 살 거야!"라고 소리치며 엉엉 울었다. 뭔가 내 뜻대로 살아지지 않는 현실에 지치고 답답했다. 그땐 내가 원하는 것이 뭔지도 모르고 막연히 이렇게 살면 안 된다는 자각만이 가득했다. 그 설움이 북받쳐 울었다.

남편 대신 가정 경제를 도맡으며 살아왔다. 학원 일은 결혼 전에 하던 일이었기에 크게 부담이 되는 일은 아니었다. 하지만 결혼하자마자 어려운 상황에서 학원 운영을 시작했다. 잠시 동안만 힘들면 모든 일이 쉽게 풀릴 수 있을 것이라 믿었었다, 그때는.

하지만 나의 생각과는 다르게 남편이 준비하던 일은 계획대로 성과를 내지 못했다. 생활비를 가져오지 못하니 내가 계속 일해야 하는 상황이 이어졌다. 준비되지 못한 갑작스러운 결혼과 출산 때문에 예측할 수 없는 삶 속으로 내던져졌다.

좌충우돌 우왕좌왕하면서 신혼을 보냈다. 남들처럼 알콩달콩 깨를 볶는 신혼이 아닌, 전쟁터를 방불할 만큼 격렬하게 싸웠던 시절이었다. 너를 만났기 때문에 내가 이런 고생을 하게 된 거라고, 애초에 너와 나는 맞지 않는데 결혼한 것이 잘못이라고, 지금이라도 나를 자유롭게 놔주고 내 발의 족쇄를 풀어 달라고, 매일매일 울고 소리쳤다.

왜 그렇게 남편이 싫었을까? 자유롭고 내 마음대로인 나와 전통적인 가부장적 사고를 가진 남편은 애초부터 극과 극이었다. 현모양처를 이상형으로 꿈꾸고 살았던 남자다. 사랑하는 어머니와 아버지를 모시고 따뜻한 가정에서 사랑하는 마누라와 사이좋게 알콩달콩 사는 것을 꿈꾸던 남자였다. 나는 자신이 없었다. 시부모를 위해 내가 누려야 할 자유를 포기하고 남들 보기에 좋은 효부로 산다는 것은 내가 원하던 삶이 아니었다.

고등학생 때 친아버지를 만났다. 만남 이후 과연 행복했을까? 그렇지 않았다. 나를 찾지 않았어야 내가 더 행복했을 것이라고 매일같이 소리쳤다. 초등학생 때는 부모의 이혼으로 외로운 시간을 보냈다. 동생과 나는 엄마가 늘 그리웠다. 따뜻한 엄마의 정에 굶주려 살았다. 엄마의 부재를 묻는 어른들에게 "엄마가 지방에서 일하셔서 함께 못 살고 있는 거예요. 금방 다시 살 거예요."라고 대답하며 자존심을 세웠다. 그러나 어른들은 다 알았을 것이다. '엄마가 없는 애구나'라고.

친아버지를 만나니 그 집 가족들의 눈초리가 나를 할퀴었다. 눈초리로만 할퀸 게 아니라 말과 행동으로 나를 물어뜯었다. 아버지는 나를 보호하느라 가족들의 비아냥거림과 질책을 감수했다. 지겹고 짜증났다. 마음이 자유롭지 않았고 늘 쉬고만 싶었다. 나를 더 미치게 했던 것은 불과 나하고 다섯 살밖에 차이가 안 나는 아버지의 어린 애인이었다.

하루는 아버지가 양재동 사무실로 나오라고 한 어느 날이었다. 기분 좋게 집을 나와서 버스를 타고 사무실에 도착했다. 아버지는 보이지 않았고 사무실 식구들도 자리에 없었다. 그런데 짧은 캉캉스커트를 입고 아버지 책상에 앉아 있는 그녀를 발견했다. 그녀는 쭉 뻗은 다리를 책상 위에 올려놓고 친구와 전화를 하고 있었다. 멀뚱히 서서 그녀의 대화가 끝나기를 기다렸다.

"거기서 뭐하는 거예요?"

나의 가시 돋친 질문이 그녀에게로 향했다.

"너희 아빠 없어. 왜? 내가 여기 앉아 있으면 안 되니?"

"거긴 아빠 자리잖아요. 그러면 아줌마한테 이를 거예요!"

여기에서 아줌마란 아버지의 아내를 말한다.

"야! 어디서 굴러먹었는지도 모르는 게 나타나서 지랄이야? 네가 뭔데 감 놔라, 대추 놔라 간섭이야? 아줌마한테 이르면 어쩔 건데? 내가 그 여자한테 이미 말했어, 서방 간수나 잘하라고!"

예상 못한 반격이었다. 그때까지 그렇게 부도덕하고 비윤리적이고 악랄한 언어를 사용하는 사람을 만나 보지 못했다. 내가 들어서는 안 될 말들을 그녀는 마구 퍼붓고 있었다. 나는 무서웠던 나머지 그냥 뒤돌아 나와 버렸다. 골목길이 휘청휘청 술 취한 듯 흔들렸던 날이었다.

가족 때문에 너무 많은 상처를 받은 나는 자유로워지기를 간절히 원했다. 그런 분노와 미움이 점철된 관계에서 아버지 역시도 사랑을 그리워했다. 아버지는 고등학생 시절 산판에서 품을 팔던 어머니를 잃었다. 산에서 목재를 잘라 트럭에 싣고 내려오시다가 사고를 당해 그 자리에서 돌아가셨다고 했다. 이 일은 아버지의 어린 마음에 큰 상실감을 주었다.

아버지는 늘 정을 그리워하고 목말라했다. 계속 바뀌는 아버지의 애인들을 보고 나는 넌더리가 났다. 내 인생은 그야말로 곤죽이 되어 가고 있는데 아버지는 자신만의 삶의 기쁨을 찾아 즐기고 있었다. 아버지 뒤에 있는 아버지의 가족들은 내게 원망을 토로하면서 동시에 나를 저주했다. 일관성 없는 감정들, 자신을 돌아보지 않고 문제의 원인을 타인을 비난하는 데서 찾는 사람들의 행태에 사람이 무섭고 두려웠다.

나 또한 저들과 같은 인간이란 말인가? 사람으로 태어나서 이렇게 존재하는 것이 맞는 일인가? 오로지 자유와 평화만을 갈구하던, 폭풍이 몰아치던 시절이었다.

남편과의 결혼은 내 인생에서 또 다른 폭풍을 맞이하는 일이었다. 나는 결혼을 원하지 않았고 아이도 원하지 않았다. 오로지 혼자 있기를 원했고 혼자 있을 때 고요할 수 있었다. 하지만 내가 원하든 원치 않았든 이미 벌어진 일이었다. 무엇보다도 힘든 일은 가정의 경제를 모두 책임져야 한다는 가장으로서의 부담감이었다. 그 부담감이 어깨를 짓눌러 나의 능력을 발휘하지 못하도록 막았다.

당시 나는 학원 사업을 운영하고 있었다. 그런데 일정한 시간, 일정한 공간에서 매일 같은 내용을 전달하는 일에 지쳤다. 사실은 일에 지친 것이 아니라 내 마음이 지쳤던 것이리라. 내가 원해서 시작한 일이 아니었기 때문이다. 생계를 위해 선택한 일에 매력을 느끼지 못했다. 그런데 고민 끝에 작가의 길을 선택해야겠다고 결심한 순간, 내 머릿속에 환한 불이 켜지는 것 같았다. '다시 내가 살아날 수 있겠구나!'를 깨달았다. 내 안에 생명이 다시 태어나는 순간이었다.

고등학교 시절, 천재적인 글솜씨를 자랑하는 두 사람이 있었다. 한 명은 친구였고 한 명은 교회에서 만난 전도사님 친구였다. 그들의 글은 유려했고 무엇을 상상하든 그 이상을 보여 주었다.

친구는 상을 휩쓸 정도로 모두가 탄복하는 타고난 글쟁이였다. 전도사님 친구와 나는 편지를 주고받으며 다양한 책과 작가들에 대해 이야기했다. 그들의 글 앞에서 나는 언제나 부족하고 부끄러웠다. 글쓰기에 대한 자신감을 완전히 상실했던 것이다. 그리고 그 두 사람의 글이 내가 보는 글의 기준이 되었다. 그러니 애당초 작가를 꿈꾸는 것은 어불성설이었던 셈이다.

그렇게 생각해 온 내가 작가가 될 수 있다는 것은 큰 도전이었다. 내가 생각한 것, 내가 느낀 것, 내가 경험한 것을 글로 써서 독자들과 교감하고 싶었다. 무조건 숨고 혼자 처박히려 했던 내가 세상과 소통하려고 마음먹은 것이다. 이건 기적이다. 나도 나의 마음을 이해할 수 없고 또 한편으론 대단히 놀랍다.

이제 다 겪었으리라. 이제는 어른이 되었으니 내 삶이 누군가에게 지표가 되지 않을까. 많은 세월이 지났으나 주위에는 여전히 외롭고 불행한 영혼들이 존재한다. 그들의 아픔을 다 알기도 어렵고 이해하기도 힘들다. 그러나 조금만 참으면 모든 것이 좋아진다고 손을 잡고 다독여 주고 싶다.

아무도 돌봐 주지 않아서 혼자 외로운 영혼들이 자신을 사랑하고 희망을 가슴에 품도록 이끌고 싶다. 내 메시지가 그들 안에 있는 위대한 힘을 발견하도록 돕고 그들 스스로 툴툴 털고 세상 밖으로 걸어 나올 수 있기를 원한다. 포기하지 않고 견디면 나를 돕는 사람들이 생겨나고 다시 살 수 있는 힘도 얻게 된다.

　내 안에 있는 모든 것을 다 쏟아부어서 사람들의 영혼을 살리는 진정한 작가가 되고 싶다. 위로와 희망을 전달하는 희망 메신저가 되기를 간절히 꿈꾼다.

남편과 아들을
작가, 메신저로 만들기

"어머, 자기야. 원고지 참 오랜만이다. 근데 이걸 왜 사 온 거야?"

"우리 아들 글쓰기 연습 시켜 보려고 사 왔지."

하나뿐인 아들은 올해 열 살이다. 우리 부부는 아들에게 책을 가까이하는 습관을 길러 주려고 노력해 왔다. 일주일에 서너 번씩 도서관에 데려가고 도서관에서 운영하는 다양한 프로그램에 참석하는 열혈 부모는 못 되었지만 여유 시간이 생기면 자연스럽게 책을 잡을 수 있도록 독서 습관을 길러 주려고 했다. 독서에 대한 강박증이 생기지 않도록 편안하게 이끌어 왔다.

아들은 아빠가 사 온 원고지에 매일 일정 양의 필사를 한다. 필사는 훌륭한 글들을 내 것으로 만들기 위한 좋은 독서 방법이

자 글쓰기 방법이기도 한다. 요즘은 《아낌없이 주는 나무》를 열심히 따라 쓰고 있다. 독서는 시공간을 초월한 넓은 세상과 호흡하는 통로다. 독서를 통해 사고를 확장하고 의식을 넓히는 일은 무엇보다도 중요하다. 세상과 사람을 알고자 하는 적극성이 함께한다면 독서만큼 재미있고 신나는 것은 없다.

나 또한 인생의 어려운 순간들을 책으로 버티며 살아왔다. 괴롭고 힘들 땐 아무도 몰라주는 내 마음을 글로 풀어놓기도 했다. 책과 글이 내 삶을 지탱하는 기둥이었다. 그랬던 내가 작가가 되겠다고 선언한 그 순간 남편이 말했다.

"뭐든 하고 싶은 거 다 해. 근데 서두르지 말고 천천히 잘 생각해서 해."

돌다리도 두드려 가며 건너는 남편은 무언가에 꽂혀 정신없이 질주하는 내 모습에 당황하곤 했다. 꽂히면 무조건 달리는 내 성향을 알면서도 눈앞에서 벌어지는 또 다른 질주에 놀라기도 한다. 어찌 그리 쉽게 결정할 수 있느냐 묻기도 했다.

그랬던 남편이 글쓰기 수업을 들으며 행복해하고 공동저서를 쓰며 신나 하는 나를 보더니 자신도 덩달아 독서삼매에 빠졌다. 독자로서 읽는 것과 작가로서 읽는 것은 다르다고 말해 주었기 때문이었다. 꼭 내 말이 아니더라도 아내가 책을 쓴다고 하니 관심이 심하게 동한 것이리라. 그리고 며칠 전 자신도 책을 쓰고 싶다고 했다. 지금 하는 일이 마무리되면 바로 책을 쓰겠다고 선언했다.

"자기야! 내가 책 쓰는 거 부럽지? 부러운데 안 부러운 척하는 거지? 갑자기 책을 왜 이렇게 심하게 많이 읽는 거야?"

"그려… 맞어… 전라도 말로 '오지게' 부러워!"

넘치는 행복을 자랑하면서 툭 던진 말인데 나는 남편의 반응에 깜짝 놀랐다.

우리 둘은 틈만 나면 읽은 책에 대해 얘기하고 분석하기도 한다. 남편은 내가 쓰는 개인저서 주제인, '독서로 감정을 치유하는 법'에 관련된 책들을 여러 권 쌓아 놓고 읽다가 또 별안간 외쳤다.

"아! 나도 문학 책을 읽어야겠어. 소통과 공감을 위해서는 문학 책을 읽는 게 최고네!"

나는 10년 동안 남편을 비문학 돼지라고 놀리며 살았다. 그런데 남편이 스스로 문학 책을 읽어 감성을 충만하게 하고 타인과의 소통을 강화시켜보겠다고 말하는 게 아닌가? 남편이 문학 책을 읽어서 변화되면 첫 번째 수혜자는 바로 나다. 남편의 표현이 무뚝뚝해서 숱하게 울었었는데, 이렇게 쉽게 우리의 문제가 풀려버리다니.

나의 '작가 되기' 선언은 우리 가족에게 혁명을 일으켰다. 변화는 여기에서 끝나지 않았다. 며칠 전 저녁을 먹다가 남편이 아들에게 느닷없이 질문했다.

"의겸이는 언제 작가가 될 거야?"

"몰라요. 근데 저도 될 수 있어요?"

"그럼! 누구나 작가가 될 수 있어. 다만 생각을 글로 표현하려면 네 생각을 키우고 잘 다듬어야 돼. 네가 관심 있는 모든 것을 책으로 쓸 수 있어. 책을 쓰는 데는 나이가 중요하지 않아. 너의 생각을 한 권의 책에 담을 만큼 많이 읽고 생각하고 배우는 게 중요하단다."

아들은 엄마가 책을 쓴다는 사실을 알고 있다. 행복하고 즐거워하는 엄마를 보고 신기해한다. 이젠 서점에 가면 시큰둥해하던 예전과 달리 좀 더 적극적으로 책을 둘러본다.

"의겸아, 엄마 책이 저 자리에 진열될 거야. 그리고 이 서점에서 작가 사인회도 할 거야. 꼭 그렇게 되면 좋겠다, 그치? 엄마가 꼭 그렇게 할 테니까 의겸이가 지켜 봐."

우리 가족의 혁명은 계속되고 있다. 의식의 혁명이다. 기적이다. 확장된 의식이 우리 가족의 미래를 달라지게 하리라. 돈키호테처럼 앞뒤 없이 돌진한 나의 선택이 내 남편과 아들도 작가를 상상하고 꿈꾸게 한다. 얼마나 감사하고 축복받은 일인가?

책으로 내 삶의 스토리를 공유할 수 있다는 사실을 알게 된 것이 감사하다. 좋은 글로 독자들과 소통하며 살기를 원한다. 꿈도 없고 희망도 없는, 지루하고 힘겨운 일상은 삶을 위태롭게 한다. 자신이 '제대로 살고 있다. 제대로 존재하고 있다'라는 느낌이 없기에 행복하지 못한 것이다. 그저 주어진 역할에 충실하며 일상에서 받은 상처를 가슴에 담은 채 하루하루 산다. 나도 그랬고 대부분의 삶들이 그렇다.

목표가 있고 해야 할 일이 분명한 사람은 다르다. 눈빛이 살아 있고 목소리에 힘이 들어가며 당당하다. 작가의 꿈을 꾸고 있는 우리 세 사람은 앞으로 어떻게 살게 될까? 지금처럼 책도 많이 읽고 글도 많이 쓸 것이다. 생각을 키워 가기 위해 수많은 대화를 주고받을 것이다.

하지만 우리 가족의 소망을 실현하기 위해 잊지 말아야 할 중요한 사실이 있다. 이 꿈을 놓치지 않도록 꼭 쥐고 있어야 한다는 것이다. 강력하게 가슴에 품고 머릿속에 새겨야 한다. 소망을 적은 종이를 집 안 모든 벽에 붙일 것이다. 매일 한 걸음씩 꿈에 다가가기 위해 100번씩 노트에 꿈을 쓸 것이다. 꿈은 식물처럼 잘 가꾸지 않으면 시들어 죽고 만다. 신기루처럼 사라진다. 순간의 감정으로 부풀었다가 형체 없이 사라질 수 있다.

건강한 정신에서 건강한 삶이 실현된다. 작가의 길을 꿈꾸는 우리 가족은 긍정과 사랑과 희망으로 충만한 삶을 살게 될 것이다. 긍정과 희망으로 똘똘 뭉칠 수 있는 힘은 신이 주신 축복이자 사랑이다. 작가로서, 그리고 도움이 필요한 사람들의 희망 메신저로서 살기 위해 오늘도 힘차게 전진한다.

양가 부모님
제대로 호강시켜 드리기

젊은 두 여자가 골목 끝 귀퉁이에 숨어서 어느 집의 대문을 주시하고 있었다. 그녀들이 바라보던 대문 앞에는 이불로 둘둘 싸인, 두 돌쯤 되어 보이는 아기가 자고 있었다. 대문을 열고 사람이 나오는지 기척을 들으려고 두 여자들은 안절부절못하며 대문을 살피고 있었다.

"언니, 우리 이러지 말자. 다시 데려가자, 응?"

"…"

"내가 키워 줄게. 이러면 벌 받아. 아휴 무서워라."

"…"

대문 앞에 누워 있던 아이는 나였다. 엄마는 외갓집의 반대로 결혼을 못하고 혼자 아이를 낳아서 키웠다. 그때가 스물일곱 살이었다. 물론 남의 집 대문 앞에 두었던 나를 다시 데려오긴 했지만 그만큼 절박했던 상황이었음을 짐작할 수 있다.

나에게 그 이야기를 해 준 건 엄마였다. 그 시대에 여자 혼자 애를 낳아서 키우는 일은 범죄에 가까운 일이었다고. 무섭고 두려웠다고 했다. 사람들의 손가락질만 두려웠을까? 아기를 키우는 엄마로서 하루하루 먹고사는 문제는 또 얼마나 어려웠을까….

"그 집에 사는 사람들이 젊은 군인 부부였거든. 애가 없다는 걸 동네 사람들이 다 알았지. 사람들이 착하고 순하다고 다 칭찬하는 부부였어. 그 집에서 널 키우면 잘 자랄 것이라 생각했었지."

그런 생각으로 벌인 이모와 엄마의 해프닝은 그렇게 끝났다.

우리 엄마의 삶은 참으로 고되고 팍팍했다. 외할머니가 열일곱 살에 시집와서 열여덟 살에 낳은 첫딸이 우리 엄마다. 외할머니의 아버지가 안동 시내에서 요정을 운영하셔서 돈 부족한 줄 모르고 살았던 외할머니셨다. 가문을 보고 시집을 보낸 사람이 안동 김 씨 우리 외할아버지다. 가난하고 내세울 거라곤 족보뿐이었던 외할아버지에게 시집와서 외할머니는 참 많이 굶으셨다고 한다. 가난한 집의 첫딸로 태어난 우리 엄마의 고생도 이루 말할 수 없었을 것이다. 엄마 밑으로 형제가 주렁주렁 6명이 더 있었다. 7남매의 맏이로 자라신 것이었다.

어린 부모 밑에서 동생 6명을 업어서 키웠다. 엄마는 작은 얼굴에 까무잡잡한 피부, 커다란 눈과 예쁜 외모로 사랑받으셨다고 한다. 하지만 가난한 집안의 장녀의 삶이 녹록지 않았음을 엄마의 이야기를 통해서 짐작할 수 있다. 엄마는 어릴 때부터 전사가 되어야 했다.

엄마는 업어 키운 귀하디귀한 남동생을 누가 건드렸다 하면 냅다 달려가 때려눕히곤 두들겨 패 주었다고 한다. 그런 행동은 부모님에게 자신의 존재 가치를 각인시키기에 충분했다. 그렇게 행동해야 되겠다는 다짐을 심어 주었을 것이다.

사실은 겁이 많고 소심한 엄마가 대범한 척, 여장부인 척한 것은 자라면서 얻어진 것이리라. 엄마는 스물한 살의 어린 나이에 아버지를 만나 뜨거운 연애를 하셨고 헤어지셨다. 혼자 아이를 키우겠다고 다짐했지만 체면을 중시하는 외갓집 어른들은 엄마를 경주 최씨 종갓집으로 시집 보내셨다. 착하디착한 나의 양아버지는 나를 호적에 올리고 자신의 아이라고 집안 어른들을 속이셨다.

"우리가 죽을 때까지 저 아이는 당신 아이야. 약속하지?"

엄마의 말에 아버지는 허허 웃기만 하셨지만 나를 끔찍이 아껴 주셨다.

나는 친아버지를 만날 때까지 전혀 내 출생을 알지 못했다. 경주 최씨 집안의 딸로서 자랐고 할아버지에게서 매일 족보 교육을 받았다. 할아버지는 내가 청소년기 때까지 이 세상에서 가장 존

경하는 분이었다. 나의 스승이었고 삶의 멘토였다. 내가 여러 차
례 힘든 삶의 고비를 지혜롭게 넘길 수 있었던 것은 순전히 할아
버지의 가르침 덕분이다. 그 가르침과 사랑이 없었다면 현재의 나
는 존재할 수 없음이 확실하다.

　나는 평생 따뜻한 가정에서 다정한 남편의 사랑과 보살핌을
받지 못했던 엄마가 여자로서 항상 안쓰러웠다. 아무리 가난하고
힘들어도 남편은 비빌 언덕이라지 않는가. 몇 년 전 집값이 갑자
기 폭락하면서 엄마는 많은 재산을 잃으셨다. 돈을 많이 벌어서
작은 빌라에 살고 계시는 엄마에게 좋은 집도 사 드리고, 마사지
받는 것을 좋아하시는 엄마가 매일 마사지를 받으실 수 있게 해
드리고 싶다. 좋아하는 옷과 화장품도 많이 사 드리는 것은 물론
이다.

　시부모님 역시 자애롭고 순하신 분들이다. 희한하고 이해 안
되는 며느리를 만나 고생 많이 하셨다. 시부모님과의 첫 만남이
기억난다. 처음 시댁 식구들을 만나는 자리였다. 워낙 낯가림이 심
한 나는 시댁을 방문하는 첫날, 남편에게 "에라 모르겠다. 나 그냥
도망갈 거야. 자기가 알아서 해!"라고 소리치곤 시댁 아파트 1층
엘리베이터에서 냅다 문밖으로 튀었다. 밖으로 쏜살같이 도망치는
나를 남편이 뒷덜미를 잡고선 다시 데려왔다. 남편은 기가 막혀서
"야! 너 정말 어쩌려고 그러니?"라며 헛웃음을 지었다. 도망치고

싶은 마음이야 굴뚝같았지만 이미 약속을 해 놓은 마당에 어찌하리. 결국 시댁에 들어가 시부모님 두 분께 인사를 드렸다. 내 삶속에 다른 삶이 들어오는 순간이었다.

간단하게 인사를 마친 후 식사를 예약한 식당으로 이동했다. 그때 사랑스러운 도련님이 꽃다발을 준비해 주셨는데 그 와중에 정말 황홀했었다. 시누이 세 분과 도련님, 시부모님들은 모두 선하신 분들이셨고 예의도 잘 갖추신 분들이었다. 식당에서 모두 식사를 시작하던 중, 아뿔싸! 엉뚱한 말이 긴장한 탓에 제어가 안되고 툭 튀어나왔다.

"엄마가 시댁에 인사드리러 가면 무릎을 꿇고 발가락으로 똥구멍을 단단히 틀어막고 앉아 있으라고 했어요."

그 말을 꺼낸 순간 정적에 휩싸였다. 점잖으신 큰시누이께서 침묵을 깨고 입을 열었다.

"응, 그래… 어머니께서 왜 그런 말을 하셨을까?"

"흐흐… 밥 먹다가 방구라도 나오면 큰일 나니까 발뒤꿈치로 단단히 틀어막으라고 하셨어요."

도대체 이게 무슨 말인가? 나조차도 왜 꺼낸 말인지 알 수 없었다. 당연히 분위기는 가라앉았다. 그러고는 그냥 앉아서 밥만 먹었다. 너무 긴장한 탓에 굳이 안 해도 될 말을 해 버렸던 것이다.

나는 생각이 늘 엉뚱하다. 그렇다 보니 표현하는 것도 일반적이지 않다. 솔직히 '웃기다. 엉뚱하다. 잘 모르겠다' 등의 말을 많이 듣고 살았다. 하지만 그날 느꼈다. 시댁에서는 나의 엉뚱한 모습을 절대로 보이면 안 된다는 것을.

다시 돌아가서, 당시에는 남편이 싫었으니 당연히 시댁 부모님도 내가 무언가를 해 드려야 할 분들이라고만 생각해 무거운 마음만 가득했다. 나는 내 앞에 놓인 경제적인 문제를 해결하기에도 벅찼다. 먹고사는 문제가 자식보다 급했던 때였다. 내가 살아야 자식도 키울 수 있다는 생각으로 서너 살밖에 안 된 어린 아들을 시댁에 맡기고 일에만 열중했었다.

한번은 아파트 베란다 창문에서 하염없이 엄마를 기다리는 손자를 보고 애가 타서 시어머니가 내게 전화를 하셨다. 그런데 나는 '그게 무슨 큰일이라고? 애만 별일 없으면 되는 거지' 하는 태도로 전화를 받았다. 시어머니는 항상 퉁명스럽고 사무적인 태도로 전화를 받는 며느리가 미웠을지도 모른다. 당시 나는 오로지 남편 대신 벌어야 한다는 생각으로 하루하루를 버텼다. 살갑지도 않고 말도 잘 안 하고 연락도 끊고 살았던 며느리가 시어머니는 얼마나 미우시고 원망스러우셨을까? 그런 마음을 이해하지만 현실적으로 해결할 수 있는 일이 없었다. 잘난 아들의 번듯함을 보시는 것이 우리 시어머니의 바람이리라.

시어머니의 아들은 내가 번듯하게 만들어야 하는 존재가 되어 버렸다. 내가 부서뜨려 놓은 남편의 자존감과 자신감은 나의 의식

확장으로 다시 본모습을 찾게 되리라. 책이 나오고 돈을 좀 벌게 되면 양가 부모님들과 여행을 다녀와야겠다. 시어머니께 돈다발을 안겨 드리고 싶다. 호강 한번 거하게 시켜 드리는 것이 나의 중요한 꿈이다. 부디 오래오래 곁에 계셔 주시기만을 소망한다.

'최윤희 북아트뮤직'
설립하기

　잠시나마 도시를 벗어나 자연을 벗하는 것은 현대인들이 일상에서 누리는 작은 사치다. 시원하고 탁 트인 자연 앞에서 엉키고 혼란스러웠던 마음을 충전하고 다음을 살아갈 준비를 한다. 그래서 서울 근교는 주말마다 마음을 채우려는 사람들로 북적인다. 경치가 좋은 강변에 돗자리를 깔고 앉아 자연이 주는 자유로움과 휴식을 즐긴다.

　또한 커피 한 잔의 여유로움을 갖기 위해 유명한 카페에 사람들이 모여들기도 한다. 나는 최소 일주일에 한 번은 남편과 함께 분위기 좋은 카페를 찾는다. 각자 읽고 싶은 책 한 권씩을 끼고 커피향이 그윽한 멋진 카페에서 이야기도 나누고 읽은 책에 관한 토론도 한다. 자연과 책과 음악과 커피향이 선사하는 하모니는 어떤 아름다운 오케스트라 연주보다 감동적이다.

나는 오페라를 전공했다. 학교 입학 전부터 교수님에게서 오페라 레슨을 받았다. 3학년 때는 본격적으로 오페라를 공부했다. 지도하던 교수님들이 현직에서 활동하던 오페라 가수였기에 실감나는 오페라 수업을 받을 수 있었다. 남편은 나를 만나기 전부터 클래식을 좋아하는 클래식 애호가였다. 교향곡이나 피아노곡은 나보다도 즐기는 범위가 넓고 깊었다. 남편 혼자서 클래식 음악에 관련된 책을 읽고 공부하기도 했다.

서른일곱 살 늦은 나이에 소개팅으로 처음 만났을 때 남편은 나를 보자마자 반했다고 말했다. 아마도 내가 클래식을 전공한 것이 남편에게 매력적으로 느껴졌던 것이리라. 남편과 나의 재미있는 소개팅 일화를 소개하겠다.

나와 굉장히 친하게 지내던 여동생이 있었다. 착하고 예쁘고 욕심도 많은 친구였다. 그 친구는 행정고시를 3년 이상 준비해 오고 있었다. 공부에 시간을 뺏겨 남자 친구를 사귀는 건 사치였다. 그렇게 열심히 준비하던 행시를 1차 합격 후 포기했다. 시간과 노력을 무한정으로 투자하기에는 기약 없는 먼 길이라 느끼고 스스로 그만두기로 결정한 것이었다. 난 고시도 그만두었으니 마음껏 젊음을 즐기라고 조언하며 남자 친구를 소개해 주겠노라 약속했다.

그래서 나는 세 건의 소개팅을 마련했다. 만남 전의 기대하고 들떴던 모습과는 달리 정작 소개팅 자리에서 그녀는 무척이나 어색해하고 불편해했다. 보다 못한 내가 한 가지를 제안했다.

"네 주변에 언니와 소개팅할 수 있는 남자를 데려와 봐. 내가 소개팅하는 법을 제대로 가르쳐 줄게."

"언니, 진짜야?"

"그럼! 언니가 제대로 보여 줄 테니까 그대로 따라해 봐."

까짓 거 사랑하는 동생을 위해 뭔들 못하겠는가? 내가 아는 모든 기술을 동원해서 소개팅 자리에서 남자를 한 번에 사로잡는 법을 가르쳐 주기로 마음먹었다. 그렇게 우리의 작전에 제 발로 성큼성큼 걸어 들어온 남자가 바로 지금의 남편이다. 그러나 나의 소개팅 기술을 써먹기도 전에 남편은 이미 첫눈에 하트를 마구 뿜어냈다. 소개팅을 위한 학습법은 구경도 못 시켜 주고 그날의 만남은 마무리되었다.

동생을 먼저 보낸 후, 나는 사실대로 오늘의 만남에 대해 설명했다. '사실 오늘은 동생의 사정이 이러해서 준비한 자리다. 당신도 아끼는 후배이니 오늘 일은 이벤트라고 생각해라. 이제 만날 일도 없으니 그냥 잘 가시면 된다'라고.

그러나 그날 이후 남편은 나에게 딱 달라붙어서 떨어지지 않았다. 그 결과 나는 지금 그의 아내로 살고 있다. 우리 부부는 성격이 판이하게 다르지만 책과 예술을 사랑하는 마음은 똑같다. 나는 남편을 제대로 알기 전에는 그가 예술을 사랑하는 사람인

줄 모르고 상대하려 하지 않았다. 그러나 함께 데이트하는 동안 남편은 내가 설명하는 오페라 이야기를 귀 기울여 들었고 기꺼이 함께 즐겼다. 그때 나는 꿈을 포기한 참이었다. 아쉬움 때문에 오히려 멀리하고 등을 돌리고 살았었다. 하지만 남편을 만나 오페라에 대해 다시 이야기를 하기 시작했다. 남편은 지루할 수 있는 나의 이야기들을 그런 내색 없이 즐겁게 들어 주었다.

내게는 아버지가 두 분 계시다. 한 분은 나를 낳아 주신 분, 다른 한 분은 나를 호적에 올려 키워 주신 분이다. 친아버지를 만난 것은 고등학교 때였다. 엄마는 친아버지와 나를 만나게 해 주기로 약속한 그날 아침에서야 내게 친아버지의 존재를 말해 주었다. 시크함의 결정체였던 나는 그냥 무심히 "해야 할 일이 있는데 엄마 마음대로 약속을 잡으면 어쩌느냐."라고 투덜댔다.

그날 동네 카페에서 친아버지를 만났다. 친아버지는 내게, 할아버지가 월북했기 때문에 빨갱이 자식이라는 이유로 외가에서 결혼을 반대해서 어쩔 수 없이 엄마와 헤어졌다고 말씀하셨다. 지금 돌이켜 보면 굳이 그 이유가 아니더라도 두 분은 학력 차이를 포함해서 삶을 추구하는 방향이 너무도 달랐다. 친아버지를 만나고 돌아오는 길, 내 머리에는 알베르 카뮈의 《이방인》이 떠올랐다. 그저 일어날 일이 일어난 것뿐이라 여기며 그날 하루를 조용히 보냈던 기억이 난다.

친아버지는 그림에 조예가 깊은 분이셨다. 그림을 좋아하고 잘 그리셨다. 패션에 대한 감각도 남달랐다. 특히 색채를 굉장히 예민하게 느끼시고 사랑하셨다.

나도 어릴 적 그림을 잘 그렸다고 한다. 글을 배우기 전, 혼자서 종이에 그림을 가득 그려 놓으면 엄마는 한 장도 버리지 않고 차곡차곡 모아 두었다. 엄마는 그림을 잘 그리는 딸의 모습을 참 좋아하셨다. 자신이 배운 게 없고 가르칠 수 없는 형편인 것을 아쉬워하셨다. 친아버지 또한 내가 진로를 선택할 때 그림을 선택하지 않고 음악을 선택하는 것을 많이 안타까워하셨다. 몇 번이고 다시 생각해 보라고 권유하셨다.

책과 음악과 미술은 일상의 삶에서 나를 자유롭게 숨 쉬게 한 친구였다. 주변에 음악과 그림을 전공하는 친구들이 많았다. 알 수 없는 삶의 무게에 힘든 젊음들이 함께 만나서 예술을 이야기했고 사랑을 꿈꿨다. 복잡한 가족 관계 속에서 내 마음은 어느 가족에게도 소속되지 못한 채 방황했었다.

거기다 친아버지가 찾아온 이후 엄마는 자기 인생에 대한 연민을 나에게 풀었다. 외할아버지, 외할머니를 포함한 외갓집 식구들 모두 친아버지를 경계하고 비난했다. 그 비난은 그의 자식인 내 마음에 고스란히 상처로 얼룩졌다. 친아버지의 부인과 가족들은 나를 경멸했고 질투했다. 부인과 사이가 좋지 않았던 아버지는 나이 어린 애인을 두고 있었다. 나는 그 모든 사실에 폭탄을 맞은 사람처럼 영혼이 처참해졌다.

내 정체성을 찾지 못해 비틀거리던 길고 긴 시간들이었다. 오 갈 곳이 없었고 어디든 내 둥지가 없었다. 사람들은 내게 이해와 사랑만을 강요했다. 하지만 나는 결코 사랑하고 싶지 않았고 이해 하고 싶지 않았다. 나를 보살피고 이해해야 할 어른들은 정작 자 신들의 입장에서 자신들의 삶을 변명하기에 바빴다. 거기다 내게 사랑까지 요구하다니…. 그 모든 것이 내게는 가당찮고 웃기기만 했다. 내가 걷는 모든 길은 절망이었다. 숨 쉬는 것조차 역겨운 날 들이었다.

그렇지만 나는 천성적으로 쾌활하고 명랑한 사람이다. 인생의 어두운 골짜기에서 젊음을 보냈지만 내 안에는 밝고 강한 힘이 존 재하고 있었다. 위대한 지혜자들의 글을 읽으면서 '눈 앞에 펼쳐 진 문제는 사실 별것이 아닐 수도 있겠다' 싶었다. 내 인생에 놓인 문제는 내 문제가 아닌 내 부모의 문제였다. 그들의 상처 깊은 삶 을 통해 '내가 얻어야 할 것은 무엇인가? 내가 살아야 할 내 인생 의 목적은 무엇인가?' 끊임없이 생각했다. 답은 쉽게 찾아지지 않 았고 중년의 나이에 이르러서야 조금씩 답을 찾아 가고 있다.

최근 남편과 나는 갤러리를 자주 찾는다. 미술 작품을 보고 함께 인간의 삶에 대해 이야기를 나눈다. 그리고 저마다의 방식으로 펼쳐 낸 작가들의 내면을 들여다본다. 그들이 표현하고자 하는 것을 완벽하게 이해할 순 없다. 하지만 이해하고자 노력하는 과정에서 내 안의 무언가를 조금씩 발견하게 된다. 그 과정이 너무 즐겁고 행복하다. 처음엔 마음에 드는 작품을 하나씩 사서 집에 걸어 두자고 했다. 그런데 그 꿈이 점점 커져서 지금은 갤러리를 오픈하는 것이 남편과 나의 꿈이 되었다.

글을 쓰는 작가가 되기로 마음먹으니 꿈의 규모가 더욱 커졌다. 책이 가득한 공간에서 마음껏 책을 읽고 어떻게 살아야 할지 맹렬히 토론하고 싶다. 그리고 생각과 의식을 확장시켜 주는 강연을 하고 싶다. 인생에서 자신의 생각이 얼마나 중요한지에 대한 메시지도 전달하고 싶다. 내가 만든 문화 공간에서 지적이고 예술적인 감성에 목마른 다양한 계층의 사람들을 만나 이야기하는 것은 상상만 해도 황홀하다. 그곳에서 좋은 연주를 감상하기도 하고 악기를 배우고 싶은 사람은 레슨을 신청할 수도 있다. 화려한 그림들과 다양한 조각품들을 감상할 수도 있다. 책과 예술을 사랑하는 사람들과 함께 나의 삶을 충족시키고 싶다.

인간은 결국 최상의 아름다움 속에 있을 때 존재의 결정체를 경험하게 된다. 선의 끝은 아름다움이라 하지 않던가? 인간 내면의 숭고한 가치를 책과 예술로 승화시키는 이 세상 모든 작가들에게 경외심을 표한다. 각자의 주어진 환경에서 보물지도 한 개씩을 들고 삶을 탐험하는 일은 모험과 같다.

그 용기 있는 모험에서 자신만의 보물지도를 꼭 쥐고 자신이 나아갈 방향을 잘 찾아야 한다. 여러분들의 손엔 보물지도가 들려 있는가? 찾고자 하는 자신만의 보물이 무엇인지 명확히 알고 있는가? 자신이 찾는 것이 무엇인지, 가야 할 방향이 어디인지 명확히 아는 사람은 결국 원하는 보물을 기적처럼 얻게 될 것이다.

몇 년 후, 어딘가에서 '최윤희 북아트뮤직'을 만난다면 당당하게 문을 열고 들어오라. 당신을 위한 따뜻한 웃음과 기가 막히게 향이 좋은 커피 한 잔을 기꺼이 내놓을 것이다.

보
물
지
도

12

유명한 사업가가
되어 많은 이들에게
도움 주기

· 유지영 ·

유지영 **직장인 재테크 코치, 동기부여가, 사회복지사, 상담사, 자기계발 작가**

국내 일류의 에너지 공기업에서 재직 중인 7년 차 직장인이다. 형편이 어려운 사람들을 위해 봉사활동을 하고 있으며 청소년, 여성 직장인, 사회부적응자 등을 위해 인생 상담가로도 활동 중이다. 또한 직장인 재테크 코치로서 매달 작은 월급으로 힘겹게 사는 직장인을 대상으로 재테크에 관한 상담 활동을 하고 있다. 현재 '직장인들을 위한 푼돈 재테크'라는 주제로 개인저서를 집필 중이다.

Email wldud427@naver.com

대한민국 최고의
여자 멘토로서 강의하기

　나는 지극히 의존적인 성향의 여자였다. 타고난 성향 자체가 누군가에게 의지하고 보호받기를 좋아했다. 그런데다 사춘기 시절 어려운 집안 사정으로 부모님과 잠시 떨어져 지내 더 그랬던 것 같다. 그 당시 나는 마치 마시고 마셔도 목이 타는 것처럼 애정을 갈구했다.

　그런 욕구가 미처 해소되기도 전에 나는 대학이라는 사회 속으로 들어왔다. 그 사회의 수많은 남자들이 나에게 끊임없이 애정 공세를 벌이고 달콤한 말로 나를 현혹했다. 그러면서 그들만의 싸움터로 나를 끌고 들어갔다. 그곳에서 나는 주체할 수 없이 연약한 존재였다. 여기저기 깨지고 다치고 울면서도 또다시 기대고 의지할 누군가를 찾았던 것 같다. 지금 생각하면 그 아름답고 황금같이 소중한 청춘을 왜 그렇게 흘려보냈는지 모르겠다. 한 살 두 살 나이가 들어가면서 혼자 있는 시간이 중요하고도 행복한 시간이라는 것을 깨닫고 있다.

가끔 주위의 여동생, 여자 친구들이 나에게 연애 상담을 요청하곤 한다. 가벼운 이야기부터 아주 심각한 이야기까지 연애 상담의 종류도 정말 다양하다.

"남자 친구가 바람을 피웠는데 한 번만 용서해 달래. 너무 힘든데 사랑하니까 믿고 싶어."

"남자 친구가 헤어지자는데 나는 이 사람 아니면 죽을 것 같아, 진짜로. 어떡하지?"

이러한 질문들을 해 올 때면 나는 한쪽 가슴이 너무 시리다. 왜 자신이 얼마나 아름답고, 소중한 존재인지를 모르는 걸까? 내가 멘토가 된다면 제일 처음 이야기해 주고 싶은 것은 '내가 나를 대접해 주지 않으면, 그 누구도 나를 대접해 주지 않는다'는 것이다. 그리고 한마디 더 하고 싶은 말이 있는데 바로 "여자들이여, 혼자 있는 시간을 소중히 하라."다.

자기 자신을 사랑하지 않는 여자는 초라하고, 어떨 때는 추하기까지 하다. 나도 그런 때가 있었다. 사랑을 원하고, 요구하고, 절절맸다. 심지어 나 스스로를 벼랑으로 밀어내면서까지 치열하게 사랑했던 적도 있었다. 하지만 스스로를 사랑하지 않는 내 모습은 피 흘리는 내 가슴을 다시 한번 찌르고 말았다. 스스로가 건강하고 아름다워야 누구를 만나도 당당할 수 있다. 동등하게 요구할 수 있으며, 설령 헤어진다 해도 두 발로 서 있을 수 있다.

또한 사람은 혼자일 때 무언가를 만들어 낼 수 있고 깨달을 수 있고 발전할 수 있다. 각종 동호회나 연구회와 같이 사람들과 함께 머리를 맞대어 무언가를 창출해 낼 수도 있다, 하지만 혼자의 시간에 어떤 정보들을 머리와 가슴속에 넣어 주는 과정이 선행되어야만 비로소 단체 활동에서도 성과를 낼 수 있다.

20대 때 혼자인 것이 죽기보다 싫었던 적이 있었다. 혼자인 시간이 잠시라도 생기면 친구들과 놀거나 단체 활동을 하거나 했다. 심지어 온라인 커뮤니티에서 사람들과 대화하면서 시간을 보낼 정도로 혼자의 시간을 싫어했다.

하지만 이제 혼자인 시간은 나에게 정말 소중한 시간이 되었다. 혼자 있는 시간은 그 어느 때보다 편하고 즐겁다. 나를 돌아보면서 혼자 기도하는 시간, 배우고 싶은 내용을 혼자 공부하는 시간, 스트레스를 풀기 위해 악기를 연주하거나 영화를 보는 시간까지 혼자 보내는 시간을 정말로 사랑한다. 요즘은 이 '혼자' 보내는 시간의 진정한 의미를 모르거나, 제대로 즐길 줄 모르는 사람들이 많은 것 같다. 혼자만의 시간의 진정한 즐거움과 행복함을 널리 전파해 혼자서도 잘 지내는 여자들을 많이 만들어 주고 싶다.

만약 나에게 여자 멘티들이 생기면 꼭 말해 주고 싶고 이끌어 주고 싶은 부분이 있다.

나는 소위 말하는 '지방대'를 나왔다. 학창시절에는 나름 잘나 갔다. 하지만 고등학교 2학년, 사춘기를 잘못 넘긴 탓에 성적은 그 야말로 곤두박질쳤다. 그 당시 나의 모습은, 추락하는 것은 날개 가 '없다'였다. 괜찮은 대학에 들어갈 거라 기대하셨던 부모님에게 실망을 가득 안겨 드리면서 대학교 입학식에 참석했다. 그렇게 대 학에 들어갔으니 당연히 편입도 생각해 봤다. 하지만 이미 대학물 을 먹을 만큼 먹은 상태라 동기부여가 약해서 편입 시도는 물거 품으로 끝나고 말았다. 그렇지만 뒤늦게 정신 차리고 학과 공부, 영어, 자격증, 대학생 프로그램 등에 도전하며 다시 내 인생을 찾 으려 노력했다.

당시 한창 공부할 때는 3일 동안 4시간밖에 못 자기도 했다. 거의 쓰러지기 일보 직전까지 간 셈이다. 그런 시절들 덕분에 나 는 사람들이 '일류 공기업'이라고 인정하는 회사에 입사하게 되었 다. 그리고 현재까지도 그 엘리트들 사이에서 수많은 시행착오를 겪으며 부서지면서 배우고 있다.

나와 같이 지방대를 나오거나, 아니면 대학에 못 갔거나, 혹은 원하는 곳에 가지 못해서 자신의 인생이 실패했다고 생각하는 사 람들이 많으리라 생각한다. 하지만 대학이 인생의 전부는 아니다. 대학으로 사람을 평가하는 시대는 끝났다는 것을 알려 주고 싶다.

물론 지방대와 이른바 SKY(서울대·고려대·연세대)와 같은 일류 대학을 나온 학생들은 다를 수 있다. 하지만 지식의 차이, 집안의 차이 이런 것들은 결코 해당 사항이 아니다. 지식은 내가 부지런히 채워 넣으면 되는 것이고, 집안이 어려운데도 좋은 학교를 나온 학생들도 많기 때문이다. 그렇다면 가장 큰 차이점은 무엇일까?

그건 바로 '자신감'과 '자존감'이다. 지방대에서 내가 가장 놀랐던 건, 처음 입학했을 때의 풍경이다. 입학식 때 동기들이 "너는 얼마나 공부를 못했길래 여기 왔니?"와 같은 대화들을 주고받는 것이었다. 정말 충격 그 자체였다. 서로가 서로를 무시하고, 조롱하면서 자신을 그런 사람으로 대하는 것이.

회사 입사 후 나는 운 좋게 엘리트들만 참여할 수 있다는 장기 교육프로그램에 참여할 기회를 얻었다. 그 안의 분위기는 대학교 입학 풍경과는 완전히 달랐다. 엘리트 집단에서는 서로가 서로를 인정해 주었다. 치열하게 경쟁하면서도 자신을 믿으며 수없이 노력했다. 그 안에서 나도 뒤처지지 않으려 열심히 노력했다. 그리고 교육이 끝났을 때 나도 모르는 사이에 많이 성장해 있었다.

주위 여자들을 둘러보면 자존감이 낮고, 자신감이 결여된 사람들이 굉장히 많다. 절대 그럴 필요가 없는데 말이다. 나는 이들에게 자신감이 주는 힘에 대해 말해 주고 싶다. 자기 자신을 높이 생각하고 또 그 기준에 맞추기 위해 열심히 노력하다 보면 성장해 있는 자신을 발견하게 될 거라고 이야기해 주고 싶다.

마지막으로 여자 멘티들을 위해 우리 여자들이 걸어가야 할 길, 온갖 시련을 대하는 마음 자세에 대해 이야기해 주고 싶다.

　　아직까지 우리 사회에서는 남자 직원들에겐 관대하고, 여자 직원들에게는 엄격한 잣대를 들이대는 경우가 굉장히 많다. 나 역시 입사 후 남자 동기들, 후배들에게 지지 않으려고 철야작업도 발 벗고 나서서 했다. 업무에 대한 욕심도 보여 성과도 냈다. 전우애로 가득하다는 회식 자리도 주도하며 열정적으로 일했다. 그럼에도 여전히 내 상사들은 같은 실력이라면 여직원보다는 남직원을 뽑겠다고 했다.

　　지금 당장 이런 사회를 바꿀 수는 없다. 보이지 않는 유리천장은 아직 너무도 많은 곳에 존재한다. 하지만 여성 임원이나 사회에서 인정받는 여자들이 많이 생긴다면 유리천장은 자연스럽게 깨질 것이라 장담한다. 나도 미래에는 아주 영향력 있는 여성으로서 이 사회를 이끌어 나갈 것이다. 여성들이 당당하게 능력을 펼칠 수 있도록 힘을 보태 주고 싶다.

　　비록 내가 오래 산 편은 아니지만, 그 누구에게 뒤처지지 않을 만큼 수많은 경험을 했다. 이러한 것들을 잘 버무려 한 번 들으면 잊히지 않는 감동의 강연을 할 것이다. 그래서 나를 멘토로 삼는 여자 멘티들을 많이 거느릴 것이다.

가족들과
크루즈 여행 하기

누구나 잊을 수 없는 어린 시절의 기억 한 조각씩은 가지고 있다. 물론 나도 그렇다. 내가 거기에 왜 갔는지 정확하게 기억하지는 못한다. 기억나는 장면이라고는 서울대공원 근처 고깃집 앞에서 돈이 없어 갈비를 못 먹었다는 것. 그러곤 바로 집으로 돌아왔다는 것뿐. 엄마가 나와 동생에게 너무 미안해하던 그 장면뿐이다. 그 시절 우리 부모님께서는 떨어져 사셨다. 게다가 빚도 있었기에 생활비가 풍족할 수 없었다. 지금은 마음만 먹으면 날마다 먹을 수 있는 고기인데, 그 당시에는 특별한 날에만 먹을 수 있었던 귀한 음식이었다.

그리고 아버지에 대한 기억. 떨어져 살았지만 아버지는 꼬박꼬박 내 졸업식과 입학식에 와 주셨다. 가끔씩 만나면 동생과 내가 원하는 걸 다 사 주셨고, 맛있는 음식도 실컷 먹여 주셨다. 무뚝뚝하시지만 유머러스하시고, 자기 일에 전문가이신 모습을 보며 우리 아빠지만 참 멋있다고 생각했던 기억이 있다.

마지막으로 내 동생에 대한 기억. 동생은 나보다 더 성숙했고, 조용했으며 묵직했다. 그리고 착하고 순진했다. 우린 같은 대학교를 나왔다. 하지만 나는 동생을 챙기기보단 남자 친구랑 데이트하고 놀기 바빴었다. 동생한테 귀찮다고, 저리 가라고 모질게 다그쳤던 장면이 제일 기억에 남는다. 아직도 그 기억이 스칠 때마다 가슴이 너무 아려서 견딜 수가 없다.

다른 사람들도 물론 그렇겠지만, 나는 우리 가족이 참 소중하다. 함께하는 순간순간이 너무 빠르게 지나가서 아까울 정도로. 나이가 들수록 슬퍼서 울기보다는 너무 행복해서 울 때가 많다. 특히 가족들과 함께하면서 나도 모르게 눈물이 고일 때가 많다.

내 꿈 중에 하나는 가족들과 함께 크루즈 여행을 하는 것이다. 많은 이야기들을 나누고, 함께 보고 느끼고 즐기며, 내 인생책자 안에 가장 아름다운 기억으로 남겨 놓고 싶다.

누군가는 이렇게 물어볼 수 있을 것 같다. "왜 하필 크루즈 여행인가요? 가족들에게 근사한 선물을 해 줄 수도 있고, 현금을 주면서 원하는 걸 각자 갖게 할 수도 있을 텐데요."라고 말이다. 이 질문에 난 이렇게 답해 줄 것이다. "인생은 여행이니까요. 함께했던 추억, 사진은 억만금을 준다고 해도 살 수 없게 될 때가 올 테니까요."

나는 오지 탐험가다. 대학교를 졸업할 때까지만 해도 해외여행에는 관심이 없었다. 고작 중학교 때 갔던 중국과 대학교에서 방학기간에 보내 줬던 미국 LA가 전부였다. 그러다 스물다섯 살 겨울, 내 인생에서 가장 힘든 시기를 겪게 되었다. 나는 현실에서 도피하고 싶은 마음에 여행이라는 걸 택했다. 그때 처음 갔던 곳은 인도였다.

인도라는 나라는 정말로 희한한 나라였다. 더군다나 감수성이 풍부한 스물여섯 살의 아가씨가 가기에는 너무 무섭고 이해하기 어려운 나라였던 것 같다. 그 나라 사람들은 소를 사람처럼 대하고, 신성하게 여기는 갠지스 강물에서 일을 보고 목욕을 하고 빨래를 하고 장례를 치른다. 굉장히 많은 종교가 있고 의식이 있다. 그 나라 사람들은 죄를 많이 지으면 인간으로 환생한다고 믿는다고 한다. 그만큼 그 나라 사람들은 인간으로 태어나 산다는 게 고통스럽다고 생각하는 것 같았다.

인도 여행의 끝, 북쪽 끝에 있는 티베트고원 끝자락으로 향했다. 고산지대였기 때문에 일정 기간에만 들어갈 수 있다고 했다. 그곳 사람들은 너무 순하고 착했다. 게다가 광활한 자연은 나를 감동시켰다. 마지막 날, 검은 밤에 뜬 흰 달이 바로 내 머리 위에서 나에게 다 괜찮다고, 너는 아직 청춘이라고 속삭여 줬던 것 같다.

처음 여행을 다녀온 후, 그 감동이 가시질 않아 계속 밖으로 나가기 시작했다. 미국, 유럽, 남미, 라오스, 대만, 일본, 인도네시아 등 4년 동안 틈나는 대로 여행했다. 여행을 하다 보면 다른 풍경, 다른 음식, 다른 공기로 인해 평범한 일상에서는 느낄 수 없었던 걸 많이 느끼게 된다. 또한 하고 싶었지만 할 수 없었던 말을 할 수 있는 용기가 생기기도 한다. 설렘으로 온종일 가슴이 두근거려 누군가와 사랑에 빠지고 싶은 마음이 생기기도 한다. 크루즈 여행을 하면서 가족들과 온종일 벅찬 가슴으로 뜨거운 대화를 나눠 보고 싶다. 그동안 하지 못했던 말들, 감사의 말들을 나누고 최대한 많은 사진들을 찍고 싶다.

죽음은 그 누구도 피할 수 없다. 영생을 누리고 싶었던 진시황과 같은 인물들도 다 죽어서 하늘의 별이 되었다. 우리 가족, 나 또한 그럴 것이다. 그러면 죽음이 지나간 자리에 무엇이 남을까. 이에 대해서 한참 고민한 적이 있었다. 바로 외할아버지 장례식장에서였다.

내 주위의 가까운 분을 하늘로 보낸 경험은 외할아버지가 처음이었다. 어렸을 적에는 방학 때마다 외가댁에 가서 살았을 정도로 왕래가 잦은 편이었다. 외할아버지께서는 연세가 지긋하셨지만 그렇게 갑작스럽게 떠나실 줄은 상상도 못했다. 어린 나이에 겪은 외할아버지의 죽음은 충격이었고 한편으로는 허무한 것이기도 했다. 삶이라는 것에 회의가 들었다.

이 허무한 삶을 왜 계속 영위해야 하는지 스스로를 설득할 수가 없었다. 하지만 어느 날, 시선 끝에 걸린 외할아버지의 사진을 보고 나는 문득 느꼈다. 삶이 지나가면 추억으로 사는 것이고 그 추억을 만들기 위해 우리가 산다는 것을.

우리는 죽음 속에서 추억을 곱씹는다. 그리고 가슴속에 묻는다. 크루즈 여행을 하면서 최대한 많은 사진과 영상을 남길 것이다. 여행하는 하루하루를 1년처럼 살면서, 우리가 가족이란 인연으로 묶여 한때나마 너무도 소중한 시간을 함께했다는 추억을 남기고 싶다.

나이가 들면서 당연했던 것들이 당연하지 않게 되는 경우가 많다. 당연히 건강했던 나와 우리 가족, 당연히 가족이니까 함께 살고, 당연히 명절 때 한데 모여 이야기를 나누고 맛있는 음식을 해 먹고…. 이 밖에도 당연했던 것과 당연했어야만 했던 것들이 너무 많다. 하지만 나이가 들수록 우리 가족은 병들어 가고, 뿔뿔이 흩어져 살아야만 하며, 명절 때 모이고 싶어도 모일 수 없도록 아주 먼 곳으로 떠나는 사람들이 많아진다. 그렇기 때문에 우리는 모두 순간을 살아야 한다. 적어도 사랑에 있어서만큼은 매 순간 최선을 다해서 살아야 한다. 왜냐하면 사랑을 말하는 이 순간도 무자비하게 흘러가 과거가 되기 때문이다.

내가 자주 찾아가는 수녀원이 있다. 한번은 마음이 너무 힘들어서 수녀원에 1박 2일 피정을 간 적이 있다. 그곳에서 심신을 수련하고 사람들과 함께 아픔을 나누기 위해서였다. 피정 가는 날 아침, 늦잠을 자는 바람에 밥도 못 먹은 채 급히 출발하려고 했다. 그런데 어머니께서 피정을 가면 제대로 음식을 못 먹으니 무조건 아침을 먹고 가라고 하셨다. 난 어쩔 수 없이 밥을 한가득 먹고 갔다. 그런데 도착하자마자 밥을 주는 것이 아닌가. 거기에서 나는 아무생각 없이 어머니가 아침에 밥을 한 상 차려 주셔서 먹고 오느라 고생했다고 이야기했다. 사람들이 웃으면서 그 이야기를 재미나게 받아 줬다. 그런데 내 옆의 여학생은 말없이 밥만 먹고 있었다. 그 이유는 그날 저녁에 밝혀졌다.

그 친구는 얼마 전 어머니를 저세상에 먼저 보내고, 너무 힘들어서 피정을 온 것이었다. 그 이야기는 저녁 나눔의 시간이 되어서야 들을 수 있었다. 나는 심장이 '쿵' 하고 내려앉았다. 말없이 눈물을 흘리는 그 친구를 조용히 안아 줬다. 미안한 마음뿐이었다. 동시에 깨달았다. 내가 내뱉는 당연한 말이나 불만이 누군가에게는 꿈이고 소원일 수 있다는 것을.

나에게 '당연하지 않은' 가족들과의 크루즈 여행이 끝나는 날, 내 인생도 참 살 만한 인생이라고, 너무 행복한 인생이라고 되새길 것이다.

언론매체에 출연하는
사업가로 성공하기

요즘 아이들의 장래희망을 물어보면 항상 연예인이 3순위 안에 있다. 나의 학창시절 때는 대통령, 과학자, 선생님과 같은 직업이 단연 으뜸이었다. 그런데 최근에는 언론에서 연예인들의 엄청난 자산에 대해 시끄럽게 떠들어 대는 횟수가 잦아지고 있다. 그러다 보니 이러한 성공, 대박의 단편적인 모습만으로도 연예인이 아이들의 장래희망이 되기엔 전혀 부족함이 없다.

사실 소녀 시절, 내 꿈은 가수였다. 지난 명절 때, 우연히 본 나의 꼬마 시절 사진 속에서도 나는 마이크를 들고 있었다. 그러한 것으로 미루어 짐작건대 태어났을 때부터 내 꿈은 가수가 아니었나 싶다. 그리고 그 꿈을 이루기 위해 수많은 오디션을 봤다. 사람들이 이른바 대형기획사라고 부르는 곳부터 잘 알려지지 않은 작은 기획사까지 한동안 오디션을 보고 다니는 재미로 살았던 것 같다. 하지만 우리 집안은 넉넉지 못했고, 나는 확신할 수 없는 성공을 위해 모든 것을 버릴 용기가 없었다.

지금은 꿈을 접고 전혀 다른 분야에서 일하고 있다. 하지만 여전히 내 가슴속에는 음악에 대한 열정이 끓어 넘친다. 예전에는 단지 가수가 되어 공연하는 것만이 목표였다. 하지만 이제는 내가 직접 내 이야기들로 작곡, 작사해 음반을 내는 것이 목표가 되었다.

작곡에 대한 욕심이 있었기에 직장인 화성학, 피아노 교습, 기타 교습 등 여기저기에 돈과 시간과 에너지를 쏟으며 지냈다. 하지만 시간이 지날수록 처음 시작에 비해 의지가 많이 약해졌다. 결국 항상 작심삼일로 끝나고 말았다.

서른 살, 내 인생에서 결코 오지 않으리라 믿었던 나이가 되었을 때, 나는 제2의 사춘기를 겪었다. 내가 원했던 서른 살의 모습은 이러한 모습이 아니었기 때문이다. 그리고 진정으로 내가 원하는 게 무엇이었는지 까만 밤이 하얗게 새도록 고민하고 또 고민했다. 그 수많은 고민 속에서 제일 크고, 강하고, 빠르게 내 머리를 스친 것은 '음악앨범 제작'과 '공연'이었다.

요즘 나는 데모테이프를 제작하고 있다. 보기만 해도 머리가 아픈 음악 학문과 이론을 다 벗어던지고 가슴이 시키는 작곡을 하고 있다. 나는 꼭 많은 사람들에게 힘과 용기를 주는 음악을 제작할 것이다. 전국투어 콘서트도 열 것이다.

유명한 아티스트가 되면 그 수입으로 불우한 아이들을 돕는 후원단체를 설립할 것이다. 내 인생은 정말 롤러코스터와 같다. 하늘 높은 줄 모르고 치고 올라갈 때는 세상을 다 가진 것 같은 기쁨을 주었다. 하지만 나락으로 떨어질 때는 바닥까지 뚫고 곤두박질칠 정도로 너무 큰 아픔들을 줬다. 그 아픔의 시기, 항상 나를 구원해 줬던 것은 내 주위의 사랑하는 사람들과 나보다 더 어렵게 사는 불우한 사람들이었다.

세상 모든 사람들은 각자의 상처와 아픔, 고민을 가지고 살아간다. 그것들을 비교한다는 것은 죄송한 일이고, 해서는 안 되는 일이라 늘 생각했었다. 하지만 나 스스로가 슬픔에 갇혀 아무것도 할 수 없을 때, 나보다 더 힘든 사람들의 이야기는 나에게 위로와 위안이 되어 줬다. 물론 나의 상처와 아픔도 누군가에게는 위로가 되었겠지만.

그 사람들과 나는 '봉사'라는 매개체를 통해 만났다. 봉사의 본질과는 다르게 그 사람들이 아니라 오롯이 나를 위한 활동이었다. 하지만 나는 그 사람들을 도울 수 있는 위치에 있음에 감사했고 고맙다는 말에 자존감이 높아졌으며 너무나 힘든 환경에서도 웃고 감사하며 열심히 사는 사람들의 인생을 보며 용기와 힘을 얻을 수 있었다.

하나둘 내면의 상처가 봉합되어 가고 있을 무렵, 나는 진정한 봉사를 하며 살아야겠다고 생각했다. 그리고 여기저기에 봉사를 신청했지만 의외로 나의 도움을 거절하는 곳이 많았다. 어느 날, 자원봉사 분야에서 근무하고 있는 친구와 만날 기회가 있었다. 난 대체 왜 내 봉사를 거부하는 건지 알려 달라고 했다. 그 친구는 내 질문이 채 끝나기도 전에 답을 알려 주었다.

"넌 봉사활동에 대한 지식도 없고, 그 사람들이 필요로 하는 것을 냉큼 사 줄 만큼의 여유도 없어. 그리고 너처럼 어쩌다 한 번씩 봉사자가 다녀가면 남아 있는 사람들의 허탈감과 상실감은 무엇을 상상하든 그 이상일 거야."

친구와의 오랜 대화 후 나는 깨달았다. 조금 더 체계적으로 그들을 진심으로 위하는 봉사를 해야겠다고. 바로 그날 나는 후원단체 두 곳에 후원 신청을 했다.

내가 베스트셀러 작가로, 회사에서 인정하는 직원으로, 여성들의 멘토로, 영혼치유 싱어송라이터로 성공해서 많은 돈을 벌게 된다면, 어려운 아이들을 위한 체계적인 시스템을 갖춘 후원단체를 설립할 것이다. 그리고 진정한 봉사를 하고, 인류에게 꼭 이바지할 것이다.

마지막으로, 전국 곳곳에 어려운 친구들을 위한 책방 체인점을 낼 것이다. 나는 어려운 친구들에는 자선이나 기부도 중요하지만, 의식혁명과 동기부여 또한 정말 중요하다고 생각한다. 당장 먹고살 길이 없어 굶어 죽는 사람에게 의식과 자극은 그다지 중요하지 않다. 하지만 어느 정도 기본 의식주가 해결된다면, 그들은 무조건 의식 전환에 대한 교육을 받아야 한다. 세상이 어떻게 돌아가는지를 알아야 한다. 열심히 살 수 있도록 자극을 받는 것이 필요하다. 그럴 수 있는 가장 최적의 방법은 바로 독서다.

어린 시절, 나는 독서에 큰 흥미가 없었다. 심지어 대학교 시절 취업을 핑계로 책을 1년에 5권도 채 읽지 않은 적이 있었다. 본격적으로 내가 책 읽기를 시작한 것은 입사 후, 책을 읽어야 하는 회사의 프로그램 때문이었다.

처음에는 내용보다는 끌리는 제목의 책을 샀고 내 방 책장에 고이 모셔 두기만 했다. 하지만 어렵고 힘든 시기를 겪으면서 나는 점점 책을 가까이 하기 시작했다. 그러면서 나는 마음을 다독이고, 안정을 취할 수 있었다. 그 후, 책 읽기가 습관이 되었다. 책방에 가는 것을 사랑하게 되었다.

책방에 가서 그곳에 모인 사람들에게서 좋은 기운을 받으며 책을 샀다. 그리고 그 책을 읽으며 지식을 획득하고 인생을 간접 경험 했다. 그 속에서 내가 깨달은 것들을 글로 쓰며 감정이 치유되고 지식이 늘어나는 것을 경험했다. 그야말로 인생의 선순환이었던 셈이다.

힘든 친구들을 위한 책방 체인점을 곳곳에 내고, 여러 가지 프로그램들도 개발해 사회를 아름답게 만드는 사람이 될 것이다. 이런 사람이 된다면 자연스럽게 방송이나 라디오 출연요청이 올 것이라고 확신한다. 그와 더불어 각종 칼럼, 잡지 등에도 내 글이 실릴 것은 당연한 일이다.

각종 언론매체에 내가 소개되면 롤러코스터 같았던 내 인생, 나를 끝까지 믿어 준 사람들에 대한 고마움, 나를 따라 살고 싶어 하는 멘티들과 나로 인해 삶을 구원받은 모든 이들에 대한 이야기를 아주 재미있게 풀어낼 것이다. 그리고 나를 보잘것없이 취급했던 사람들, 나의 가치를 몰라 줬던 사람들, 나를 버린 사람들에게 그들이 놓친 게 무엇인지를 당당하게 보여 줄 것이다.

인천에서 유명한
부동산 부자 되기

　과거의 나는 정말로 통이 컸다. 20대의 나에게 별명을 만들어 주자면 '소비요정'이라고 하고 싶다. 그 정도로 나는 돈을 물 쓰듯이 썼다.

　대학교 시절, 줄곧 장학금을 받았다. 아마 남자들만 가득한 공대에 여자가 달랑 2명이었으니 교수님들께서 잘 봐 주셨던 영향이 컸던 것 같다. 장학금을 받으면 늘 아버지께서는 용돈을 주셨다. 그 용돈은 한 달이 채 되기도 전에 바닥나곤 했다. 그런 후 다음 달 용돈을 받기 전까지는 쫄쫄 굶으면서 이리저리 얻어먹고 다녀야 했다.

　입사 후에도 달라진 것은 없었다. 오히려 일정 수입이 들어오니 씀씀이는 더욱 커졌다. 집에 있는 물건인데도 그냥 기분에 따라서 사 버리고, 조금 스트레스를 받으면 바로 여행을 떠나 버리고, 지인들을 만나면 거의 내 돈으로 계산할 정도로 소비에 주저함이 없었다.

특히나 나는 여행을 무척이나 좋아했다. 지금 생각해 보면, 여행도 똑똑하고 현명하고 알차게 다녀올 수 있는 방법이 많았을 것 같다. 하지만 그 당시에 나는 돈 생각은 전혀 하지 않은 채 내키는 대로 여행했다. 맛있는 것, 하고 싶은 것, 갖고 싶은 것 등 원하는 것은 무엇이든 다 했었다.

'젊을 때는 빚을 지더라도 놀아야 해. 나중에 나이 들면 돈이 있어도 힘들어서 못 놀아'라는 마음가짐으로 결국 몇천만 원의 빚을 내면서까지 여행을 다녔었다. 그때까지만 해도 내 집을 마련한다거나 좋은 차를 타고 명품 가방을 드는 것에는 전혀 관심이 없었다. 유럽에 가면 흔히 볼 수 있는 집시 여인처럼 시간이 흐르면 흐르는 대로 돈이 생기면 생기는 대로 쓰면서 지냈던 것 같다.

그러던 어느 날, 회사 내 인사발령으로 근무지가 바뀌어 회사의 1인 숙소에서 생활하게 되었다. 아주 조그만 원룸이었지만 정말 따뜻했다. 내 물건으로 채워진 내 공간이 생겨서 너무 행복했다. 내가 좋아하는 것들, 내 취향으로 가득한 내 방, 정말로 삶의 질이 수직 상승한 것 같은 느낌이었다.

그리고 서른 살 여름, 여러 가지 힘든 일들이 참 많았던 혼돈의 시기였다. 이 시기에 나는 혼자 있는 법을 배웠고, 스스로를 돌아봤으며, 진정 내가 좋아하는 것이 무엇인지 생각했다. 그리고 내린 결론은 독립이었다.

물론 여러 가지 이유가 있었지만 나는 서른 살을 기점으로 부모에게서, 편안한 생활에서, 과거의 나에게서 독립하기로 결심했다. 독립에 필요한 돈이 부족해 대출을 받아 집을 계약했다. 집 안은 오로지 내 취향이 100퍼센트 반영된 물건들로 채워 넣기 시작했다. 정말로 행복했다. 엄청난 규모의 타워팰리스도 아니고 고층 아파트도 아니다. 그냥 조그만 다가구 주택이다. 하지만 그 안의, 그 공간의 모습은 '나'의 모습인 것 같아 너무 소중했다. 집에 들어가면 항상 행복하고 설레었다.

그리고 그때부터 나는 결심했다. 해 보고 싶은 것은 다 해 봤고 돈도 펑펑 써 봤고 가 볼 곳도 다 가 봤으니 진짜 미친 듯이 재테크해서 돈을 모아 보기로. 그렇게 재테크를 시작했다.

내 인생에서 제일 존경하는 사람을 뽑자면 당연히 부모님이 1순위다. 하지만 가족 이외에 제일 존경하는 사람, 멘토를 뽑으라고 한다면 나는 주저 없이 함께 일했던 임춘호 팀장님을 뽑을 것이다. 팀장님은 한마디로 '친절하고 현명한데 단호하신 분'이라고 표현할 수 있다. 팀장님께서는 아침 일찍 일어나셔서 항상 같은 시간에 운동하신다. 업무에서는 당차게 차고 나가신다. 섬세하실 때는 섬세하시다. 업무가 끝나면 항상 기술사 공부를 하신다. 자기계발을 하시는 것이다. 그분은 회사 선배를 떠나 인간적으로 배울 점이 무척 많으신 분이다.

그분과의 술자리 역시 항상 즐겁다. 인생을 배우고 나눌 수 있어서 정말 소중한 시간이다. 특히나 재테크 분야에서의 그분의 촉은 내가 감히 상상할 수도 없을 정도다. 내가 재테크에 관심을 갖게 된 그 시기에 우연히 팀장님과의 술자리가 있었다. 함께 술자리를 가지며 재테크에 대해 말씀해 주시는 것을 듣게 되었다. 난 그 후 투자에 대해 관심을 갖기 시작했다.

그날 이후로 본격적으로 재테크와 투자를 하게 되었다. 그러곤 재테크의 즐거움에 빠지게 되었다. 내가 투자한 항목들이 상승할 때의 그 희열과 즐거움은 돈을 소비할 때의 그 즐거움과는 비교할 수가 없었다. 쓰는 것보다 돈이 늘어 갈 때의 그 즐거움은 직접 느껴 보지 못하면 절대 알 수가 없다. 어떻게 보면 그 술자리가 내 인생의 터닝 포인트가 아니었나 싶다.

그 후로 부동산 재테크 모임, 주식 모임 등 각종 모임에 나가서 사람들과 이야기를 나누고 많은 책을 읽었으며 SNS로 다양한 사람들과 소통했다. 또한 직접 투자해 보면서 시간을 보냈다. 그러면서 부자 마인드를 경영하기 시작했다.

최근 TV를 보는데 한 연예인이 이런 말을 했다.

"지금 돈을 모으지 않으면 나중에 하기 싫은 일을 해야 한다."

방송이기 때문에 웃음으로 승화시키며 넘어가긴 했지만, 그 말은 내 귀에 꼭 박혀 한동안 계속 맴돌았다. 그 말이 옳다. 내가 나중에 대접받고, 비굴해지지 않으려면 돈은 꼭 있어야만 한다. 돈이 있어야 내가 사랑하는 사람들을 지킬 수 있고 함께할 수 있다. 그래서 우리는 지금 바로 재테크를 해야 하는 것이다.

이렇게 재테크의 맛을 알기 시작하면서 생긴 꿈이 바로 '인천에서 유명한 부동산 부자가 되기'다. 내가 태어나고 자란 인천에서 유명한 부동산 부자가 될 것이다. 조금 더 세부적인 계획을 말해 보자면, 우선 아파트는 50채 이상 가질 것이다. 그리고 빌딩은 10채 이상 가질 것이다. 그래서 매달 상상하지도 못할 금액의 월세를 직접 경험하며 노후를 보낼 것이다.

이렇게 꿈을 이야기하면 많은 사람들이 물어본다. "왜 하필 인천이야? 서울 부자가 진짜 부자야! 다시 생각해 봐."라고. 그럴 때면 나는 이렇게 이야기한다. "내가 부동산 부자가 되고 싶은 이유는 단지 돈 때문만이 아니야. 우리 가족의 일생이 있는 이곳에 내 인생을 남기고 싶어."라고 말이다.

인천에는 외국인들도 많고 범죄도 많이 일어나며 생활이 어려운 분들도 많다. 교육수준이 뛰어나지도 않고 생활수준이 높은가 하면 그렇지도 않다. 그럼에도 나는 인천이란 곳을 좋아한다. 내가 보고 자란 익숙한 풍경과 냄새와 사람들이 좋다.

　어렸을 때는 동네에 있는 놀이터와 문구점이 내 세상이고, 우주였다. 하지만 초등학교, 중학교, 고등학교를 거치면서 내가 살던 동네가 작아졌다. 이 도시가 작아졌다. 대학교를 다른 지역으로 가면서 이 나라가 작아졌다. 지금은 이 세상이 하나의 동네같이 작아졌다. 마치 내가 어렸을 때의 부모님은 무척이나 큰 존재지만 나이가 들수록 작은 존재가 되어 버려 안쓰러워 보일 때가 있듯이 말이다. 이렇게 작은 세상을 스쳐 갈지라도 내가 살아 있었다는 것을, 잠시라도 여기 머물렀다는 것을 각인시킬 만한 도시가 어디인지를 생각해 보면 그 답은 바로 내 고향이다. 나는 내 고향 인천의 부자, 인천의 복부인이 되고 싶다.

따뜻하고 행복한
가정 만들기

요즘 비혼족, 독신족들이 날이 갈수록 많아진다고 한다. 내 주위를 둘러봐도 특별한 결점이 없는데도 결혼을 안 한 사람 혹은 아예 결혼 생각조차 없는 사람들이 많다. 나도 나이를 먹을수록 결혼에 대해 물어보는 사람들이 많아지는 것을 새삼 느끼고 있다.

학창시절 나는 너무도 철이 없었다. 자격지심으로 가득한 사춘기 소녀였다. 그래서 내 주위 사람들이 평범하게, 행복하게 살면 시기하고 질투했다. 스스로 내 안에 방을 만들어 그 안에 날 가두고 살았다. 돌이켜 보면 나는 가진 것이 많았다. 누군가는 나를 보며 부러워했을 수도 있다. 그럼에도 그 당시의 나는 항상 사랑이 고프고, 사람이 그리웠다.

그런 이유 때문일까? 20대 중반까지만 해도 결혼을 빨리 하고 싶었다. 그 당시에는 내가 얼마나 젊고 예쁘고 가능성이 있으며 대단한 존재인지 모르고 살았다. 그래서 그냥 나를 좋다고 하면 금세 마음을 주었던 것 같다. 남자를 잘 몰랐기 때문에 내 남자는 다를 거라고 생각했다. 남자들이 하는 말이 다 진실이라고 생각했던 것 같다.

의지하고 다 맞춰 주며 집착하는 내 모습으로 인해 남자 친구들은 두 가지 성향으로 갈렸다. 나를 질려하거나, 나를 우습게 여기거나. 당연하다. 그건 정말 당연한 이치였다. 내가 나를 아끼고 사랑하지 않는데, 다른 누군가에게 나를 진정으로 위해 달라고 하는 건 말도 안 되는 이야기다. 그런 남자는 결코 없다. 너무도 여렸던 내 과거, 20대를 생각하면 아직도 눈에 눈물이 고인다.

하지만 그 당시의 나, 그 당시의 유지영에게는 그게 최선이었다고 조금만 변명을 늘어놓고 싶다. 몰랐으니까. 내가 얼마나 소중하고 아름다운지, 얼마나 존중받아야 하는 존재인지 몰랐으니까. 그때의 나를 미워하고 싶지도 않다. 왜냐하면 그때의 나, 그 당시의 나는 그렇게 사는 게 최선이었으니까. 내가 나를 안아 주지 않으면 날 진정으로 안아 줄 사람이 없을 것 같아서 말이다.

그렇게 20대 시절, 남자들에게 당하면서 결심했던 적이 있다. 다시는 사랑도 하지 않을 것이고 마음도 주지 않겠노라고. 그러나 서른 살을 넘긴 지금, 나는 다시 사랑이 하고 싶어졌다. 그리고 결혼이 하고 싶어졌다. 결혼은 필수가 아니라고 생각한다. 하지만 한 번쯤은 해 보면 좋지 않을까, 생각한다.

사랑은 나에게 엔도르핀과 기분 좋은 호르몬이 넘치게 해 준다. 그리고 사랑하는 사람과의 추억은 내가 사는 이유다. 내가 힘들 때 편히 잘 수 있는 곳을 만들어 주는 것 같다. 이제 나는 내가 얼마나 아름답고 대단한 사람이며 사랑받을 자격이 있는 여자인지 안다. 나는 이제 내가 나라서 행복하고 다시 태어난다고 해도 지금의 내 모습으로 태어날 것이다. 이런 나의 가치를 알아보고 진정으로 아껴 주고, 인정해 주는 사람이 생긴다면 내 마음을 줄 수 있을 것 같다.

나와 친한 언니가 내가 실연으로 아파할 때 나에게 해 준 말이 있었다. 사랑은 뭐냐고, 왜 이렇게 아프기만 한 거냐고 울부짖는 나에게 언니는 담담하게 이런 말을 했다.

"지영아, 사랑은 말이야. 의지하는 게 아니야. 너는 아직 사랑을 할 때가 아닌 것 같아. 나 혼자 살아도 충분히 행복하지만 누군가 옆에 있으면 행복감이 몇 배가 될 것 같을 때 하는 것이 사랑이야."

이제와 생각해 보면 이 말이 맞는 것 같다. 나 혼자서도 충분히 잘 살지만 옆에 누군가 있을 때 행복이 배가 되는 것. 그때, 나와 같은 마음인 사람과 사랑해야 건강한 사랑을 할 수 있는 것 같다. 요즘이 나에게는 그런 시기인 것 같다. 나 혼자서도 너무 잘 살고, 행복하고 바쁘게 살고 있는 지금, 내 옆에 나와 비슷한 사람이 있다면 평생의 동반자가 되어 잘 살 수 있을 것 같다.

배우자를 위한 기도 때 드렸던 나의 이상형에 대해 간단하게 몇 자 남겨 놓고 싶다.

내 결혼 배우자는 눈이 착한 사람이었으면 좋겠다. 나이가 들면서 사람 눈을 지그시 쳐다보는 버릇이 생겼다. 정말 신기하게도 눈을 보면 그 사람이 어떤 사람인지 보이는 것 같다. 욕심이 많은 사람, 거짓이 많은 사람, 잘 노는 사람 등 눈은 정말 마음을 비추는 거울이라고 확신한다.

또한, 내가 마음 편히 쉴 수 있는 사람이었으면 좋겠다. 한가한 주말 아침, 거실 창문을 열어 두고 시원한 바람을 맞으며, 행복한 꿈을 꿀 수 있게 품을 내주는 사람. 밖에서 치열한 삶을 끝내고 왔을 때 말없이 조용히 나를 토닥토닥 안아 줄 수 있는 사람. 생각만으로도 벅차다.

마지막으로 평생 재미있게 살 수 있는 사람이길 바란다. 말이 잘 통하고, 좋아하는 것들이 비슷하고, 삶에 대한 가치관도 비슷해 평생을 친구처럼 애인처럼 살 수 있는 사람이길 바란다.

만약 내가 결혼한다면 원하는 것은 딱 하나, 따뜻한 가정을 만들고 싶다. 따뜻한 온기와 맛있는 냄새로 가득한 집 안에서 퇴근한 아빠에게 달려가 안기는 아이들. 주말이면 도시락을 싸서 근처 공원에 가 함께 운동하고, 맛있는 음식을 먹고 돌아오는 차 안에서 서로에게 고맙고 행복하다고 속삭이는 풍경들. 상상만으로도 너무 벅차고 설렌다.

결혼은 현실이다. 살아가다 보면 분명히 싸우는 일, 지치는 일도 많을 것이고 이해할 수 없는 일들도 많을 거라고 생각한다. 하지만 싸움은 무조건 하루 이상을 넘기면 안 되고 대화로 풀어야 하며 싸우더라도 절대 방을 따로 쓰면 안 된다고 생각한다. 피를 나눈 가족들과도 같이 살다 보면 화나고, 짜증나는 일들이 많다. 그런데 완벽하게 다른 사람 둘이 만나서 사는 것은 정말 어렵고 힘든 일일 것이다. 그렇기 때문에 서로 배려해야 하고, 참아야 하고, 이해할 수 없는 만큼 서로를 더 사랑해야 한다. 나는 꼭 그럴 것이고, 내 짝도 그런 사람일 것이라고 확신한다.

내가 제일 좋아하는 노희경 작가가 한 말이 있다.

"지금 사랑하지 않는 자, 유죄."

보
물
지
도

12

PART
4

희망이 담긴 책
쓰고 1인 기업가로
성공하기

· 이해일 ·

이해일   잠재의식 메신저, 자기계발 작가, 강연가, 동기부여가, 심리상담가

자유로운 삶을 살고자 떠난 긴 여행에서 현재의 삶에 대한 소중함과 감사함을 깨달았다. 자신의 성장을 통해
주변에 좋은 영향을 끼치는 삶을 사는 것을 큰 가치로 두고, 함께 어울려 사는 아름다운 세상을 만들어가고자
노력하고 있다. 시련으로 힘들어하는 사람들에게 희망과 용기를 줄 수 있는 개인저서를 집필 중이다.

Email   sdl0826@naver.com

삶에 희망을 주는
책 출간하고 1인 기업가 되기

나는 누군가에게 내가 알고 있는 것을 알려 주는 것이 참 좋다. 아마도 나의 마음속에는 나누는 기쁨이 자리하고 있나 보다. 길을 걷고 있는데 누군가 길을 물어 오면 나는 기꺼이 가던 길을 되돌아가 그 사람을 목적지까지 모셔다 드리고 뿌듯해하곤 했다. 대학 때는 학과 공부보다 동아리에서 자활학교의 선생님 역할을 더 열정적으로 했다. 또한 같은 과 친구들과 스터디 활동을 할 때는 모이기 전에 미리 교수님을 찾아가 어려운 수학 문제에 대해 물어봐 공부하고는 친구들에게 알려 주기도 했다.

이뿐만이 아니다. 직장에 다닐 때는 신입사원이 들어오면 내가 알고 있는 것을 하나부터 열까지 다 알려 주었다. 사실 알고 보면 별것이 아닌 일도 신입사원에게는 낯설고 어려울 것이라는 생각이 들어 내가 먼저 나서서 알려 준 것이었다.

하지만 늘 그래왔던 것은 아니었다. 평소 나는 활발하거나 외향적인 성격의 소유자가 아니다. 그럼에도 어린 시절에는 친절하기로는 둘째가라면 서러운 듯 행동하곤 했다. 그런데 언제부터인가 주변에 대한 관심을 점점 끊게 되었다. 어느 순간부터 혼자 있는 것이 편하고 좋았다. 그러다 보니 혼자 영화관에 가고 혼자 밥을 먹고… '혼자' 하는 일에 자꾸 익숙해져 갔다. 날이 갈수록 말수도 적어지고 여럿이 모이면 무슨 말을 해야 할지 난감하기까지 했다. '이러다 산속으로 들어가게 되는 것 아니야?'라는 생각이 들 정도였다.

문득 이 삶에서 벗어나야겠다는 생각이 들었다. 그러기 위해서는 예전의 나의 모습으로 돌아가야 했다. 이쯤부터 나는 교회에 나가기 시작했다. 동시에 교회의 독서 동아리에도 가입했다. 동아리에서는 책을 한 권 선정해 소그룹끼리 모여 책에 관해 이야기를 나누곤 했다. 활동을 거듭하다 보니 혼자 지내던 생활에서도 벗어나는 것 같은 기분이 들었고 재미와 즐거움을 느끼기도 했다.

읽어 온 책에 대한 이야기가 어느 정도 끝나면 같은 그룹의 어머니들과 그분들의 남편 이야기, 아이들 이야기, 시부모님 이야기 등의 이야기를 나누곤 했다. 하지만 다른 분들은 공감했을지 몰라도 결혼하지 않은 나는 그 주제에 대해 쉽게 공감할 수 없었다.

그러다 보니 또 자연히 그분들과 멀어지게 되었다. 그렇지만 이 독서모임이 내가 책을 가까이 하게 된 계기가 되었다. 인터넷에 검색해서 알게 된 또 다른 독서모임에 가입해 독서의 끈을 놓지 않으려 노력했다. 하지만 책을 읽고 나서 누군가에게 이야기를 하려고 하면 책의 내용이 기억나지 않았다. 이에 올바른 독서법은 무엇인지에 대해 의문이 생겼다.

고민이 깊어가던 어느 날이었다. 우연히 들른 서점에서 《하루 10분 독서의 힘》이라는 책을 만나게 되었다. 그러곤 간호사로 일하면서 책을 썼다는 저자를 통해 책 쓰기 방법을 코칭해 준다는 〈한책협〉을 만나게 되었다.

〈한책협〉에서 의식을 개선하는 데 도움이 될 만한 책을 추천해 줘서 한동안은 그 책들에 빠져 살았다. 그러면서 깨달은 것이 있었다. 나는 그동안 학교에서 배운 지식이나 사회생활 중에 배운 것들을 경제 가치로 연결시키지 못하고 그저 배운 것에만 그치는 삶을 살아왔다는 것이었다. 내가 원하는 삶은, 배우고 크게 성장해서 그것을 통해 주변의 사람들에게 최고의 모습을 찾아 주고 더 나은 삶을 살 수 있는 길을 열어 주는 삶이다. 그것이 의미 있는 삶이라고 생각한다. 또한 그것이 바로 메신저의 삶이다. 그렇다면 평범한 내가 다른 사람들에게 메시지를 전달하고 영향을 줄 수 있는 방법은 무엇일까?

최근에《메신저가 되라》라는 책을 읽었다. 그러곤 메신저가 되기 위해선 우선 자신의 경험이나 관심 있는 주제에 대해 연구한 것을 책으로 펴내 메신저의 길을 갈 수 있는 토대를 만들어야 한다는 것을 알았다.

우리는 자신을 표현하고 자신이 아는 바를 이야기하는 과정에서 스스로를 발견한다. 자신의 목소리를 나누는 것은 인간으로 성장하는 데 있어 중요하며, 사회에 기여하는 데도 중요하다. 다른 사람들이 자신의 목표에 한 발짝 더 다가갈 수 있도록 도울 때 당신의 영혼은 빛난다. 오늘도《메신저가 되라》의 저자 브렌든 버처드의 목소리가 나를 깨운다.

세계인이 읽는
필독서 출간하기

누구나 살면서 한 번쯤은 고비를 맞이하는 순간이 오게 된다. 어려움을 만날 때면 나는 혼란스러운 마음을 추스르고 얼른 서점으로 향한다.

평소에 책을 많이 읽는 편은 아니었다. 하지만 배고픈 아이가 엄마를 찾듯, 나에게 책이란 마음의 허기를 채워 주는 유일한 기둥이었다. 책 속에 몸을 비집고 들어가 앉는다. 그러면 어느새 따뜻한 온기가 채워지며 다시 일어설 힘을 얻게 된다.

나와 책 쓰기의 인연은 일사천리로 진행되었다. 독서법에 관련된 책을 읽다가 우연히 〈한책협〉을 알게 되었다. 책 쓰기에 대해 코칭해 준다니, 궁금한 마음이 들어 카페에 가입했다. 그리고 "만사 제치고 〈1일 특강〉부터 들으러 오세요."라는 김태광 대표 코치의 엄명에 이끌려 특강에 참석하게 되었다. 그러곤 지금 나는 책을 쓰고 있다.

〈한책협〉의 수강생들은 모두 김태광 대표 코치를 '대장님'이라고 부른다. 처음에는 대장이라는 말에 웃음이 나왔다. 그런데 계속 부르다 보니 누가 지은 별명인지, 기가 막히게 잘 지은 것 같다는 생각이 든다. 대장님은 마치 전장에 나간 대장처럼 목숨 걸고 수강생들의 책 쓰기 지도를 하신다. 〈한책협〉을 거쳐 간 많은 선배 작가들이 책을 출간하면 여기저기서 러브콜이 오는 것도 아마 그 덕분일 것이다. 그것이 20년에 걸친 대장님의 노하우를 아낌없이 쏟아 부은 결과라는 것은 이미 널리 알려진 사실이다.

대장님 얘기를 조금 더 해 보고자 한다. 나는 〈한책협〉에 오기 전엔 '김태광'이라는 이름을 들어 보지 못했다. 아마도 그동안 책과 친하지 않았기 때문일 것이다. 수강생 동기 중 한 분은 특강에 참석하기 전에 이미 대장님의 책을 모두 읽었다는 것을 보면 말이다.

나의 시작은 《나는 직장을 다니면서 1인 창업을 시작했다》였다. 이 책을 읽으면서 대장님에 대해 알게 되었다. 누군가의 인생 이야기는 언제나 진한 감동을 준다. 또한 책장이 술술 넘어가서 '아! 책은 이렇게 써야 하는 거구나' 하고 깨달았다. 대장님은 매일 시를 쓰셨다고 했는데 그 습관이 책 쓰는 습관으로 이어졌다고 했다. 알면 알수록 정말 대단한 분이라는 것을 느낀다.

특히 추천하고 싶은 책이 한 권 있다. 바로 《김태광, 나만의 생각》이다. 이 책은 글쓰기에 도전하는 사람들이 꼭 읽어야 할 책이다. 한 꼭지 한 꼭지마다 자신의 생각을 적도록 비워둔 칸이 있는데, 나는 이게 참 좋다. 아침에 한 꼭지 읽고 느낀 점을 적다 보면 나도 모르던 추억들이 마구 쏟아져 나온다. 이 과정이 마음에 평화를 가져다준다.

이처럼 내가 앞으로 쓸 책 또한 사람들에게 용기와 희망을 주고 마음의 상처를 치유해 주는 책이 되었으면 한다. 또한 신께서 주신 무한한 잠재력을 십분 발휘해 삶의 바다를 자유롭게 헤엄칠 수 있게 하는 책이었으면 한다.

처음에 나는 책을 쓸 수 있는 환경이 마련되지 않아 노트북이며 인터넷이며 하나하나 준비해야 했다. 그러다 보니 모든 게 굼뜨기 짝이 없었다. 독수리 타법으로 엉거주춤 자판을 치면서 과제도 제때 내지 못할 때면 참 속상했다. 이런 나를 이해하고 기다려 주며 격려해 주는 〈한책협〉이 있어서 나는 오늘도 〈책 쓰기 과정〉을 잘 따라가고 있다.

얼마 전, 어떤 책에서 시카고 대학이 삼류에서 일류가 된 배경에 '시카고 플랜(Chicago Plan)'이 있다는 내용을 읽었다. 시카고 대학이 처음부터 명문인 것은 아니었다. 하지만 2010년, 80여 명의 노벨상 수상자를 배출한 명문 대학으로 우뚝 섰다. 그 배경에는 1929년 당시 총장이었던 로버트 허친스가 있었다. 그는 학생들에게 인문 고전

100권을 읽어야만 졸업할 수 있도록 과제를 내 주었다.

100권의 책은 그들의 생각과 행동과 의식을 완전히 바꾸고 발전시켰다. 그 결과 시카고 대학은 노벨상 수상자뿐만 아니라 수많은 석학들을 배출한, 누구나 아는 명문이 되었다. 지금도 시카고 플랜은 계속 진행 중이라고 한다. 참 멋지지 않은가.

그런데 100권의 목록을 쭉 훑어보다가 문득 '우리나라 사람이 쓴 책은 왜 한 권도 없을까?'라고 생각했다. 그래서 목록의 맨 마지막에 연필로 이렇게 적었다. '내 책이 세계인이 읽는 책 속에 끼어 있으면 좋겠다'라고.

그저 한 줄 적었을 뿐인데도 가슴이 뛴다. 그 꿈이 이루어지는 상상을 하니 두려움 반, 설렘 반의 감정이 든다. '에라, 꿈은 큰 게 좋다는데, 우선 크게 적어 보는 것이 더 낫지 않아!'라며 스스로를 응원해 본다.

〈책 쓰기 과정〉의 3주 차가 지나면서 어느새 내 책상엔 50여 권의 책들이 줄 서 있다. 한 권 한 권이 모두 자신을 먼저 읽어 달라며 아우성치는 것 같다. 어서 멋진 작가가 되라고, 그래서 세상에서 가장 감동을 주는 책을 쓰라고 격려하는 것 같다. 나는 반드시 그 꿈을 이룰 것이다.

건물 구입해 희망과 용기 주는
힐링 놀이터 만들기

대학의 평생교육원을 통해 요가를 배웠다. 워낙 몸이 유연하지 않아 동작을 하는 것이 쉽지는 않았다. 그럼에도 나는 요가를 하는 동안 마음의 안정과 평화로움을 느꼈다. 집에 와서도 틈나는 대로 동작을 연습했는데 마치 놀이를 하는 것 같아서 즐거웠다. 이렇게 즐거운 요가를 가족과 주변인에게도 알려 주면 얼마나 좋을까? '배워서 남 주자!'라는 마음이 피어오르기 시작했다.

나는 평생교육원에서의 과정을 끝내고도 요가가 더 배우고 싶었다. 그래서 전문기관을 검색하다 보니 지방에 요가전문대학이 있다는 것을 알게 되었다. 난 그길로 지방으로 내려가 늦은 나이에 또 학생이 되었다. 그렇게 전문대학 2년 과정을 마치고 나자 이번에는 요가의 본 고장인 인도에 가서 명상을 하고 와야겠다는 생각이 들었다.

인도에서의 생활은 처음부터 삐걱거렸다. 명상센터를 연결해 준다는 사람이 대답만 하고 연락을 해 놓지 않아서 센터에 들어가려면 최소 6개월 이상을 기다려야 한다고 했다. 난 겨우 6개월 여행비자로 들어갔는데 거처가 정해진 것도 아니고 난감했다. 여행 안내책자 하나 들고 들어간 먼 이국땅에서, 졸지에 어디로 가야 될지 모르는 미아가 되었다. 여고시절 교과서에서 배울 때는 한 번쯤 방문하고 싶었던 곳, 인도의 시성 타고르의 고향인 콜카타 공항의 밤이 나를 무섭게 휘감았다.

인도의 열차는 역에 정차할 때 역명을 따로 알려 주지 않는다. 뭐, 그 순간에 방송을 했다 한들 나는 알아들을 수도 없었겠지만. 여하튼 인도를 횡단하는 이틀 동안 꼬박 잠을 잘 수 없었다. 더군다나 오기 전에 전해 들은 여러 이야기가 나를 더 긴장시키고 두려움에 떨게 했다. 이야기에 따르면 인도인들은 외국인의 물건을 자기 것처럼 그냥 가져간다고 했다. 또한 어떤 이는 택시에 짐을 싣고 있는데 기사가 짐만 가지고 휙 떠나 여권이며 모든 것을 잃어버려 오도 가도 못 했다는 이야기도 들었다. 내가 인도에 가겠다고 하니, 그곳에서는 생각지도 못할 의외의 상황이 벌어지니 미리 조심해야 한다고 했다.

인도에서 살고 있는 한국인들은 여러 가지로 현지인들과는 달리 풍족하게 산다. 한국과 돈의 가치가 차이가 많이 나다 보니 하녀들을 2명씩 데리고 사는 사람들도 있었다. 뿌네에 도착한 나는 감사하게도 한 모녀가 사는 집에 식사 초대를 받았다. 그곳에 머무르는 동안 뿌네에서 어떻게 살아가야 할지 계획할 수 있는 시간을 가질 수 있었다.

그러다 한 아파트에 정착하게 되었다. 그곳에서 같은 아파트에 사는 현지인 여성과 잘 알고 지내게 되었다. 그녀에게는 남편과 어린 아기가 한 명 있었다. 남편이 한국에 있는 IT업계에서 일했다고 한다. 그때 그녀도 남편과 함께 한국에서 얼마간 살았다며, 한국에서 사 온 물건들을 꺼내 보이며 자랑했다. 그녀는 한국에 대해 좋은 이미지를 갖고 있었다. 한국에 있을 때 사람들이 친절하게 여러 가지로 도와줬다고 했다. 그것이 참 고마워 그녀도 나를 돕고 싶었다고 했다. '우리는 때로 모르는 이로부터 친절을 전해받으며 살아가는구나' 하는 생각이 들자 뜨거운 감동과 감사함을 느꼈다. 또한 나의 움직임 하나하나가 다른 이들에게 미칠 영향에 대해 생각해 보게 되었다.

학교가 끝나면 난 매일 그녀의 집에 가서 숙제도 물어보고 아기와도 놀아 주었다. 그녀는 외향적인 여성이었다. 직업이 치과의사인데 아기를 기르느라 일을 하지 못하고 집에 있었다. 답답하던 참에 나를 만나 그녀도 숨통이 좀 트이는 듯싶었다.

'아누'라는 이름의 그녀는 인도에서의 나의 모든 일을 자신의 일처럼 도와주었다. 아누의 가족 수는 친정과 시댁 식구를 모두 합하면 족히 30명은 되었다. 그곳에 있는 동안 그녀의 가족을 모두 만나봤다. 친척들이 자주 아누 집에 몰려왔기 때문이었다. 그녀의 말에 의하면 나를 보겠다고 멀리서 온다고 했다. 아마도 그들 눈에는 내가 신기한 외국인으로 보였나 보다.

나는 그들과 여행도 같이 가고 생일파티도 하며 마치 친가족처럼 지냈다. 나는 가끔 '그들과 내가 전생에 못다 나눈 정이 너무 아쉬워 먼 이국땅까지 물어물어 찾아가 만난 게 아니었나' 하는 상념에 젖기도 한다.

뿌네에서 2시간 정도 떨어진 외곽에 '까이발라다마'라는 요가대학이 있다. 나는 그곳에 입학하기로 하고 아누의 도움을 받아 가까스로 서류를 준비했다. 그러곤 까이발라다마 기숙사로 들어가게 되었다.

전통요가를 가르치는 곳인 까이발라다마에 가 보니 총 50명의 학생이 같이 공부하고 있었다. 한국인이 6명, 중국인 2명, 미국인 1명, 브라질인 1명, 호주인 1명 등 외국인 11명에 나머지는 모두 현지인이었다. 까이발라다마는 우리나라에서 요가를 하는 사람들에게는 이미 잘 알려진 곳이다. 나 역시 직접 이곳에 와서 공부해 보고 싶은 곳 중 한 곳이었다. 그래서인지 외국인 중 한국인이 단연 많았다.

모든 학생들은 기숙사 생활을 했다. 인도 학생들은 3~4명이 같은 방을 사용했고, 외국인들에게는 1인 1실의 특별 기숙사를 제공했다. 그런데 옆방에 인도인이 들어왔다. 큰 키에 균형 잡힌 몸매의 그녀는 마치 모델 같았다. 또한 그녀는 다른 인도인과 달리 흰 피부색을 가지고 있었다. 나중에 알고 보니 인도인이 모두 검은 피부를 갖고 있는 건 아니었다. 아리안 족이라고 해서 파키스탄 쪽에서 내려온 사람들이 부를 형성하면서 지배계급이 되었다고 한다. '릴라'라는 이름을 가진 그녀는 우리나라로 치면 준재벌 딸쯤 되는 것 같았다.

릴라가 요가대학에 온 이유는 결혼을 피하기 위해서였다. 인도에선 여성들이 결혼을 일찍 한다. 그런데 결혼에 대한 그녀의 생각은 좀 달랐다. 릴라는 많은 것을 경험해 보고 싶어 했다. 부모님과 신경전을 벌이고 있는 중에 마침 개인교습을 해 주는 요가 선생님의 추천으로 조금이나마 시간을 벌려고 학교에 오게 된 케이스다. 난 자연스레 릴라와 가장 친한 친구가 되었다. 현재 그녀는 IT 일을 하는 남편을 따라 미국에서 잘 살고 있다. 내가 나만의 힐링 공간을 만들면 그곳에 릴라를 초대하고 싶다. 그녀의 요가 동작은 너무나 아름다워서 아직까지도 기억에 남는다.

한국에 돌아와서 보니 한국에서의 요가는 상황이 참 많이 달라져 있었다. 인도로 떠나기 전만 해도 요가가 대중화되어 있지 않았는데 이제는 많은 곳에서 요가를 하고 있었다. 심지어 대부분의 동사무소에 요가강좌가 개설되어 있어 요가는 누구나 접할수 있는 운동이었다. 한국에선 요가가 몸매를 가꾸는 운동으로 널리 알려져 있었다. 하지만 그것은 요가의 본질이 아니었다.

사실 무엇인가를 공부할 때 그 속으로 깊이 들어가 보면 겉으로 보이는 것과는 많은 다른 점들을 발견하게 된다. 인도에서 공부할 때도 늘 같은 생각이었지만 요가는 몸매를 가꾸기 위한 동작이 전부가 아닌, 기본적으로는 인간의 마음에 대한 공부다. 그러다 보니 사람들에게 단순히 동작만 가르치는 것은 잘하는 것이 아니라는 생각이 나의 발목을 잡았다. 나의 의식이 먼저 바뀌어야겠다는 생각이 들었다.

그런데 어떻게 방향을 잡아야 할지 알 수가 없어 늘 고민스러웠다. 내가 가진 의식 중 하나는 '나도 이웃의 삶에 도움이 되는 인생을 살다 가고 싶다'라는 것이었다. 그러기 위해선 나의 성장이 먼저였다. 그래서 이곳저곳 기회가 닿는 대로 강의도 듣고 했었다. 그 과정에서 만난 〈한책협〉의 책 쓰기 수업을 통해 나는 길을 만들어 보려고 한다.

예전에 〈목욕탕 집 남자들〉이라는 드라마를 참 재미있게 봤다. 대가족이 한집에 모여 일상을 살아가면서 만들어 내는 잔잔한 이야기가 정겨웠다. 나에게는 우리 자매들이 목욕탕 집처럼 같이 모여 살고자 하는 꿈이 있다. 우리 가족은 부모님과 다섯 자매다. 이제는 다들 결혼해서 각자의 삶을 살고 있다. 그런데 부모님이 돌아가신 후로는 한곳에 모일 친정이 없어졌다. 나는 7층짜리 건물을 구입해서 한 층씩 자매들에게 나눠 주고 싶다. 그렇게 모여 살면서 맛있는 것도 같이 해 먹고 같이 수다도 떨고 오순도순 사랑을 나누며 살고 싶다. 가족들에게 기둥이 되어 주고 싶다. 목욕탕 집 아저씨처럼.

그리고 6~7층에는 내 이름을 건, 희망과 용기를 주는 동기부여 장소와 마음치유 장소를 만들고 싶다. 나는 그 꿈의 공간을 '힐링 놀이터'라고 이름 붙일 계획이다. 우리의 힐링 놀이터에 많은 사람들이 와서 함께 춤출 수 있기를, 함께 신을 호흡하고 은빛 날개를 펄럭이며 훨훨 날아갈 수 있기를 간절히 염원한다.

멋진 서재가 있는 집에서
책 쓰는 삶 살기

"하루라도 책을 읽지 않으면 입안에 가시가 돋는다."

안중근 의사의 말이다. 수업시간에 선생님께서 이 말씀을 하실 때 나는 친구들과 "하루라도 말을 안 하면 입안에 가시가 돋는다."라고 하면서 킥킥거리던 학창시절이 있었는데…. 벌써 인생의 반을 걷고 있다. 시간은 쏜살같이 흐르는데 때로는 내가 어디로 가는지 방향조차 알 수가 없다는 생각이 가끔 든다.

책 읽기의 중요성에 대해 아무리 이야기해도 '교과서면 되지, 더 뭐가 필요해?' 하던 나였는데, 언니가 열심히 책을 읽는 것을 보니 도대체 어떤 점이 재미있어서 책을 읽는 것인지 궁금해졌다. 바로 위의 언니는 여고시절 책을 많이 읽었다. 그리고 나는 그 언니의 영향을 은근히 많이 받았던 것 같다.

"새는 알에서 나오려고 투쟁한다. 알은 세계다. 태어나려고 하는 자는 한 세계를 깨뜨리지 않으면 안 된다. 새는 신에게 날아간다. 신의 이름은 아브락사스다."

언니는 《데미안》의 한 구절을 읽어 주며 새가 알에서 태어나듯이 우리도 늘 변화를 시도하고 새로 태어나야 한다고 했다. 그러면서 잔소리 아닌 잔소리를 시작했다. 나는 언니의 말에 반대하며 억지를 부리다가 "세상 살기가 왜 이리 힘든 거야. 하고 싶지 않은 일도 해야 하고…" 하며 난 꺼이꺼이 울고 말았다. 여중시절에 나는 삶이 굉장한 무게로 느껴졌었다. 내 나름대로는 이유가 많은 반항이었던 셈이다.

그런 내가 책과 가깝게 지내게 된 계기가 몇 있다. 언니가 읽던 책 중에 내가 처음으로 읽은 책은 《테스》였다. 어떻게 읽게 되었는지 기억은 나지 않지만, 읽다 보니 한 권을 다 읽게 되었다. 완독하고 나니 "어! 나도 책을 읽었네!" 하는 뿌듯함이 생겼다. 그 후 영화까지 보니 책이 더 잘 이해할 수 있게 되었고, 난 그렇게 조금씩 책과 친해지게 되었다.

중학생 때 나는 국어 선생님을 참 좋아했다. 감정을 한껏 담아

시를 읽어 주시던 선생님의 모습에 나도 시를 한번 외워 보고 싶다는 마음이 들 정도였다. 나는 언니가 적어 놓은 시를 몰래 가져다가 하얀 종이에 연필로 정성 들여 베껴 써서 모아 두었다. 김남조의 〈후조〉, 한용운의 〈님의 침묵〉, 김춘수의 〈꽃〉 등….

또 고등학교에 입학할 때의 일이었다. 당시에는 고등학교에 입학하기 전 시험을 보고 2차로 면접을 봐야 했다. 시험을 치른 후 면접을 보기 위해 강당에 모여 있을 때였다. 학생들을 강당에서 오래 기다리게 하는 게 조금 마음에 걸리셨는지, 한 선생님께서 작은 레크리에이션을 시작했다. 그리고 학생들을 강당의 무대 위로 불러내 노래를 시켰다.

그때 나는 옆 친구와 잡담을 하고 있었다. 그런데 갑자기 내 앞쪽의 학생들이 반으로 쫙 갈라지면서 나에게로 시선을 집중했다. 선생님이 나를 지명하고 있었던 것이다. 난 옆 친구와 떠드느라 지명당하는 줄도 모르고 있었다. 나는 얼떨결에 불려 나갔다. 그런데 나에게 노래를 시키니 퍽 난감했다. 나는 못 한다고 손사래를 쳤지만 선생님께서는 무대 위로 올라왔으니 노래 한 곡은 불러야 한다고 하셨다.

그때 번득이는 지혜가 떠올랐다. 시가 생각난 것이다. 나는 덜덜 떨리는 목소리로 "내가 그의 이름을 불러 주기 전에는 그는 다만 하나의 몸짓에 지나지 않았다…. 우리들은 모두 무엇이 되고 싶다…."라고 읊었다. 맞게 했는지 어떤지 얼굴이 홍당무가 되어 무대를 내려오는데 갑자기 박수 소리가 온 강당을 울렸다. 나는 이렇게 언니, 선생님, 친구를 통해 시와 책의 매력에 살짝살짝 빠져들면서 성장해 갔다.

여고시절 방학이 끝날 무렵 나는 한 통의 엽서를 받았다. 나에게 엽서를 보낼 사람이 없는데 누구일까 궁금했다. 편지 봉투에 적힌 낯익은 이름, 바로 담임선생님이셨다. 엽서에는 나를 처음 봤을 때의 느낌이며 선생님이 지금 어떻게 지내신다는 내용과 방학 잘 보내고 만나자, 라는 이야기가 적혀 있었다. 선생님이 보내신 엽서에 무슨 연애편지를 받은 것처럼 가슴이 콩닥콩닥 뛰었다.

그리고 엽서를 읽고 또 읽으면서 난 어쩜 그렇게 글을 잘 쓰시는지 선생님에게 감탄했었다. 글 잘 쓰는 사람이 참 부러웠다. 그런데 부러워만 했지, 여태 나는 글을 쓰려는 노력을 조금도 하지 않았었다. 그때 부러움에만 그치지 않고 책을 열심히 읽든가 글쓰기를 적극적으로 배웠더라면 얼마나 좋았을까, 하는 아쉬움이 남는다.

요즘은 논술시험도 있고 주관식 문제가 많은 비중을 차지하지만 내가 학교에 다닐 땐 모두 객관식이었다. 잘 암기해서 번호를 고르면 되는 때였다. 그러니 교과서를 읽고 그 내용을 깊이 생각할 필요가 없었다. 난 철저히 객관식 답을 잘 찍는 학생이었다. 그러다 보니 글쓰기 또한 초등학교 때 한꺼번에 적어야 했던 일기

숙제가 전부였다. 나에게 글쓰기는 그저 로망일 뿐이었다. 그나마 일기 쓰기도 여지없이 작심삼일로 끝나 버렸다.

직장생활을 할 때 언제 어디서나 술술 말을 잘하고 글을 잘 쓰는 사람들에게 다가가 물어보면 책을 많이 읽었다고 했다. 나도 그들 사이에 끼고 싶은 마음이 들었다. 이제는 학창시절의 막연한 부러움이 아니었다. 사회생활에서는 나의 의견을 말하고 글로 표현하는 것이 소통의 대부분이다. 그러니 그것이 부족하면 생활이 그리 쉽지 않았기 때문이었다. 책을 읽고 글을 쓰는 것은 생존과 관계되며 자신감이 있어야 한다.

이제는 더 이상 책을 겨우 몇 장 읽다가 책장에 처박아 두고 싶지 않았다. 나에게 책 읽기는 만만치 않은 일이었지만 나는 그래도 끊임없이 시도했다.

그 당시 내가 다니던 교회의 한 목사님께서는 어떤 동아리든 하나는 꼭 가입해서 활동하기를 권유하셨다. 때마침 새로운 회원을 모집하기 위해서 독서동아리에서는 한 분의 작가님을 초대해서 강연을 듣는 행사를 열었다. 강연이 끝난 후 함께한 뒤풀이에서 여러 이야기를 들을 수 있었다. 작가님은 평소 책을 많이 읽으셨지만 워낙 성격이 급하다 보니 말을 더듬어 누구 앞에 서서 강의하는 것은 생각지도 못했다고 했다. 작가가 되니 강연할 수밖에 없는 상황이 되어 이렇게 교회에까지 왔다고 자신의 스토리를 이야기해 주셨다. "노오란 네 꽃잎이 피려고 간밤엔 무서리가…. 내게는 잠도 오지 않았나 보다."라는 문장처럼, 작가님은 한 송이 국화꽃을 피우기 위해 얼마나 많은 밤을 지새웠을까. 한 사람의 삶이 짠한 감동으로 밀려왔다.

겉으로 나타나지 않아도 속에 품은 마음은 그와 연관된 것을 끊임없이 찾아다 연결해 주는 것 같다. 나 또한 〈한책협〉을 통해 생각지도 못한 일들이 쭉 연결되고 있다. 〈책 쓰기 과정〉을 들으며 그동안 1년에 한두 권의 책도 읽지 않던 내가 2~3일에 한 권의 책을 읽고 또 내 책을 출간하기 위해 원고를 쓰고 있다. 책 쓰기를 하지 않았다면 만나지 못했을 주옥같은 책들은 나의 변화를 촉구하고 있다. 오늘도 나와 함께 멋진 삶을 살자고 손짓한다. 너무나 감사한 인연들이다. 나도 그 책들의 저자들처럼 마음을 흔드는 작가가 되어 후배들의 삶을 이끌어 주고 싶다.

신이 우리를 축복의 길로 인도하는 길 중의 하나가 책인 것 같다는 생각을 해 본다. 신은 자기 자신을 사랑해 끊임없이 탐구하고 노력하는 인간에게 영감이라는 선물을 주어 책을 쓰게 한다. 그러면 또 우리는 그 책을 통해 신에게 가까이 갈 수 있는 연결점을 찾게 된다.

나는 나만의 독서 공간을 갖고 싶다. 내가 꿈꾸는 서재에 들어서면 중간에는 큰 탁자가 있다. 탁자에는 언제나 글을 쓸 수 있는 은빛 노트북이 자리 잡고 있다. 탁자 위엔 많은 것들이 올려져 있지 않다. 탁자 왼편엔 바로 읽어야 할 책들이 10권 정도 쌓여 있다. 탁자 건너편 벽엔 기역 자로 하얀색 책장이 둘러져 있다. 그곳엔 내가 읽었던 책들이 빼곡히 꽂혀 있다. 오른쪽 벽에 난 예쁜 창문 너머로는 정원의 나무와 꽃들이 보인다. 창문 옆에서는 내가 좋아하는 스킨다프서스가 멋지게 자라고 있다.

센다 타쿠야의 《인생에서 가장 소중한 것은 서점에 있다》라는 책에 "부자라서 서재가 있는 게 아니라 서재가 있어서 부자가 된다."라는 말이 있다. 나도 멋진 서재가 있는 집에서 책 쓰는 삶을 살고 싶다. 꿈이 이루어질 수 있도록 서재에서 책 쓰기 하는 나의 모습을 상상하며 오늘도 나는 행복하게 내 길을 걷는다.

성공한 작가가 되어
시간적·경제적 자유 누리기

이 시대의 대부분의 사람들이 갖고 싶어 하는 것은 아마도 벤츠, 루이비통, 몽블랑 등 명품인 것 같다. 그런데 나는 통 그런 것들에는 관심이 없다. 아마도 가까이 접해 보지 못했기 때문일 것이다. 요즘 나에게 갖고 싶은 게 뭐냐고 물으면 '시간'이라고 대답할 것 같다. 나는 위로 언니 2명이 있는데 큰언니는 한복의 달인이다. 언니는 시간을 늘 계획하며 살고 있다. 신용을 목숨처럼 생각하다 보니 고객과의 약속은 칼같이 지킨다. 그래서 많은 팬들이 있다.

나도 언니 집에 가려면 미리 시간을 약속해야 한다. 만나서도 시간에 방해가 될까 봐 조심스러운 면이 없지 않아 가족인데도 신경이 많이 쓰인다. 나는 그런 언니가 좀 여유가 없어 보였다. 왜 평생 시간에 매여 살까, 생각했었다. 그랬던 내가 요즘 〈한책협〉을 만나 책 쓰기 작업을 하면서 시간의 부족을 절실히 느낀다. 동료들이 저녁 먹자, 술 한잔하자 하면 부담스럽게 느껴지기까지 한다. 점점 언니를 닮아 가고 있는 것 같다.

나는 대학을 졸업하자마자 운전면허를 취득했다. 면허만 취득해 놓고 운전을 안 하면 장롱면허가 된다는 말을 많이 들었다. 그래서 나는 면허 취득과 동시에 자동차를 구입했다. 나의 첫 차는 현대자동차에서 출시한 '엑셀'이었다. 처음 차를 구입하고는 운전하는 것이 두려웠다. 그래서 한동안 집 앞에 차를 세워 두기만 했다. 그러다 이대로는 도저히 안 되겠다, 싶었다. 나는 차가 적게 다니는 새벽을 이용해 운전 연습을 했다. 시동도 꺼뜨리고, 도로도 달리다가, 언덕도 올라가 보면서 조금씩 운전에 익숙해져 갔다. 그 과정을 통해서 나는 운전에 베테랑이 되었다. 운전하는 것이 신났다.

나에게 운전 실력을 키워 준 엑셀과의 이별은 빠르게 왔다. 집에 가면서 건널목 앞에 가만히 정지해 있는데 갑자기 택시가 내차를 들이받았다. 그래서 폐차시키게 되었다. 2년간 나의 손과 발이 되어 준 차를 떠나보낼 때는 꼭 사람과 이별하듯이 마음이 짠했다.

두 번째 차는 내 체구에 딱 맞는 기아자동차에서 출시한 진한 감색의 '프라이드'였다. 세 번째 차는 역시 기아자동차의 '세피아'

였다. 내가 가장 갖고 싶어 했던 차였다. 은회색의 세피아를 몰고 나가면 "쌤요, 아버지 차 가지고 나왔어요?" 하며 남학생들이 짓궂게 놀려 대곤 했었는데…. 출퇴근 시간 나와 함께했던 이 차는 내가 인도에 가 있는 동안 그냥 두고 갈 수가 없어서 아깝지만 헐값에 팔게 되었다.

차가 있을 때는 가까운 거리도 꼭 차를 타고 다니는 습관이 들어 차가 없으면 어떻게 살지 걱정했다. 그런데 에베레스트 산을 등반하며 많이 걸어서일까, 귀국해서는 차가 없으면 없는 대로 잘 지냈다. 걷기 운동을 일부러 하지 않아도 되고 자연스레 몸의 움직임이 많아진 것 같아서 좋다. 그러나 현대 생활에서 차는 일하는 데 기동력을 제공하기 때문에 필수적이다.

지금 매스컴에서는 4차 혁명시대에 관한 이야기가 자주 나온다. 우리나라의 90퍼센트가 넘는 사람들이 스마트폰을 사용한다고 한다. 사실 얼마 전까지만 해도 우리들 모두의 손에 스마트폰이 쥐어 있게 될 줄 누가 알았겠는가! 내가 이용하는 지하철 에스컬레이터는 유난히 길이가 길다. 위에서 내려가면서 반대쪽 올라오는 편을 바라보다 참 재미있는 모습을 목격했다. 에스컬레이터 위에 서 있는 사람들 모두가 똑같은 자세였던 것이다. 한 손에 스마트폰을 들고, 고개는 숙이고, 저마다 뭔가를 열심히 보는. 우리는 지금 이런 시대에 살고 있다. 전 국민의 스마트폰화! 대단한 대한민국이다.

조금 있으면 영화에서만 보던 세상이 펼쳐질지도 모른다. 'FX mirror(3D 가상 피팅 솔루션)'라고 해서 패션과 IT의 만남으로 집 안에 점포가 들어오는 시대가 곧 올 것이다. 5분 정도의 시간을 투자해 50여 벌의 옷을 집에서 가상으로 입어 보고 마음에 드는 걸로 주문까지 할 수 있다. 드레스처럼 입고 벗기 힘든 옷도 거울에 입은 모습이 비춰지니 옷 고르기가 참 편리하고 재미있을 것 같다.

백화점을 거닐다 보면 디지털 카운슬러가 "○○○님 오랜만에 오셨습니다. 고객님이 찾으시는 물건은 어느 쪽에 있습니다."라고 안내한다. 이미 나의 데이터를 다 가지고 나의 소비 패턴을 분석해 나에게 꼭 맞는 것을 제안한다. 심지어 이번 아내 생일에 선물을 무엇으로 해야 하나 고민하지 않아도 된다. 디지털 카운슬러가 나보다 나를 더 잘 안다.

2020년에 나올 무인자율 자동차는 차 안에서 모든 것이 다 이루어진다. 가고자 하는 곳에 데려다주는 것은 기본이다. 뿐만 아니라 "주인님 오늘 저녁 식사는 무엇으로 하시겠습니까?"라고 묻고 IoT(Internet of Things 사물 인터넷)로 집의 냉장고를 검색한다. 그러곤 원하는 식사 재료로는 뭐가 있고 뭐가 없는데 없는 재료를 "지금 배달시킬까요?" 한다. "오케이!" 하면 차 속에서 주문한다. 그러면 내가 집에 도착하기도 전에 주문한 상품이 현관 앞에 놓여 있다. 집 안은 온도까지도 체크해 아주 쾌적한 상태로 만들어 놓는다. 자동차는 나의 모든 일을 도와주는 비서가 될 것이다. SF영화 속 주인공 같지 않은가!

내가 일하는 회사에서는 아침에 한 지점에서 동시에 전국의 지점으로 방송을 보낸다. 그 방송을 주관하시는 분이 계신다. 그런데 그분은 방송시설이 있는 대구, 대전, 서울, 성남을 일주일 내내 돌아다니면서 강의한다. 덕분에 우리는 앉아서 라이브 강의를 들을 수 있으니 감사할 따름이다. 하지만 그분은 거의 집에 못 들어가시는 것 같다. 때론 안쓰러운 마음이 들기도 한다. 무쇠라도 힘들 것 같아 보이는데 펑크 없이 방송을 진행하신다.

이런 분들의 스케줄을 보면 거의 살인적이다. 심지어 초 단위로 스케줄을 계획하시고 작은 찰나라도 놓치지 않는다. 목적을 가지고 사는 사람들에게 시간은 정말 금이고 목숨이다. 전국을 동분서주할 때 운전기사가 딸려 있는 자동차는 기동력 면에서 필수다. 하지만 무인자율 자동차는 운전기사조차 필요 없다.

우리나라도 2020년이면 무인자율 자동차가 상용화된다고 한다. 그 말을 듣는 순간 '아! 정말 갖고 싶다!'라는 생각이 들었다. 책 쓰기 작업을 하다 보니 나는 시간을 계획적으로 사용하게 되었다. 하루의 계획된 시간들 사이에 갑자기 계획에 없는 일이 끼어들면 당황스럽다.

나는 시간을 알뜰히 사용하게 도와줄 나만의 자동차, 무인자율 자동차를 갖고 싶다. 무인 자동차 안에서는 이동하면서 편안히 책을 읽을 수도 있고, 책을 쓸 수도, 강의 준비를 할 수도 있다. 물론 쇼핑까지도 할 수 있다. 차는 나의 완벽한 분신과 같은 동반자가 되어 나의 일상을 도와줄 것이다.

"인간은 단지 상상력입니다. 상상력이 바로 우리 존재 자체이기 때문에 상상 속에서 우리가 서 있는 곳에, 우리는 그곳에 실제로 존재하는 것입니다."

《부활》에서 네빌 고다드가 말한 것처럼 상상력에 의해서 이제 또 편리하고 재미있는 인생이 시작된다.

김태광 대표 코치의 《10년 차 직장인, 사표 대신 책을 써라》에는 "성공해서 책을 쓰는 것이 아니라, 책을 써야 성공한다."라는 말이 나온다. 이 책은 멋진 인생을 살고 있는 사람이나 유명인이라야 책을 쓸 수 있다는 우리의 고정관념을 깨부순다. 서점에서 책을 구입해 읽으면서 이 사람들은 어쩜 이렇게 글을 잘 쓰고 감동을 주는 삶을 살까 부러워만 했다. 책을 쓰겠다는 생각을 감히 해 보지 못했다.

책 쓰기는 나를 브랜딩하는 가장 좋은 방법이다. 실제 단 한 권의 책으로 제대로 빠르게 1인 창업가의 길을 걷고 있는 분이 있다. 그분은 책을 통해 퍼스널 브랜딩이 되어 많은 사람들에게 영향력을 미치는 사람이 되었다. 많은 사람들에게 하고 싶은 일을 하면서 평생 현역으로 사는 길을 안내한다. 끊임없이 배우고 성장하면서도 수입이 늘어나는 시스템을 구축했기에 가능한 일이다. 시간적으로나 경제적으로나 자유롭게 살면서 브랜딩된 가치에 따라 이웃들에게 선한 영향력을 미치는 메신저가 된 것이다. 나도 한 권의 책을 옹골차게 써내서 1인 창업을 할 것이다. 그럼으로써 억대 수입의 1인 기업가가 되겠다는 꿈을 꾸고 있다.

〈한책협〉을 거친 많은 선배 작가들이 1인 기업가로서 멋지게 활동하고 있는 모습을 보면 힘이 된다. 그분들에게는 전국에서 강연 요청이 들어온다. 따라서 자동차는 필수다. 그들이 성공해서 처음 마련하는 것이 꿈맥들의 로망, 벤츠인 이유가 아닐까! 그 성공의 길을 따라가고 있으니 나도 성공한 작가의 필수 품목이 되어 버린 자동차를 준비해야겠다. 그것도 완벽한 비서의 역할까지 해내는 꿈의 무인자율 자동차로 말이다.

보
물
지
도

12

PART
5

대한민국 여성들의
멘토 되어 선한
영향력 끼치기

· 우희경 ·

우희경 '제주태교여행연구소' 대표, 태교 전문가, 태교 코치, 자기계발 작가, 강연가, 동기부여가

'제주태교여행연구소' 대표로서 올바른 태교법과 '제주태교여행프로그램'에 대해 연구하고 있다. 제주로 태교
여행을 떠난 자신의 경험을 통해 태내 교육에 국한된 태교가 아닌 엄마의 마인드 컨트롤에 초점을 맞춘 태교가
가장 좋은 태교라는 것을 깨달았다. 이를 많은 사람들에게 알리고자 현재 개인저서를 집필 중이다.

Email jeju-tk@naver.com
instagram heekyoungwoo

Blog blog.naver.com/nannaya310
facebook heekyoungwoo

작가와 강연가, 1인 기업가로
두 번째 인생 살기

"생각대로 살지 않으면 사는 대로 생각하게 된다."

누구나 한 번쯤 들어 봤을 이 말은 프랑스의 시인이자 사상가인 폴 발레리의 말이다. 하지만 모든 것이 불안한 이 시대를 살아가는 사람들에게, 당장의 생활비와 집값으로 지출이 넘쳐 나는 요즘 사람들에게 이 말은 사치스러운 말로 들릴 뿐이다. 나 또한 그랬다.

평소 책을 좋아해서 마치 비타민을 먹듯 자기계발서를 읽으며 힘든 직장생활을 견뎠다. '그래, 언젠간 나아지겠지'라고 스스로를 위로하며 큰 도전 없이 살아왔다. 물론 직장생활이 유한하다는 것을 알고 있었기에 두 번째 인생을 살기 위해 아무 노력도 하지 않은 것은 아니었다. 개성도 없고 다람쥐 쳇바퀴 돌듯 사는 직장인의 삶이 싫었던 나는 독립해 내 사업체를 갖는 것을 늘 꿈꿔왔다. 그러나 그것은 말처럼 쉬운 일은 아니었다. 그래서 현실에 맞는 다른 대안을 찾기 시작했다.

그래서 처음 시작한 것이, 동생과 함께한 옷가게였다. 평소 센스 있게 옷 입는 동생과 의기투합해 제주도 지하상가에 약 3,500만 원을 투자해 소호 옷가게를 창업했다. 가게 이름도 제주의 특색을 살려 예쁘게 지었다. 그리고 처음으로 옷가게 쿠폰제를 도입하는 등 새로운 아이디어를 짜내 2년가량의 매출은 나쁘지 않았다. 하지만 불경기에 접어들자 사람들은 오프라인 매장보다 싼 온라인 쇼핑몰에서 옷을 구입하기 시작했다. 게다가 주변의 경쟁 업체들에 비해 단골이 적어 매출이 서서히 감소했다. 그렇게 첫 사업을 접었다.

첫 사업이 손해도, 이익도 못 본 채로 기억의 저편으로 사라질 무렵, 단순히 물건을 파는 것은 큰 수익도 나지 않을뿐더러 너무 전통적인 사업 방식이라는 생각이 들었다. 그러던 중 한 자기계발서에 나온 문구가 마음에 꽂혔다. "자신이 평소에 좋아하는 일을 먼저 생각해 보라."라는 것이었다.

평소에 나는 피부 관리에 신경을 많이 쓰는 편이다. 시간이 날 때마다 피부관리실에 가서 관리받는 것을 좋아한다. 그래서 피부 관리 사업을 해 보기로 마음먹고 우선 피부 관리에 대해 배우기로 했다. 하지만 피부 관리에 대해 배우는 동안 몸만 고단하고 전혀 즐겁지 않았다. 나는 피부를 관리받는 것을 좋아하는 사람이었을 뿐이었다는 것을 알았다. 다른 이의 피부를 관리하는 일은 하고 싶지 않았다. 그렇게 취득한 피부 관리 자격증을 모셔만 놓고 그냥 직장생활에 충실하며 또 시간을 흘려보냈다.

하지만 직장생활을 하면서도 나는 끊임없이 '내가 진정으로 하고 싶은 일을 찾아 나설 거야'라고 생각했다. 제2의 인생을 찾으려면 비용이 발생하기 마련이다. 그렇기 때문에 집값과 생활비를 충당하려면 힘들어도 당분간은 직장생활을 유지해야 했다. 그러면서도 나는 자꾸 주변을 기웃거렸다.

그러던 어느 날, 아주 우연히 대학에서 강의할 기회가 주어졌다. 대학교 시절에 잘 알고 지내던 친한 선배가 제주대학교 관광학과에서 강사로 재직 중이었다. 그런데 〈항공실무론〉 수업에서 실제로 항공사에서 근무했던 사람의 사례를 이야기해 주고 싶은데 본인은 경험이 없으니 나더러 한 시간만 실제 항공 업무에 대해서 알려 주라는 것이었다. 나는 흔쾌히 수락하고 1일 특강 강사로 초빙되어 학생들 앞에서 강의를 하게 되었다.

첫 강의를 했던 날의 떨림을 잊지 못한다. 나는 강한 인상을 남기고 싶어서 일부러 회사 유니폼을 입고 갔다. 강의실 문을 열고 들어가니 나를 본 50명가량의 학생들이 일제히 환호성을 질렀다. 내가 근무하는 항공사에 입사하고 싶어 하는 학생들이 꽤 있다 보니 현업에 종사하는 사람을 보자 신기해서 그런 반응을 보였던 것 같다. 그 환호성을 들으니 긴장이 되고 주눅이 들기 보다는 기분이 좋아졌다. 나는 내가 하는 일과 취업 준비 과정에 대해 진솔하게 이야기를 풀어 갔다.

나의 이야기를 경청하고 호응해 주는 학생들을 마주하니 아주 오랜만에 가슴이 떨리는 것을 느꼈다. 마치 소개팅에 마음에 드는 이성이 나올 때처럼 가슴이 쿵쾅쿵쾅 뛰었다. 내가 살아 있음을 느낄 수 있었다. 특강을 진행하는 그 한 시간이 너무 짧게만 느껴졌다.

특강을 마치고 집에 와서, 나는 '이것이 내 길인가?' 하고 생각했다. 나는 그 가슴 뛰는 일을 계속하고 싶었다. 강사라는 직업에 관심을 가지고 관련 자료를 찾고 있을 때, 두 번째 기회가 찾아왔다.

당시 회사에는 통역대학원에 다니던 상사가 한 분 계셨다. 그런데 담당 교수가 여학생들을 대상으로 취업 특강을 개최한다고 했다. 그래서 실제 업무를 하고 있는 현직 강사를 구하는 중이었는데 그 상사가 나를 추천했다는 것이었다. 학기당 한 번 취업 특강을 하고, 방학 기간에는 학생들에게 취업 멘토링을 해 주는 자리였다. 나는 이제야 내 자리를 찾아가는 것 같은 기분이 들었다.

그리고 나는 대학생 때 어떤 이야기를 듣고 싶어 했고, 무엇을 알고 싶어 했는지를 곰곰이 생각해 보았다. 그 내용에 맞춰 강의안을 짜고 강의 자료를 만들었다. 일과 병행해야 하고 쉬는 날마다 강의 자료를 만들어야 했기에 내 시간은 없었다. 그럼에도 불구하고 좋아서 하는 일이었기 때문에 그저 기뻤다.

첫 강의 날, 무척 떨렸지만 무사히 강연을 마쳤다. 준비한 것을 다 알려 주지 못한 것 같아 약간의 아쉬움이 있었다. 하지만 질의 응답 시간에 학생들이 궁금해하는 내용을 진솔하게 알려 주니 강의 평이 나쁘지 않게 나왔다.

방학 때는 한 달가량 일주일에 한 번씩 5~6명의 학생을 만나 취업 멘토링을 해 줬다. 학생들의 고민을 들어 주고 나의 경험을 이야기해 주면서 동기부여를 해 주었다. 나는 그때 '평범하다고 생각했던 나의 일상도 누군가에게 동기부여를 해 줄 수 있구나'라는 것을 느꼈다. 그리고 그럴수록 내가 더 성장한다는 것을 깨달았다. 이 일을 직업으로 삼으면 행복할 수 있을 것 같았다.

그 무렵부터 '동기부여 강사'라는 직업에 관련된 서적들을 읽어 나갔다. 그런데 강사들은 하나같이 어느 한 분야의 전문가들이었고 그 분야에서 성공을 이룬 사람들이었다. 평범한 직장인인 내가 동기부여 강사가 되는 건 불가능해 보였다. 하지만 포기하지 않고 방법을 찾을 때까지 계속해서 직장일과 대학 취업 특강과 멘토링을 병행했다. 직장생활은 고되었지만, 특강과 멘토링은 오히려 나에게 활력을 불어넣어 주었다.

그러다 결혼을 하게 되었다. 결혼을 하니 내 의지보다는 남편이나 시댁의 요구가 내 삶에 큰 영향을 끼쳤다. 남편이 서울로 발령받게 되어 제주에서 서울로 이사하게 되었다. 그래서 결혼 후 1년 정도는 제주와 서울을 오가며 특강과 멘토링을 병행했다. 하지만 임신과 출산을 거치면서 그만두게 되었다.

임신, 출산 그리고 바로 이어지는 육아는 여태껏 경험해 보지 못한 신세계였다. 특히 육아를 하면서는 내 삶이 거의 없었다. 하루 종일 아기랑 씨름하며 잠도 잘 못 자고, 아기를 먹이고, 재우고, 뒤치다꺼리하다 보면 하루가 금방 끝났다. 내가 좋아하는 책 한 권을 읽고 영화 한 편을 보는 것은 호사스런 삶이었다. 그렇게 또 육아의 쳇바퀴에 걸려 직장의 노예에서 육아의 노예로 1년을 보냈다. 아기 돌을 치르고 한두 달이 지났을 때쯤, 갑자기 나는 잃어 버렸던 내 꿈에 대해 다시 생각하게 되었다.

내 젊은 날을 아기만 키우면서 흘려보내고 싶지는 않았다. 그래서 또다시 책을 읽기 시작했다. 아기가 잘 때 시간을 쪼개서 독서를 하면서 내가 살고 싶은 삶, 나답게 사는 삶에 대해 깊이 고민했다.

결론은 내 삶의 시간은 그렇게 길지 않고 꿈을 이룰 시간도 얼마 없다는 것이었다. 10년간 직장생활을 충실하게 했지만 나는 직장생활을 하면서도 끊임없이 내 '진짜 삶'을 고민했다. 하지만 막연하게 '언젠가 잘되겠지' 하며 시간만 낭비하고 있었던 것은 아닌가, 하는 생각이 들었다.

그래서 이번엔 현실에 내 꿈을 맞추지 말고, 내 꿈을 다시 정한 후 그 꿈을 이루기 위해 현실을 새롭게 만들어 가자고 생각했다. 그리고 일단 하고 싶은 것이 있다면 예전처럼 주저하는 것이 아니라 일단 마음이 가는 대로 다 해 보자고 생각했다. 나는 버킷리스트를 종이에 적어 내려가 나만의 보물지도를 완성했다. 나는 책을 쓰고 싶었고, 강연가가 되고 싶었고, 그리고 그 경험을 바탕으로 1인 창업을 하고 싶었다.

예전의 나였다면 여태껏 배운 것이 아까워 배운 것을 써먹을 수 있는 직업을 선택했을 것이다. 그러나 이제는 그러고 싶지 않았다. 과거를 다 내려놓고, 배운 것, 배운 데 들인 시간, 경력 등을 생각하지 말고 일단 그냥 마음이 시키는 대로 살기로 했다.

일단 작가와 강연가가 되고 싶으니 어떻게 하면 그 목표를 이룰 수 있을지 고민하기 시작했다. 그러다 2년 전에 책을 쓰고 싶다며 자료를 찾을 때 읽었던 김태광 작가의 책에서 〈한책협〉에 대한 글을 발견했던 것이 떠올랐다. 그리고 무엇에 홀린 것처럼 책에 나와 있는 카페에 가입했다. 내친김에 〈1일 특강〉도 신청했다. 그리고 〈1일 특강〉을 듣고 다시 〈책 쓰기 과정〉에 등록했다.

나는 임산부였기에, 제주에서 서울로 매주 특강을 들으러 가는 것이 사실 부담스러웠다. 하지만 '언젠가 하겠지'에서 '지금 해야 한다'라고 생각을 바꾸고 나니 더 이상 고민될 것이 없었다. 엄마가 행복하고 지적 자극을 받아야 내 배 속의 아기도 똑똑하게 잘 성장할 수 있다고 믿었다.

그러나 역시 남편이 쉽게 찬성하지 않았다. 홀몸도 아닌 내가 어떻게 서울까지 수업을 들으러 갈 것이며, 고된 책 쓰기 과정을 밟다 임산부의 몸에 무리가 가면 어쩌느냐는 것이었다. 아기를 낳은 뒤에 해도 늦지 않을 테니 서두르지 말고 천천히 하라고 했다. 하지만 내 입장은 달랐다. 아이를 낳고 나면 육아에 전념해야 했기 때문에 오히려 더 배우기 어려울 것이며, 하고 싶은 마음이 들었을 때 하고 싶다며 남편을 설득했다. 또한 1년간의 육아로 정신적으로 많이 피폐해졌으니, 책을 읽고 쓰면 정신 건강에도 좋을 것이라고도 했다. 남편은 며칠간 반대했지만, 나의 강한 의지에 이내 곧 수긍하는 눈치였다. 그때의 나를 막을 수 있는 것은 아무것도 없었다.

그렇게 내 상황, 내 처지를 먼저 고려하지 않고, 단지 내 꿈을 위해 도전장을 던졌다. 그리고 책 쓰기를 배우는 동안 불안하거나 안 될 것이라는 부정적인 생각은 가슴 깊숙이 접어 두었다. 나는 이미 작가였고 강연가였다.

내가 하고 싶은 것을 찾고 그리고 도전하기까지 참 많은 길을 돌아왔다. 하지만 지금이 아니면 안 될 것 같다. 나는 앞으로 작가가 되어 책을 쓰고, 그 책으로 많은 사람들에게 동기 부여를 해주고, 더 많은 사람들에게 내가 배운 지식, 경험 등을 전달하는 강연가로 살아가고자 한다. 또한 내 경험과 지식을 기반으로 1인 기업가가 되려고 한다. 그것이 내가 바라는 삶이다.

　나는 내가 목표했던 모든 것들을 이루고 꿈에 그리던 삶을 살 수 있다는 데 1퍼센트의 의심도 없다. 두고 봐라! 이제부터 내 삶의 주인공으로 정말 나답게 살 테니까!

부부 작가가 되어
사회에 선한 영향력 끼치기

결혼 전, 소개팅할 기회가 많이 주어졌다. 지금의 배우자를 만나기 전까지 약 3~4년간 조금 과장을 섞어서 소개팅을 100번은 했던 것 같다. 그러나 '이 사람이다!'라고 느끼는 사람을 만나지는 못했다. 약간의 호감을 갖고 몇 명의 남성과 교제를 하기도 했다. 하지만 그중에 결혼까지 생각하게 한 남자는 없었다.

혼기는 찼는데 내가 결혼할 생각을 하지 않으니 가족들은 걱정을 많이 했다. 하지만 결혼만큼은 내 마음에 쏙 드는 사람과 하고 싶었다. 오랜 시간 동안 만남은 많았지만 성과는 없었다. 게다가 소개팅으로 사람을 만나면 감정 소비를 많이 해야 해서 참 힘들었다. 그래서 당분간 남자를 만나지 않고 내 시간을 가지면서 살기로 마음을 바꾸었다.

소개팅도 하지 않고, 그동안 내가 읽고 싶었던 책을 읽고 여행을 하면서 내 시간을 많이 가졌다. 그러면서 결혼이라는 압박에서 벗어나 진심으로 행복한 나날들을 보내고 있었다. 그렇게 7~8개월을 온전히 나에게 집중하고 있을 무렵이었다.

어느 날, 초등학교 친구 J에게서 오랜만에 연락이 왔다.

"희경아, 잘 지내지? 결혼 소식은 아직 없고?"

"그렇지, 뭐…. 요즘 남자 안 만나고 그냥 내 시간들을 즐기고 있어."

"그랬구나. 너 혹시 소개 받아 볼 생각 있니? 정말 괜찮은 사람이야."

믿을 만한 친구 J의 소개였기에, 나는 만나 보기로 하고 전화를 끊었다. 그리고 며칠 후 친구 J의 소개로 연락했다며 한 남자로부터 전화가 왔다. 우리는 약속을 잡았다.

약속 당일, 나는 친구를 만나는 것처럼 소개팅에 편하게 임하기로 다짐하고 약속 장소로 갔다. 보통 소개팅을 하면 레스토랑에 가서 밥을 먹기 마련인데, 이 남자는 특이하게 커피숍에서 보자고 했다. 나는 속으로 '취향 참 특이하네'라고 생각하며 커피숍에 들어섰다. 주변을 살펴보니 손님이 많지 않아 남자 혼자 앉아 있는 테이블을 쉽게 찾을 수 있었다. 남자가 있는 테이블로 다가가자 캐주얼하게 차려입은 남자가 일어서서 밝게 인사를 했다. 일을 하다 왔는지 조금은 지쳐 보이는 얼굴이었다. 하지만 눈빛은 호기심 많은 어린아이처럼 맑고 빛났다. 우리는 가볍게 서로 인사하고 커피를 마시며 이야기를 시작했다.

그 남자는 친구 J의 형부와 가장 친한 친구라고 했다. 그리고 K방송국에서 PD로 일하고 있다며 자신을 소개했다. 그의 말을 듣는데 목소리가 참 청량하다고 생각했다. 그와 이런저런 이야기를 나누었다. 이야기를 나누는 동안 왠지 모르게 나랑 참 잘 맞을 것 같다는 느낌이 들었다. 우리는 자연스럽게 근처 일식집으로 장소를 옮겼다. 그러곤 자신이 살아온 이야기, 자신이 현재 하고 있는 일, 영화, 감명 깊이 읽었던 책 이야기를 했다.

그는 자신의 일을 무척이나 사랑하고 자부심에 가득 차 있었다. 특히 PD가 너무 하고 싶어 개인 프로덕션을 그만두고 3년간 방송국 입사를 준비했다고 했다. 그 이야기를 들으며 참 대단하다, 라는 생각이 들었다. 대학 졸업 후, 나도 어릴 적 꿈인 아나운서가 되고 싶어 1년간 아나운서 시험을 준비했었다. 하지만 몇천 명 가운데 한 명을 뽑는 확률 게임에 나는 번번이 실패했다. 그런 내게 그 남자는 더 멋있어 보였다.

그는 자신이 연출한 프로그램에 대해서도 이야기해 주었다. 영화 〈저수지의 개들〉의 한 장면에서 아이디어를 얻어 해녀의 삶을 다룬 다큐멘터리에서 해녀들이 나오는 장면을 히어로들이 입장하는 것처럼 연출한 이야기, 제주의 중국인 관광객의 증가가 폭발적임에도 아무런 행정적 조치를 취하지 못한 제주 도정 이야기 등 흥미진진한 이야기들이었다. 사실 나는 TV를 즐겨 보는 편은 아니었지만, 우연인지 인연이 되려고 그랬는지 그가 만든 프로그램은 다 봤다. 해녀 다큐멘터리를 보면서 "영화처럼 신선하게 만들었네. PD가 젊은가?"라며 중얼거렸던 기억이 난다. 그런데 바로 그 PD가, 바로 내 옆에서 본인의 이야기를 하고 있으니 신기할 따름이었다.

우리는 평소에 서로 알던 사람들처럼 편하게 다양한 주제로 이야기꽃을 피웠다. 오랜만에 만난 친구처럼 할 얘기들이 많았다. 그렇게 이야기꽃을 한참 피우다가 시간이 너무 지나 다음에 만날 것을 약속하고 집으로 가게 되었다. 마지막 인사를 하고 헤어지려는데 그 남자가 갑자기 집이 어느 쪽이냐고 물었다. 나는 집의 위치를 대충 설명하고 마침 약속 장소가 집 근처라 걸어가겠다고 했다. 사실 걸어가면서 친구랑 통화하며 오늘 소개팅에 대해 이야기할 생각이었다. 그런데 갑자기 그가 자신도 같은 방향이라면서 같이 걸어가자고 했다. 그가 너무 적극적이어서 나는 그러자고 했다. 그러곤 나란히 걷기 시작했다.

"희경 씨는 앞으로 하고 싶은 일이 있으세요?"

"네? 갑자기 물으니 확 떠오르지가 않네요."

"저는 두 가지가 있어요. 하나는 마음이 잘 맞는 분들과 한 동네에 전원주택을 지어서 사는 것, 또 하나는 제주에 관한 책을 쓰는 거예요."

순간 깜짝 놀랐다. 당시 나도 책을 쓰고 싶다고 생각하고 있었기 때문이었다. 책을 쓰고 싶다고 말하는 남자는 처음 봐서 참 신기하고 멋져 보였다. 집으로 걸어가는 내내 우리는 자신의 꿈에 대해 이야기하다 헤어졌다.

우리는 너무 자연스럽게 두 번째, 세 번째 만남을 이어 갔다. 그는 일이 바쁘거나 회식이 있는 날에도 항상 집 앞으로 찾아와서 짧게라도 나를 보고 가곤 했다. 그렇게 우리는 매일 만나 차를 마시고 데이트를 즐겼다. 그렇게 두 달이 흘렀고, 그가 결혼하자며 프러포즈를 했다. 나는 만남이 너무 짧아 조금 성급하다는 생각이 들었다. 그래서 내게 생각할 시간을 조금 달라고 했다. 마침 둘 다 여행 계획이 있어 조금 떨어져서 생각해 보기로 했다. 그리고 그는 혼자 도쿄로, 나는 친구들과 중국 청도로 여행을 가서 각자 생각할 시간을 가졌다.

여행에서 돌아온 후, 그는 나와의 결혼에 대한 믿음이 더욱 확고해졌다고 했다. 나 또한 지금 이 남자를 놓치면 아마 이렇게 잘 맞는 남자를 만나는 데 또 오랜 시간이 걸릴 것이라는 생각이 들었다.

무엇보다 그는 평소에 내가 생각해 왔던 배우자상과 흡사했다. 당시 나는 내 SNS에 '내 배우자는 눈이 선한 남자일 것, 한 가정을 책임질 만한 능력이 있을 것, 자신의 일을 사랑할 것, 책을 좋아할 것, 나랑 코드가 비슷해 이야기가 잘 통할 것, 서로의 성장을 도와줄 수 있을 것'이라고 올려놓은 적이 있다. 생각해 보니, 그는 그 이상형에 거의 들어맞았다.

2013년 2월에 그와 첫 만남을 갖고, 그해 6월에 가족과 친지 그리고 가까운 친구와 지인들을 초대해 경건하게 결혼식을 올렸다. 그 눈이 선한 남자는 나의 배우자가 되었다. 그렇게 결혼을 해서 몇 년간 각자 일하고, 양가 부모님을 챙기고, 어이진 임신과 출산 그리고 육아까지 정신없이 살았다.

어느 날 문득 이런 생각이 들었다. '꿈을 이야기하며 두 눈을 반짝이던 우리였는데. 우리는 지금 꿈을 잠시 잊고 사는 것 같다'라는. 그래서 내가 먼저 용기를 냈다. 더 늦기 전에 꿈을 다시 찾고자 〈한책협〉의 〈책 쓰기 과정〉에 등록한 것이다.

책 쓰기를 배우면서 내 안에 깊숙이 자리 잡았던 '나의 꿈'들이 서서히 꿈틀대기 시작했다. 똑같은 하루를 보내도 살아 있는 느낌이 들었다. 나는 이런 좋은 감정의 변화를 남편에게 이야기했다. 하루 24시간 중 내가 온전히 몰입할 수 있는 시간은 얼마 안 될지라도 나의 꿈을 위해 준비하는 이 순간이 행복하다고 했다. 그리고 우선 내가 책을 낼 테니, 당신도 책을 쓰라고 권했다. 요즘 우리 부부의 화제는 '어떤 이야기를 책으로 써 볼까'다. 남편은 창의적인 일을 하는 사람이라 그런지 반짝이는 주제를 말하곤 한다.

책 쓰기를 배우고 있는 요즘, 꿈이 또 하나 생겼다. 바로 '부부 작가가 되어 사회에 선한 영향력을 끼치는 것'이다. 먼저, 우리 부부가 살고 있는 제주에 관련된 주제로 책을 한 권 쓰고 싶다. 그동안의 제주 관련 책들은 보면 대부분 여행 작가나 외지 사람들이 제주에 정착한 후 쓴 이야기가 많다. 제주 토박이가 쓴 책도 간혹 있긴 하지만 책 내용이 요즘 트렌드에 맞지 않거나 조금 지루한 편이다. 또한 마케팅의 부족으로 홍보가 잘되지 않은 책들이 대부분이다.

그 책들을 보며, '제주에 관해 제대로 알려줄 수 있는 책이 있다면 좋을 텐데'라는 생각을 한두 번 한 것이 아니었다. 그래서 나는 책 쓰기를 제대로 배워 트렌드에도 잘 맞고 '제주'라는 주제와도 부합하는 즐거운 이야기를 쓰고 싶다. 가급적이면 많은 사람들이 내 책을 읽었으면 좋겠다. 그러기 위해서는 홍보도 뒷받침되어야 할 것이다. 그래서 나는 책 쓰기 수업과 더불어 SNS 마케팅 수업도 듣고 있다. 내 책을 위한 준비를 하나씩 차근차근 하고 있는 것이다.

제주에 관련된 책을 몇 권 출간해서 제주 관광산업에 조금이라도 이바지하고 싶다는 것이 내 꿈이다. 또한 제주 관련 책을 출간하는 것을 시작으로 여러 가지 자기계발서나 동기부여에 관한 책을 집필해 많은 사람들이 꿈을 이루며 살 수 있도록 도와주고 싶다. 여기에는 남편도 포함되어 있다. 우선은 내가 먼저 책을 쓰고 그다음에 남편 역시 책을 쓸 수 있도록 힘껏 도울 생각이다. 최종적인 목표는 남편과 내가 부부 작가가 되어 많은 이들에게 선한 영향력을 끼치며 살아가는 것이다.

그렇게 될 나의 미래를 생각하니 벌써부터 가슴이 벅차오른다. 부부 작가가 되어 사회에 선한 영향력을 끼칠 나의 미래를 그리며 오늘 하루도 힘차게 시작한다.

대한민국 여성들이
닮고 싶어 하는 멘토 되기

사회 초년병 시절의 일이다. 당시 한비야 작가의 《지구 밖으로 행진하라》를 읽고 깊은 감명을 받았다. 잘나가던 홍보회사 직원에서 어린 시절의 꿈인 '세계여행 가기'를 실천에 옮기기 위해 회사를 그만두고 여행을 떠났던 그녀. 그리고 세계여행을 계기로 세계 긴급 구호 팀장이 된 삶의 여정을 그린 책이었다. 당시 그녀에게는 '네티즌이 만나고 싶은 사람 1위', '닮고 싶은 여성', '평화를 만드는 100인' 등의 수식어가 붙어 다녔다.

책을 읽으면서 나는 한 여성의 '열정'과 끊임없는 '도전'에 작지 않은 자극을 받았다. 자신이 원하는 바대로 밀고 나가는 그녀의 용기에 감동했다. 그리고 살면서 내 인생에서 중요한 선택을 해야 하는 순간이 온다면, 그녀처럼 용기 있게 선택하고, 도전하는 삶을 살아야겠다고 다짐했다. 그녀의 삶에 깊은 감명을 받았기에, 나는 꼭 한 번 그녀를 만나고 싶다고 생각했다. 그러면서 친구들이나 지인들에게 한비야 씨를 꼭 한 번 만나고 싶다고 입버릇처럼 말하고 다녔다.

그러던 어느 날, 우연히 당시 만나던 남자 친구로부터 한비야 씨가 내가 살고 있는 제주도에 강연하러 온다는 소식을 들었다. 그런데 제주도청 고위 공무원들을 대상으로 하는 리더십 강연이라 일반 사람들은 입장할 수 없다고 했다. 잘나가는 분인지라 제주도까지 강연하러 올 기회는 거의 없었다. 그런 한비야 씨를 제주도청에서 거금을 들여 초청했다는 것이었다. 나는 그 강연에 무척 가고 싶었다. 그러나 강연장 입구에서부터 경호가 삼엄했다. 강연장 안으로 들어갈 수 없다고 했다.

이대로 포기해야 되나 좌절하고 있을 무렵, 남자 친구에게서 전화가 왔다. 당시 남자 친구는 J신문사 기자였는데 한비야 씨의 인터뷰를 자신이 따냈으니 자신과 함께 한비야 씨를 만나러 가자고 했다. 나는 뛸 듯이 기뻤다. 그러나 강연장 입구에서 경호원들은 내게 기자증이 없다며 출입할 수 없다고 했다. 남자 친구는 내가 인턴 기자라 아직 출입증을 발급받지 못했다고 기지를 발휘했다. 그렇게 해서 나는 강연장에 들어갈 수 있었다.

강연장에서 한비야 씨가 자신보다 10~20년은 더 나이 많은 사람들 앞에서도 떨지 않고 강연하는 당당함이 참 멋있어 보였다. 강연이 끝나고, 우리는 인터뷰를 하러 따로 그녀가 쉬고 있는 방으로 들어갔다. 그녀를 가까이에서 본다는 생각에 가슴이 두근거렸다. 애써 마음을 가다듬고, 그녀와 짧게 이야기할 수 있었다. 그리고 이야기가 끝나갈 무렵 그녀가 나에게 말했다.

"꿈을 찾고, 이루는 사람이 되세요!"

그녀가 쉬고 있던 방을 나오면서 '나도 저렇게 성공해서 나 같은 사람에게 꿈과 희망을 전해 주는 멘토가 되어야겠다'라고 다짐했다. 그러나 당시 사회 초년병이었던 나는 회사생활에 적응하는 것만으로도 벅찼다. 또한 회사가 주는 안정적인 월급에 길들여져 나는 그날의 다짐을 잊고 살아갔다.

그다음 해, 서점을 둘러보다가 나의 눈에 꽂힌 책이 한 권 있었다. 바로 서진규 박사의 《나는 희망의 증거가 되고 싶다》였다. 서진규 박사는 한국의 가발공장에서 일하던 노동자였지만 미국으로 건너간 후 갖은 노력 끝에 미군이 되었다. 그리고 하버드 대학 박사학위를 받은 학자이기도 했다. 그녀는 가난하고 배움이 부족했던 현실에 자신을 가두지 않았다. 용기 있는 도전으로 자신의 한계를 극복했다. 그녀의 책 또한 나에게 엄청난 자극과 동기부여가 되었다. 그녀는 나의 멘토가 되었다. 그녀의 책을 몇 번이나 다시 읽을 정도로 깊은 감명을 받았던 나는 그녀를 꼭 한 번 만나고 싶었다. 그러나 미국에 살고 있는 그녀를 만나는 것은 현실적으로 힘들어 보였다.

그런데 2~3년이 흐른 후 다시 내 삶을 열심히 살고 있을 때의 일이었다. 서진규 박사가 제주도에 강연하러 온다는 소식을 들었다. 마치 '끌어당김의 법칙'이 통하는 느낌이었다. 미국에 살고 있는 서진규 박사를 대한민국의 제주도라는 작은 땅에서 볼 수 있다고 생각하니 또 가슴이 벅차올랐다. 서진규 박사의 강연 날짜에 휴가를 내고 떨리는 마음으로 그녀의 강연장으로 들어갔다. 예상대로 많은 사람들이 강연을 들으러 와 있었다. 그녀는 책에 있는 내용대로 자신의 삶에 대해서, 그리고 도전에 대해서 강연했다.

"여러분, 저는 가발공장의 직원이었고 가난하고 못 배웠던 과거가 있습니다. 그러나 꿈을 갖고 도전했고, 마침내 꿈을 이룰 수 있었습니다. 저는 여러분의 희망의 증거입니다. 여러분도 할 수 있습니다!"

가슴을 울리는 한마디였다. 그녀의 강연이 끝나고, 나는 책에 사인을 받고 사진을 찍으면서 그녀의 긍정 에너지와 도전정신이 내 안으로 스며들기를 바랐다. 그리고 강연장을 나오며 '나도 꼭 성공해서 저렇게 강연하는 사람이 되어야겠다, 많은 사람들에게 꿈과 희망을 주는 사람이 되어야겠다'라고 다짐했다.

그러나 나는 또다시 현실 세계에 빠져 월급이라는 달콤한 사탕과 타협한 채, 성공한 여성 멘토가 되겠다는 나의 꿈과는 전혀 다른 삶을 살고 있었다. 직장생활은 원래 힘든 것이다. 이것을 극복하지 못하면 나는 앞으로 아무것도 할 수 없을 것이다. 그렇게 애써 나를 위로하면서 하루하루를 버텨 내고 있었다.

가끔 '이 길이 내 길이 아닌가', '왜 나만 이렇게 힘들지'라는 생각이 들 때면 같이 일하는 선배들에게 조언을 구했다. 그들은 하나같이 "다들 그렇게 살아. 그게 인생이야.", "네가 감정적으로 힘든 것도 다 월급에 포함되어 있는 거야."라고 지극히 현실적인 조언만 했다.

주변을 둘러봐도 회사생활의 롤 모델이나 멘토는 찾을 수 없었다. 직장생활을 하면 할수록 5년 뒤, 10년 뒤의 미래는 보이지 않았다. 어떻게 하든 직장생활을 벗어날 수 있는 돌파구를 찾아야 했다.

그러나 문제는 당장 하고 싶은 게 없다는 것이었다. 어릴 적에는 아나운서라는 꿈을 가졌었다. 하지만 그 꿈을 포기했을 때 그다음으로 내가 진정 하고 싶은 것을 찾지는 못했다. 나는 늘 성공한 여성 멘토가 되고 싶었다. 하지만 어떤 분야에서 성공하고, 어떻게 그 성공을 바탕으로 여성의 멘토가 되어야 하는지 도저히 길이 보이지 않았다.

그러면 일단 직장생활을 유지하면서 내가 진정 하고 싶은 일을 찾자, 라고 생각했다. 그래서 대학원도 다녀 보고, 창업도 해 보고, 피부관리 자격증도 따고, CS 강사, 이미지 컨설팅 등 많은 것을 배웠다. 그러나 뭐 하나 저돌적으로 달려들 만큼 나의 가슴을 떨리게 하는 것은 없었다.

그렇게 시간은 자꾸 흘러갔고, 나는 어느덧 경력 10년 차 직장인이 되어 있었다. 10년을 채우고, 임신과 출산을 하면서 육아휴직에 들어갔다. 1년 동안 육아에 치여 살다 보니 시간은 정말 쏜살같이 흘렀다.

정신이 번쩍 들었다. '이대로 살아서는 나이만 먹겠다. 내 인생의 주인공으로 살기는커녕 사는 대로 생각하며 살 수밖에 없겠다'라는 생각이 들었다. 그리고 내 내면을 잘 들여다보았다. 나의 어린 시절을 생각하면, 나는 주목받는 걸 좋아하는 사람이었다. 많은 사람들 앞에서 말하는 걸 좋아하고 자신의 생각을 이야기하는 것을 즐기는 사람이었다. 그래서 어릴 적 꿈이 아나운서였던 것이다. 그런 나의 본질을 잊은 채 나는 사람들을 서포트해 주는 일만 했다. 나의 개성이 존중되지 않는 직장생활을 하고 있었으니 나는 남들보다 더 힘들었던 것이었다.

나의 버킷리스트를 종이에 적어 나가면서, 나는 직장을 다니며 했던 대학교 특강 강사가 생각났다. 그리고 그때 느꼈던 떨림과 보람을 다시 떠올렸다. 그리고 20대 시절, 성공해서 여성들의 멘토가 되고, 책도 써야지 했던 다짐들이 생각났다. 나는 과거를 다 내려놓고 다시 처음부터 새로운 인생을 살자고 마음먹었다.

비우면 채워진다고 했던가. 모든 과거의 생각과 경력들을 다 내려놓고 나는 하고 싶었던 버킷리스트 중 우선 책을 써 보기로 결정했다. 그리고 요즘 책 쓰기를 배우고 있다. 무슨 그렇게 할 말이 많았는지 책 쓰기를 배우면서 나의 생각을 쓰는 것이 너무 자연스러웠다.

그리고 다시 기억의 저편에 숨어 있던 나의 꿈들을 하나씩 건져 올리고 있다. '대한민국 여성이 닮고 싶은 멘토 되기'. 20대에 내가 한비야 씨를 만나고 서진규 박사를 만나면서 꿈꿔 왔던 것이다.

이제 그 꿈을 위해 막 한 발짝을 뗐다. 더 이상 현실에 내 꿈을 맞추지 않는 삶을 살기로 했기 때문이다. 진정 하고 싶었던 것들을 하나씩 해 가며 내 꿈을 이룰 것이다. 물론 그 과정이 쉽지 않을 거라는 걸 알고 있다. 하지만 내 마음이 움직이는 대로 가다 보면 나 또한 다른 사람들에게 꿈과 희망을 주는 사람이 되어 있지 않을까?

내가 꿈을 이루는 삶을 살고, 그 꿈의 모습을 닮은 사람이 되었을 때 나는 대한민국 여성이 닮고 싶은 멘토가 되어 있을 것이다. 그때 꿈을 잊은 채 살아가는 여성들에게 이렇게 당당하게 외치고 싶다.

"여러분 저도 평범한 직장인이었고, 아기를 키우는 평범한 아줌마였습니다. 그러나 저는 평범하지 않은 삶을 살기로 했고, 꿈을 꾸며 그 꿈을 이루기 위해 노력했습니다. 주변 사람들에게 당신의 꿈을 이야기하면 믿어 주지 않죠? 하지만 당신만은 그 꿈을 믿고 나아가야 합니다. 당신의 비범함을 모르는 사람들에게서 당신의 삶에 대한 조언을 듣지 마세요. 제가 그랬듯 당신도 할 수 있습니다! 꿈을 이루는 사람이 되세요!"

남편과 함께 세계여행 하며
동기부여 강연하기

내가 해외여행을 시작한 건, 대학교 2학년 때다. 지금처럼 해외여행이 보편화되어 있지 않을 때 나는 첫 해외여행으로 서유럽을 다녀왔다.

학창시절, 나름대로 공부도 잘했다. 중학교 때는 전교 학생회장을 했을 만큼 소위 '엄친딸'이었다. 마음먹은 것은 척척 잘해내는 나였기에 나는 더 큰물에서 놀고 싶었다. 그래서 부모님께 고등학교는 서울에 있는 학교나 안 되면 제주도 시내에서 제일 큰 학교에 가고 싶다고 말씀드렸다. 그러나 부모님은 1남 3녀 중 둘째 딸에게 금전적으로나 시간적으로나 투자하기가 조금 부담스러웠던 것 같다. 그래서 현실에 맞춰 당시 내가 살고 있던 제주도 서귀포의 여고에서 학창시절을 보냈다.

사춘기를 거치면서 나는 모든 게 다 시시하게만 느껴졌다. 천편일률적으로 수능이라는 목표에 맞춰 공부하는 시스템이 마음에 들지 않았다. 내가 선생님께 "공부를 왜 해야 되나요?"라고 물으면, "시끄럽다. 대학 가려면 해야지."라는 대답만 돌아올 뿐이었다. 어느 누구도 어떤 꿈이나 목표를 설정하고 그것을 이루기 위해 학창시절에는 공부해야 한다고 말해 주지 않았다. 그렇게 나는 왜 남들과 똑같이 살아야 하는지 늘 궁금했다. 그러면서 철학책에 빠져 공부를 소홀히 했다. 수능이 끝나고 나는 내가 가고 싶었던 대학 진학에 실패했다. 그러곤 부모님의 뜻에 따라 제주대학교 중어중문학과에 입학했다.

그러나 중·고등학교 때 나보다 공부를 못했던 친구들과 한 학교에서 공부하는 게 너무 싫었다. 그래서 대학교에 가서도 방향을 찾지 못하고 계속 방황했다. 마음의 갈피를 잡지 못하고 있는 내게 아버지는 유럽여행을 권해 주셨다. 참 감사하고 죄송하게도 부모님의 지원을 받아 유럽으로 떠났다.

난생처음 해외여행을 한다는 것 자체만으로도 충분히 설레었다. 다른 나라에 가서 스스로 부딪쳐 가며 그곳 사람들을 경험하는 것은 신세계였다. 거의 한 달간 독일을 시작으로 프랑스, 이탈리아, 스위스, 체코, 영국, 스페인의 주요 도시를 돌아다녔다. 배낭여행인지라 잘 먹지도 못하고 일정도 빡빡했다. 하지만 행복한 나날들이었다. 한국으로 돌아오기 전날 밤, '언젠가 또 오고 싶다. 세계를 돌아다녀도 될 만큼 돈을 많이 벌어야겠다'고 다짐했다.

유럽여행을 마치고 돌아오니 아버지의 바람처럼 기분전환도 되었고 마음도 다시 잡을 수 있었다. 그리고 긍정적인 원래의 나로 돌아와 학교생활을 열심히 했다. 유럽여행의 여운을 다시 느끼고 싶어 나는 해외여행을 보내 주는 프로그램이 있으면 열심히 참여했다.

마침 제주도 도청에서 주최하는 '대학생 해외 탐방'이 있어 거기에 응모했다. 그리고 운 좋게 당첨되어 일본 열도 일주라는 기회를 얻었다. 그래서 11박 12일 동안 일본 하꼬네, 동경, 교토, 나라, 오사카까지 여행할 수 있었다. 당시 우리나라보다 5~6년 정도 앞서가던 일본의 풍경이 인상에 남았다. 우리나라 휴대전화에는 카메라 기능이 없을 때였는데, 일본 사람들은 휴대전화로 사진을 찍고 있었다. 또한 지금은 두 집 걸러 있는 편의점이 없던 시절이었지만, 일본은 이미 패밀리 마트(family mart)에서 도시락을 먹고 있었다. 그것 또한 신선한 충격이었다. 일본 여행 또한 내 견문을 넓혀 주고 나의 의식을 많이 자극했다. 나는 다시 한번 '여행을 많이 하는 인생을 살리라' 결심했다.

일본에서 돌아오고 나서도 나는 계속해서 해외여행의 기회를 찾았다. 그때 마침 제주도청 후원으로 J신문사에서 '제주 관광 홍보 사절단 선발대회'를 열었다. 당선자에게는 상품으로 해외여행의 기회가 주어졌다. 당시 나는 취업을 준비해야 하는 4학년이었지만 뒤도 안 돌아보고 지원했다. 1차는 서류, 2차는 한국어 면접 및 외국어 면접, 3차는 공개 오디션으로 진행되었다. 나는 제주에 관련된 온갖 자료를 다 찾아 모의 답변지를 만들었다. 그것도 모자라 영어와 중국어 답변까지 준비했다.

무사히 1, 2차 전형까지 통과했다. 3차 오디션은 실제 홍보대사가 되어 제주에 대해서 소개하고 장기자랑을 보여 주는 자리였다. 나는 꼭 당선되어서 해외여행을 가야 한다는 굳은 의지가 있어서였는지 제주도청 관계자가 많이 모인 큰 무대임에도 떨지 않았다. 어디에 그런 자신감이 숨어 있었는지 말이 술술 잘도 나왔다. 결과도 역시 좋았다. 최우수상을 받고 동남아 일주라는 보상을 받았다. 그리고 마지막 대학생활에서 태국, 캄보디아, 홍콩을 여행하며 견문을 넓혔다. 그렇게 남들보다 많은 곳을 돌아다니며 대학생활을 보람 있게 보낼 수 있었다.

직장생활을 하면서도 짬짬이 휴가를 내어 일본, 중국, 동남아 등 안 가 봤던 도시를 중심으로 비교적 가까운 나라를 여행했다. 그러나 미주나 동유럽, 북유럽, 호주, 아프리카, 남미처럼 시간을 많이 들여야 하는 여행지는 아쉽게도 못 가 봤다. 그땐 왜 일주일 이상 길게 휴가를 내는 게 그렇게 눈치가 보였는지 모르겠다.

돌이켜 생각해 보니 항상 안 한 것에 대한 후회가 남지, 한 것은 결과가 좋든 안 좋든 후회는 없었다. 틀에 박힌 과거의 생각을 버리겠다고 마음먹은 순간, 나는 내가 좋아하고 나를 행복하게 하는 것만 하겠다고 결심했다. 그리고 나는 내가 정말 행복했던 순간이 여행하는 순간이었다는 것을 깨달았다.

'왜 나는 여행을 좋아했을까' 곰곰이 생각해 봤다. 여행할 때의 나는 누구보다 자유로웠다. 반면 일상생활에서의 나는 눈치를 많이 보며 살았다. 세상이 만들어 놓은 기준에 맞춰 살려고 하니 갑갑했던 것이다. 하지만 여행을 가면 나는 나의 사고가 열리는 느낌이었고, 마음의 크기도 커졌다. 고정관념에서 벗어나 다른 나라 사람들의 생각과 문화를 편견 없이 흡수했다.

나를 성장시키는 여행! 조금 떨어져서 보면 일상의 작은 고민들은 별거 아니구나, 라고 느끼는 마음의 크기가 커지는 여행! 내 안의 상처를 보듬고 다시 시작할 수 있는 힘을 주는 여행! 또 다른 나를 만날 수 있는 여행! 이렇게 여행의 장점은 수도 없이 많다. 나는 앞으로도 세계여행을 하며 살고 싶다. 그런 나의 지구별 여행 속에 나의 동반자가 함께했으면 좋겠다.

결혼 전 남편은 나에게 이병률 시인의 《바람이 분다 당신이 좋다》를 선물했다. 그 책 표지 다음 장에는 '당신과의 긴 여행을 꿈꾸며…'라고 쓰여 있다. 책을 읽기 전 이 글귀를 보고 나는 참 설레었다. 누군가를 만나 삶을 같이 영위해 가는 것 자체가 긴 여행인지 모른다. 그는 나에게 책을 선물하면서 나와 함께하는 삶을 꿈꾸며 행복했을 것이다. 지금은 내가 남편과 함께 세계여행을 다닐 꿈을 꾸며 행복해하고 있다.

두 달 전 회사에 사직서를 냈다. 그러곤 며칠간 심란해했다. 그런 나에게 남편이 《파리에서 도시락을 파는 여자》라는 책을 선물했다. 처음엔 책 제목을 보고 '도시락이라도 팔아서 돈을 벌라는 건가'라는 웃지 못할 생각도 했다. 하지만 단숨에 그 책을 읽은 나는 많은 자극과 동기부여를 받았다.

책의 저자인 켈리 최에게는 가난하고 못 배웠던 과거가 있었다. 하지만 스스로 삶을 개척해 일본과 프랑스에서 의상디자인을 공부하고, 친구와 함께 홍보회사를 경영했다. 그러나 홍보회사가 경영난 때문에 10억 원대의 빚을 지게 되었다. 하지만 그녀는 유럽에서 초밥 도시락 사업으로 성공하겠다는 불굴의 의지로 다시 재기했다. 그리하여 현재는 10개국에 700개의 매장을 소유한 경영자가 되었다. 하나의 몸으로는 모자랄 만큼 바쁜 그녀였다. 하지만 회장이 없어도 회사가 돌아갈 수 있는 시스템을 만들고 그녀를 대신해 회사 경영을 도와줄 사람을 키웠다. 1년간 남편, 자녀와 함께 요트를 타고 세계여행을 하기 위해서였다. 이 얼마나 멋진 삶인가!

내가 알고 있는 사업가나 돈이 많은 사람들은 보통 사업체나 그 돈을 지키기 위해 항상 바쁘고 가족과 시간을 잘 못 보내는 사람들이다. 하지만 그녀는 글로벌 기업을 운영하는 사업가 임에도 자신이 가진 것을 잠시 내려놓았다. 그리고 가족을 위해, 남편의 버킷리스트를 실천하기 위해 과감하게 1년간 쉬면서 세계여행을 했다. 부가 어떤 경지에 오르면 시간을 자신이 통제할 수 있다는 사실도 내게는 참 신선하게 다가왔다.

나도 우선 1인 기업가로 성공하고, 그것을 시작으로 내 메신저 사업 자체를 확장시키고 싶다. 그리고 내가 사고자 하는 것을 고민 없이 살 수 있는 경지에 오른다면, 남편과 나의 아이들과 1년간 세계여행을 떠나고 싶다. 나와 남편은 의식이 더 커지길 바란다. 그리고 우리 아이들은 많은 것을 보고 느끼며 자신들의 세상을 만들어 가는 사람들로 성장했으면 한다.

여행을 마치면 그동안 느꼈던 것들을 다시 책으로 쓰고 싶다. 내 책을 읽고 많은 사람들이 내가 켈리 최 회장의 책을 보며 느꼈던 것처럼 동기부여를 받았으면 한다. 책을 쓰고 동기부여 강연도 하고 싶다. 많은 대중들 앞에서 강연하고 그들의 삶에 변화가 생긴다면 내가 살아가는 또 하나의 이유가 될 것 같다. 그날을 꿈꾸며 나는 행복한 미소를 짓는다.

내가 쓴 책을
해외에 수출하기

나는 11년간 중국 항공사에서 지상직 승무원으로 일했다. 나의 어릴 적 꿈이었던 아나운서를 포기하고 선택한 직업이었다. 여행을 좋아했기 때문에 여행과 관련된 일을 하면 잘할 수 있을 거라는 생각에서였다. 게다가 전공한 중국어를 실전에서 쓸 수 있다고 생각해 중국계 항공사를 선택했다.

나는 88만 원 세대의 첫 세대였다. 대학 동기들은 대학교 4년, 어학연수 1년을 투자하고도 전공을 제대로 살리지 못했다. 그것도 모자라 비정규직으로 사회생활을 시작하는 대학 동기들이 많았다. 그래서 내가 중국계 항공사에 입사하자 대학 동기들은 전공을 살릴 수 있어 좋겠다며 부러워했다.

나도 입사 초기에는 중국인 상사에게 배울 수 있어 참 좋다고 생각했다. 게다가 만나는 고객의 90퍼센트가 중국인이었기 때문에 중국어 실력을 마음껏 뽐낼 수 있었다. 그런 점에서 나는 참 행운아라고 생각했다. 중국으로 따로 어학연수를 가지 않아도 내가 일하고 있는 직장에서 돈을 받으면서 언어까지 배울 수 있으니 큰 이득이라고 생각했다.

그러나 모든 조직이 그렇듯, 회사는 언제나 갑의 입장에서 직원들에게 무한한 희생을 강요했다. 특히 중국인 상사의 마인드는 가끔 '내가 중국인을 위해 일하는 외국인 노동자일 뿐인가?'라는 회의감이 들게 했다. 그래서 늘 내가 중국인보다 우위에 서는 일을 하고 싶다고 생각했다.

중국에는 갑작스러운 경제 성장으로 인해, 의식은 성장하지 못하고 돈만 많은 졸부가 많이 생겨났다. 그래서 그런지 "돈이면 다 된다!"라는 천민자본주의 의식을 갖고 있는 사람들이 태반이다. 고객으로 만나는 사람들 중에는 일주일에 몇 번씩 비즈니스 석을 타며 외국을 다니는 사람들이 많았다. 하지만 그들 대부분의 의식은 그들의 경제 수준에 훨씬 못 미쳤다.

예를 들면 돈이나 여권을 던지면서 준다든가, 자기 마음에 들지 않으면 삿대질을 하며 욕을 해 댔다. 뿐만 아니라 클레임을 걸 때도 두서없이 큰 소리로 고래고래 소리를 질렀다. 그들에게서는 기본적인 매너라고는 찾아 볼 수 없었다. 머리부터 발끝까지 샤넬로 휘감았지만 공항에서 일하는 사람들을 자기 하녀 대하듯 했다. 나는 그런 그들을 볼 때마다 '언젠가 내가 너희들보다 더 잘난 사람이 되어 너희들의 코를 납작하게 해 주겠다'라고 다짐했다.

내가 처음 중국어를 배웠을 때의 마음가짐을 생각해 본다. 2000년대 초반, 중국 경제가 지금처럼 성장하지 않았을 때였다. 우리나라보다 더 못살고, 의식 수준이나 문화 수준이 낮은 나라의 언어를 배운다는 것은 생각보다 쉽지 않았다. 먼저 언어에 흥미를 느끼려면 그 나라의 문화를 접하는 게 가장 좋은 방법이다. 하지만 중국의 드라마는 거의 시대극으로 찬란했던 자신들의 과거를 찬양하는 내용이었다. 그러니 재미있을 리가 없었다. 대중가요 역시 우리나라 수준에 훨씬 못 미쳐, 세련되지 못했다. 이러니 처음엔 중국어를 배우는 데 큰 흥미는 못 느꼈다.

그러나 나는 10년 뒤를 생각했다. 중국이 가진 잠재력과 13억이 넘는 인구수를 감안한다면 중국은 거대 시장이었다. 중국 시장이 워낙 커서 중국인을 상대로 사업하면 큰돈을 벌 수 있겠구나 생각했다.

그런데 이게 웬걸! 나는 중국인에게 무엇을 팔아 돈을 버는 게 아니라, 중국과 중국인을 위해 일하는 일개미일 뿐이었다. 중국 회사에서 일하면서 나는 언젠가 내가 생산자가 되어 너희들이 소비하게 만들 거라는 생각을 꾸준히 했다.

중국의 기술이 나날이 좋아지고 가격 경쟁력까지 갖추었으니 단순 소비재는 이미 경쟁력이 없다. 최신 기술로 승부하던 우리나라의 휴대전화나 자동차 산업도 이젠 샤오미와 장화이, 화이타 같은 회사의 등장으로 점점 경쟁력을 잃고 있다.

그럼 중국 시장에서 경쟁력이 있는 것은 무엇일까? 바로 문화산업이다. 한류 바람으로 이미 한국의 드라마와 가요가 중국에서 엄청난 인기를 끌고 있다. 또한 요즘에는 컴퓨터 게임과 E스포츠가 효자 노릇을 톡톡히 하고 있다. 중국인들의 의식 수준이 높아지면, 한국의 책도 한류 바람을 타고 중국으로 건너갈지 모를 일이다.

요즘 책 쓰기를 배우면서 나는 또 한 번 행복한 상상에 빠졌다. 바로 내 책이 외국으로 수출되는 상상이다. 내가 쓴 책의 저작권이 중국으로 대만으로 더 나아가 일본, 미국까지 수출된다면 나는 또 다른 한류 문화를 만드는 주역이 되는 것이다. 함께 공부했던 대만 친구들도 내가 쓴 책을 읽으며 영상 매체가 아닌 활자 매체를 통해 한국을 궁금해하고 알아 가는 것이다. 나와 같은 한국인 유학생들을 만나면, 한국의 연예인을 얘기하듯 한국의 작가와 그가 쓴 책에 대해 얘기하는 것이다. 그러면 얼마나 좋을까? 상상만 해도 설렌다.

내 책이 수출된다면 통쾌한 일이 또 있다. 의식 수준은 나보다 훨씬 떨어지면서 돈이 많다는 이유로 나를 무시하고 함부로 대했던 중국인 고객들에게 나는 간접적으로 '봐라! 내가 당신들보다 더 나은 사람이다'라는 걸 보여 주는 셈이다. 화 한 번 안 내고 큰 소리도 내지 않으면서 나는 당신들이 그렇게 함부로 대할 만한 사람이 아니었다는 걸 느끼게 해 주는 것이다. 이 얼마나 고급 전술인가! 그렇게 된다면, 한때 중국과 중국인을 위해 일하면서 느꼈던 서러움을 한 번에 날려 보낼 수 있을 것 같다.

선진국일수록 자기계발서가 더 잘 팔리고, 강연 문화가 발달한다. 최근 몇 년 사이에는 일본인 저자들의 자기계발서, 성공학, 부자학 등을 다룬 책들도 많이 팔린다. 그들은 이미 우리보다 한발 앞서 책을 집필하고 강연하며 영향력을 행사하고, 부를 축적하고 있다.

이것을 역으로 앞서가는 아이템을 생각해 내고 책을 집필해 저작권을 중국에 파는 것이다. 나는 책 쓰기를 제대로 배우고, 꾸준한 독서를 통해 미래를 보는 혜안을 갖추고 싶다. 그래서 중화권에 책 한류 바람을 일으키는 주역이 되고 싶다.

나의 저서가 한국을 뛰어넘어 세계의 많은 사람들이 읽는 책이 되도록 책 쓰기를 꾸준히 할 생각이다. 내가 쓴 책의 저작권이 해외에 수출될 상상을 하니 벌써부터 가슴이 뛴다.

보
물
지
도

12

PART
6

SNS 마케팅
코치 로서
<아침마당>
출연하기

· 신상희 ·

신상희

SNS 마케팅 코치, 브랜딩 전문가, 세일즈 코치, 경력단절여성 드림 코치, CS강의 전문가

20대에 SNS 마케팅으로 세일즈 8개월 만에 억대연봉을 달성했다. 많은 사람들이 자신의 스토리와 콘텐츠를 특별하게 생각하지 못하는 것을 안타깝게 여겨 〈한국SNS마케팅협회〉를 만들었다. 현재 많은 이들이 SNS 마케팅을 통해 자신만의 콘텐츠를 브랜딩할 수 있도록 돕고 있다. 저서로는 《고객이 스스로 사게 하라》, 《SNS마케팅이면 충분하다》 등이 있다.

Email msmkorea12@gmail.com

Cafe cafe. naver. com/gamemecah

Facebook sanghee. shin. 58

Blog blog. naver. com/shinsanghee2

C · P 010.9651.0963

대한민국 1등
SNS 마케팅 코치로 살기

'SNS 마케팅은 선택이 아닌 필수다.'

대부분의 사람들은 이제 이 말에 공감한다. 직장인이든, 1인 기업가든, 사업가든, 공무원이든 마케팅을 필요로 한다. 하지만 대한민국 사람들은 십수 년간 학교 공부에 매달리고 직장생활을 하며 스펙을 쌓는 것에만 익숙해져 있다. 그래서 마케팅도 글로 공부하려는 습관이 있다. 어떻게 하면 될지 머릿속에는 계획이 가득하지만 결국 결과를 만들어 내지는 못한다. 이것은 마치 영어 문법에는 능통한데 외국인을 만나면 입도 못 떼는 과거 나의 모습과 흡사하다.

나는 마케팅을 필요로 하는 사람들에게 SNS를 제대로 활용하는 방법을 코칭하고 있다. 개인이든 기업이든 브랜딩에 성공한다면 고객이 스스로 사게 하는 시스템이 구축되기 때문이다. 현재 네이버 카페 〈한국SNS마케팅협회〉를 개설해 'SNS 마케팅으로 자동 수익화 시스템 만들기 운동'을 펼치고 있다. 나는 앞으로 SNS 마케팅으로 월 1,000만 원 이상 버는 사람들을 1만 명 이상 만들겠다는 소망을 갖고 있다. 그와 함께 대한민국 1등 SNS 마케팅 코치로 살겠다고 다짐했다.

〈한마협〉의 〈SNS 마케팅 과정〉을 통해 많은 사람들이 자신과 브랜드를 알리는 데 성공해 더 나은 삶을 살아가고 있다. 이들 중 대부분의 사람들은 처음 나를 만났을 때 SNS가 정말 자신을 알리는 데 도움이 되는지 확신하지 못했다. 물론 어떻게 마케팅하는 것이 옳은지 방법조차 모르는 상태였다. 하지만 나를 만나고 점차 자신의 스토리를 SNS에 담는 방법을 배웠다. 그리고 고객의 마음에 감동을 주었다. 또한 잠재고객은 물론이고 가족, 친구, 동료들을 자신의 편으로 만들어 선한 영향력을 미치고 있다.

과거의 나는 가장 평범할 때 나를 마케팅하기 시작했다. 친구들이 대기업 이력서를 작성할 때 나는 SNS에 나에 대한 글을 썼다. 나의 사명이나 삶의 가치, 방향에 대해 알리기 시작했다. 당시에 그것이 나를 성공으로 이끌어 주리라 믿었다. 하지만 20대 초반 여자가 쓴 글에 처음부터 많은 사람들이 반응할 리 없었다. 또한 처음에 몇몇은 나를 응원했지만 대부분의 주변 사람들은 스펙 쌓기를 중단한 나에게 끊임없이 충고를 해 댔다. '공부한 것이 아깝지 않냐', '휴대전화 붙잡고 있을 시간에 나가서 한 명이라도 더 만나라' 등등.

취업 대신 영업을 선택하고 오프라인 영업 대신 SNS 마케팅을 시작한 나를 평범한 생각을 가진 사람이 이해하기란 힘들었을 것이다. 나는 4.43이라는 학점을 대단한 스펙으로 여기며 살았던 학생이었다. 하지만 나의 학점이 결코 내 인생을 책임져 주지 않을 것이라는 사실을 깨달았다. 그러곤 내가 평범한 대학생일 때 SNS 마케팅을 시작했다.

우리는 초등학교 6년, 중학교 3년, 고등학교 3년 그리고 대학, 그것도 모자라 대학원까지 다닌다. 평생 직장인이 되기 위해 우리는 우리의 시간을 공교육과 사교육에 사용한 것일까? 절대 아닐 것이다. 더 큰 꿈과 비전을 품고 살았지만 결국 그 끝이 직장인 혹은 작은 기업 운영 정도로 그쳤을 것이다.

이제 평생직장, 평생직업이라는 말 자체가 어색할 정도로 사회가 바뀐 것을 인정하라. 직장인이 회사를 나와 1인 기업가가 되고, 평범했던 가정주부가 작은아이디어로 중소기업 사장이 되는 시대다. 이런 시대에 살면서 우리가 성공할 수 있는 유일한 방법은 '자신의 콘텐츠를 남들보다 빠르게 그리고 제대로 알리는 것'이다. 개인에게 요구되는 것은 더 이상 학벌이나 스펙이 아니다.

이제 자기계발에 SNS를 더해 스스로 마케팅을 시작해야 한다. 이 길이 평생 우리가 현역으로 살 수 있는 길이다.

나는 나를 알리기 위해 SNS를 시작한 이후에도 수많은 거절을 당했다. 촬영과 편집, 글쓰기 시간을 합쳐 8시간씩이나 걸려 글 하나를 업로드했는데 아무 반응이 없었다. 그럼에도 불구하고 나는 그다음 날 또 다른 콘텐츠를 연구하고 업로드했다. 가끔 악플이 달리기도 하고 SNS에 올려 둔 내 연락처를 보고 이상한 전화가 걸려오기도 했다. SNS로 알게 되어 오프라인에서 만나기로 한 사람이 약속한 시간, 약속한 장소에 나타나지 않을 때도 나는 SNS를 멈추지 않았다. 나의 SNS에는 콘셉트도 없었고 콘텐츠는 마음 가는 대로 만들었기에 사람들에게 흥밋거리가 될 수 없었다. 하지만 나는 매일 휴대전화와 컴퓨터를 손에서 놓지 않고 죽어라 SNS에 매달렸다. 그러곤 8개월 만에 SNS 마케팅으로 억대 연봉 CEO가 되었다. 지금은 나이, 신분을 떠나 모두가 SNS 마케팅으로 브랜딩에 성공할 수 있도록 돕고 있다.

사람들은 〈한마협〉에서 내가 가진 SNS 마케팅 비법을 전수받는다. 그리고 2~3개월 안에 SNS 마케팅 방향을 제대로 잡고 자신을 드러내어 수익을 창출한다. 연습과 피드백이 거듭되어 이루어진 결과물이다.

시간이 갈수록 기대되는 인생을 살고 싶은가. 그러기 위해서는 기계적인 마케팅은 자제하고 자신과 브랜드를 알리는 데 몰입한 SNS를 운영해야 한다. 스토리가 많다고 하더라도 누구나 그 분야의 전문가가 될 수 있는 것은 아니다. 반드시 내 안의 경험과 이야기를 SNS로 꺼내야 그것이 경력이 되고 스펙이 되는 것이다. 이제 나를 알리지 않으면 결국 평범한 사람으로 한 달 한 달 먹고사는 것에만 집중하게 될 것이다. 매일 자신의 스토리를 세상 밖으로 꺼내는 데 시간을 투자하지 않으면 지금 모습 그대로 살게 되는 것이다.

SNS 마케팅을 하기 위해서는 솔직해야 하고, 내 안에 있는 것을 꺼낼 수 있어야 한다. 단지 상품과 서비스만을 홍보하는 공간이 아닌 오래가는 SNS를 만들어야 한다. 그리고 인정받는 사람이 되어 내가 가진 상품과 브랜드를 마케팅해야 한다. 나는 오랜 시간 세일즈 현장에서 결과를 이루었던 사람이다. 그래서 그 어떤 사람이 내게 와도 그들을 마케팅해 줄 방법을 잘 알고 있다.

SNS 마케팅 과정은 위대하다. 남들 눈에는 노는 것 같거나 쉽게 보일지도 모른다. 하지만 나와의 싸움을 홀로 견뎌야 하며 과거 힘들었던 순간과 정면으로 마주해야 하는 과정이다. 현재의 나를 인정해야 하고 힘겨운 상황에서 승리해야 한다. 글자 하나, 그림 하나라도 그 안에 나의 모든 생각과 가치관의 방향을 담아야 한다. 그러한 과정을 견뎌 내어 나를 알리고 콘텐츠를 확산시킨다면 당신은 브랜딩에 성공할 것이다. 그리고 그 무엇과도 비교할 수 없는 자신감을 장착하게 될 것이다.

내가 '대한민국 1등 SNS 마케팅 코치'로 살고 싶은 데는 여러 가지 이유가 있다.

첫째, SNS 마케팅을 얕은 기술이 아닌 깊은 스토리로 전수하고 싶다. SNS 마케팅은 자신의 스토리를 가장 빨리 알리는 최고의 방법임에는 틀림없다. 하지만 얕은 기술로 노출에만 급급한 SNS 마케팅은 결코 오래가지 못한다는 것을 알고 있기 때문에, 오랜 기간 지속될 마케팅을 하면서도 모두가 자신의 이야기를 편하게 이어 나갈 수 있도록 돕고 싶다.

둘째, SNS 마케팅을 하면서 자신이 그동안 몰랐던 꿈과 비전을 발견할 수 있도록 돕고 싶다. 많은 사람들이 자신을 드러내는 것에 두려움을 가지고 있다. 하지만 진정성 있는 글과 영상으로 콘텐츠를 재배열하는 과정에서 그동안 자신이 몰랐던 꿈과 비전을 발견할 수 있고, 조금 더 확실하게 정리할 수 있다. 꿈과 비전을 발견하는 것은 SNS를 이론이 아닌 실제로 경험해 본 코치만이 가능한 일이다.

셋째, SNS 마케팅으로 자동수익을 만드는 시스템을 가르쳐 주고 싶다. 육체적으로 노동하면 수익이 발생하고 그렇지 않은 경우 수입이 끊긴다면 우리는 평생 아파서도 안 되고 일을 쉬어서도 안 된다. 하지만 SNS 마케팅으로 자신의 콘텐츠를 알리고 그것을 통해 자동으로 수익이 발생하는 시스템을 갖춰 놓은 사람은 잠시 일을 쉬어도 된다. 수입에 연연해할 필요가 없다는 뜻이다.

세상에 돈을 버는 방법은 많다. 부동산 투자를 해도 되고 주식을 사도 된다. 하지만 가장 행복하게 돈을 버는 방법은 SNS 마케팅으로 콘텐츠를 확산시키며 자신을 알리는 것이다. 많은 사람들이 당신이 살아온 지혜와 경험을 돈으로 살 것이다. 당신은 최대한 빠른 시간 안에 내가 움직이지 않아도 수익이 창출되는 시스템을 구축할 수 있다. 지금의 나처럼 적게 일하고 많은 돈을 벌기 위해서는 변화를 시도해야 한다. 전 국민이 나처럼 적게 일하고 많은 돈을 벌어 자신이 원하는 것에 시간을 쓸 수 있도록 만드는 대한민국 1등 SNS 마케팅 코치가 될 것이다.

부모님과 함께
타운 하우스에서 살기

　　나는 얼마 전 고향으로부터 390km 떨어진 분당으로 이사 왔다. "너는 큰물에서 놀아야 돼!"라며 멘토가 툭 던진 한마디에 용기를 낸 나는 30년 넘게 살아온 터전을 정리했다. 지금은 네 식구가 분당생활에 적응하고 있는 중이다.

　　남편과 나는 젊은 시절에 환경을 바꾸는 도전이 반드시 필요하다고 생각했다. 하지만 먼 길 떠나는 우리를 부모님은 많이 걱정하셨다. 지방에서의 여유로운 생활을 접고, 각박하기로 소문난 수도권 생활을 선택했기 때문이다.

　　남편과 나는 이곳에 오면서 꼭 이루고 싶고, 갖고 싶은 것이 생겼다. 바로 '멋진 집'이다. 그저 먹고, 자는 것만을 위한 집이 아닌 양가 부모님과 함께 행복하게 살 수 있는 공간을 꿈꾸게 되었다. 그래서 말로만 듣고 사진으로만 보던 '타운 하우스'에 찾아갔다. 꿈을 이루는 데 눈으로 시각화하는 것만큼 좋은 방법은 없다고 믿었기 때문이다.

어린 시절, 나는 부족함 없이 자랐다. 하고 싶은 것은 대부분 하며 자랐다. 조부모님과 함께 살아서인지 또래 친구들보다 조숙한 면이 있었다. 나이에 비해 어른스럽다는 이야기도 많이 들었다. 환경이 내게 만들어 준 성격이었지만 나는 어린아이 같지 않은 내가 너무 싫었다. 그래도 이 성격이 우리 집 환경에 맞춰 내가 살 수 있었던 힘이라고 생각한다.

학교를 마치고 집에 돌아오면 발이 시릴 정도로 우리 집은 추웠다. 겨울이 되면 한 방 안에 오글오글 모여 앉았다. 그때마다 오빠와 나는 서로 더 따뜻한 자리를 차지하겠다고 싸웠다. 나는 가스비를 아끼려고 애쓰는 아빠의 모습이 너무 싫었다. '그럴 거면 왜 이렇게 큰 집에서 사느냐'라며 아빠에게 가슴 아픈 말을 마구 해 댄 기억이 난다.

아빠는 공장에서 일하며 한 푼 두 푼, 안 먹고 안 쓰고 돈을 모아 집을 샀다. 계속해서 부동산으로 재테크를 했고 운 좋게 우리는 더 큰 집으로 이사 가게 되었다. 하지만 나는 행복하지 않았다. "난 빨리 결혼할 거야. 방 한 칸에서 살아도 우리 집처럼은 안 살 거야." 부모님께 이 말을 밥 먹듯 내던지며 큰 상처를 줬다. 그러던 어느 날 나는 정말 독설처럼 해 댔던 그 말을 실천했다. 아빠의 만류에도 스물다섯이 되던 해, 결혼을 선택한 것이다.

우리는 정말 방 한 칸에서 시작했다. 아빠는 내게 전셋집 사는 설움을 몰라 그렇다고 했다. 그래서 결혼하기 전날까지 다시 생각해 보라고 끊임없이 잔소리하셨다. 하지만 남편과 나는 17평, 작은 집에서 기대 이상으로 행복했다.

그런데 첫째를 임신하고서 조금 더 넓은 집으로 가고 싶다는 생각이 들었다. 순전히 아이를 위해서였다. 그리고 연년생으로 아이를 또 갖게 되면서 조금 더 무리하기로 결심했다. 33평 아파트로 이사를 간 것이다. 전세로 시작한 신혼부부, 그것도 당시에 20대 중반의 나이였던 우리에게 그 선택은 조금 버거웠다. 하지만 나는 이 또한 아이들을 위한 선택이었다고 말하고 싶다.

나는 아빠가 내게 했던 모든 행동들이 너무 싫었다. 그런데 돌아보니 나 역시 같은 모습이 되어 있었다. 넓은 집, 방 한 칸에 모여 앉아 남편이 보일러를 켜면 나는 쫓아가 보일러를 껐다. 남편이 전등을 켜면 나는 따라다니면서 전등을 껐다. 나는 그때서야 이해가 되었다. 한평생 자식들이 조금 더 나은 환경에서 살 수 있도록 이 악 물고 버텼을 아빠가 말이다.

결혼 후 아빠와 진솔한 대화를 나눈 적이 있다.
"아빠, 근데 왜 평생을 그렇게 사셨어요?"

"응?"

"아빠는 담배도 안 피우고, 술도 안 마시고, 친구도 만나지 않으셨잖아요."

"일 하느라 바빠서 그랬지."

"그래도 그냥 편하게 살지. 아빠 하고 싶은 것도 하고, 가고 싶은 곳도 가고 그렇게…."

"내가 뭐 나 혼자 잘 먹고 잘 살자고 그랬나. 다 너희들 편하게 해 주려고 그랬지."

아빠는 우리가 다 커서야 큰 집을 정리하셨다. 아빠는 자식 기 죽이고 싶지 않아서 애쓰며 사셨던 것이다. 아빠의 그 마음을 생각하니 목이 메었다. 그때부터 나는 잡지나 TV 속에서 보았던 멋진 타운 하우스에서 부모님과 함께 살 것이라고 다짐했다. 자식들의 기를 살려 주느라 젊을 때 넓고 큰 집에서 마음 불편하게 사셨던 부모님을 위해 꼭 내 꿈을 이룰 것이다.

나에게 부모님은 네 분이다. 자식을 더 좋은 환경에서 살게 하고 싶어 애쓰며 사셨던 우리 부모님과 남편이 선물해 준 시어머니, 시아버지가 있다. 나는 우리 어머니 아버지보다 시부모님과 더 많은 추억을 공유하고 있다. 열일곱에 남편을 만나 결혼하기 전, 그리고 그 이후에도 정말 많은 것을 함께했다. 내게 중요했던 모든 날에는 늘 어머님이 계셨다. 어머니는 딸보다 더 지극정성으로 나를 아껴 주셨다. 그것은 결혼 후에도 마찬가지였다. 정말 일일이 나열할 수 없을 만큼 어머니는 내게 많은 사랑을 주셨다.

　　그럼에도 불구하고 나는 썩 좋은 며느리가 아니었다. 가끔 나 같은 며느리를 만나면 꽤 피곤하겠다는 생각을 할 정도였다. 나는 남편에게 불만이 생기면 시어머니께 쪼르르 달려가 남편 험담을 했다. 어머니는 그때마다 고개를 끄덕이며 내 이야기를 끝까지 들어 주셨다. 상처받은 내 마음을 먼저 헤아려 주셨다. 그리고 항상 본인이 무엇을 도와주면 좋을지 물으셨다. 그러던 어느 날 어머님이 말씀하셨다.

　　"상희야. 나는 가끔 네가 메시지를 보내면 가슴이 철렁해."

　　"왜요?"

　　"그냥, 내가 우리 아들을 잘못 키웠다 싶어서."

　　나는 그날 이후로 부부의 사소한 문제를 부모님께 말하지 않기로 결심했다. 나와 대화하며 본인이 더 속상하셨을 어머니를 생각하니 너무 죄송했기 때문이다. 우리 어머니는 34년을 교직에서 나와 같은 학생들을 가르치셨다. 그런데 제자 같은 며느리에게서 말도 안 되는 아들 험담을 들으며 얼마나 상처받으셨을까…. 생각하면 할수록 죄송했다. 하지만 내가 시부모님을 사랑하고 감사하는 마음은 여전하다. 이 마음을 늘 전하고 싶다.

　　어머니와 나는 많은 이야기를 나누는 편이다. 그중 가장 기억에 남는 대화는 '함께 사는 것'에 대한 이야기다. 사실 나는 우리 부모님이 할머니, 할아버지를 모시고 살며 겪는 고충을 옆에서 보고 자랐다. 어머니 역시 홀시어머니를 모시고 살며 알게 모르게 스트레스를 받으셨을 것이다. 하지만 나도 남편도 모나지 않고 반듯하게 잘 자랐다. 그리고 우리 둘 다 할머니 할아버지와 살았기에 어린 시절 더 많은 추억을 쌓았다고 생각한다. 종종 우리 아이들에게도 그런 추억을 만들어 주고 싶다는 생각을 한다.

사실 나는 결혼하면서부터 생각했다. 내가 이토록 감사하고, 죄송하고, 사랑하는 양가 어른들을 모시고 함께 살고 싶다고 말이다. 주변 사람들에게 나의 계획을 말하면 '말도 안 되는 소리'라는 핀잔을 듣는다. 하지만 이것은 나의 버킷리스트 중 하나다.

부모님께선 20년이 넘도록 우리를 키우셨다. 그리고 손자들이 성장하는 데도 큰 도움을 주셨다. 사실 우리 부부는 결혼 이후에도 부모님으로부터 제대로 독립하지 못했다. 그래서 죄송한 것이 너무 많다. 그저 부모님께 효도하고 싶다는 생각만 가득하다. 내 욕심일지 모르겠지만 나는 양가 부모님과 함께 살고 싶다. 부모님들이 조부모님께 그러셨던 것처럼 나도 부모님과 함께할 것이다. 함께 싸우고 화해하고 웃고 떠들고…. 그렇게 많은 것을 공유하고 싶다.

시대가 바뀌면서 부모와 자식이 따로 사는 것이 당연하게 되었다. 마치 같이 사는 가정이 대단한 것처럼 여겨진다. 하지만 나는 그것은 잘못된 생각이라고 늘 말했다. 우리 부모님, 그리고 시부모님은 모두 나에게 같은 부모다. 나는 결혼 전까지 아빠와 대화를 했던 적이 거의 없고, 결혼하는 날 아빠의 거친 손을 잡아본 것이 아빠와의 스킨십 전부였다. 하지만 아빠를 사랑하는 내 마음을 이렇게라도 표현하고 싶다. 또한 딸 같은 며느리, 엄마 같은 시어머니는 없다고 모진 말을 한 나의 태도를 반성한다.

나는 오랜 시간, 자신의 꿈보다 자녀의 미래를 위해서 사셨던 부모님을 위해 반드시 멋진 집을 마련할 것이다. 나는 대충 살고 싶지 않다. 남들과 똑같은 집에 살고 싶지 않다. 양가 어른들이 충분히 편히 쉬실 수 있는 공간이 이제는 집이었으면 좋겠다. 그래서 매일 상상한다. 화려한 타운 하우스 단지 안, 어딘가에서 부모님과 함께 커피 한 잔으로 시작하는 여유로운 아침을…. 그것은 곧 현실이 될 것이다.

가족과 함께
세계일주 하고 책 출간하기

나는 어떻게 여행해야 즐거운 것인지 잘 모른다. 아니, 별로 관심이 없다. 그럼에도 불구하고 나는 20대에 30개국이 넘는 곳을 여행했다. 미국, 호주, 케냐, 필리핀, 중국, 일본 등…. 하지만 기억나는 것이 별로 없다. 심지어 신혼여행도 피곤했다는 것밖에는 아무 기억이 나지 않는다. 그만큼 나는 여행을 좋아하지 않았다. 그런데도 해외여행 경험이 많은 이유는 한 번도 내 돈을 내고 여행한 적이 없기 때문이다. 여행은 학교와 회사에서 주는 일종의 보상이었다. 그러니 여행이 내게 주는 의미는 일상을 탈출하는 것 그 이상도 그 이하도 아니었다.

그런데 두 아들의 엄마가 되고 나서부터 여행에 대한 관점이 완전히 바뀌었다. 나는 늘 아이들을 어떻게 키우는 것이 현명한지 생각한다. 그것 중 하나가 여행에서 얻는 지혜라고 생각한다. 그래서 나는 집 밖을 나선 모든 순간을 여행처럼 맞이한다. 그래야 모든 순간이 아이들과 만드는 추억이 되기 때문이다.

가끔 TV에서 '가족 세계여행'이라는 주제의 다큐멘터리가 방영된다. 나는 다른 사람의 스토리를 통해 '가족과 함께 세계여행'이라는 꿈이 더 명확해졌다. '취업 대신 여행을 떠난 20대 청년이야기', '자동차 하나 달랑 들고 떠난 세계여행', '여행에서 돌아와 꿈꾸며 사는 자녀들' 등…. 수많은 사람들의 이야기 중에 가장 기억에 남는 것은 그들의 '용기'였다.

나는 그들이 어디에 갔는지 전혀 궁금하지 않다. 누구와 함께 갔는지, 그곳에서 어떤 일을 경험했고, 무엇을 깨닫게 되었는지가 정말 궁금하다. 나는 한 번 본 영화는 절대 다시 보지 않는다. 하지만 혼자가 아닌 가족이 함께 떠난 세계여행 스토리는 몇 번이고 다시 보았다.

"우리 아이들 조금 더 크면 세계여행 떠나자."

"그럼 국내에서부터 시작해야겠네. 연습한다고 생각하고!"

"맞아. 아이들이 집이 아닌 외부 공간에서 배우는 것이 얼마나 많은지 알잖아. 가까운 곳에서부터 시작해서 뭐든 기록하자."

남편과 나는 남들보다 일찍 결혼했고, 일찍 부모가 되었다. 그렇지만 나는 육아보다 일을 더 좋아했다. 그래서 아이의 첫 옹알

이, 기기, 뒤집기, 말하기, 잡기, 잡고 서기 등… 이렇게 의미 있는 것의 '처음'을 한 번도 보지 못했다.

친정 부모님은 내가 일할 때 틈틈이 아이를 봐 주셨는데 돌이 지난 이후에는 힘에 부쳐 하셨다. 결국 첫째는 13개월에, 둘째는 7개월도 안 되어 어린이집 생활을 시작했다. 하루 중 대부분의 시간을 밖에서 보내고 집으로 돌아오면 아이들을 재우느라 바빴다. 스킨십은 고작 몇 분이 전부였다. 아이에게 책을 읽어 주거나 함께 놀아주는 등 상호 작용할 시간도 거의 없었다. 그래도 불편함 없이 일했고, 아이들은 잘 자랐다고 생각했다.

그런데 아이들이 말하기 시작하며 나의 마음은 조금 복잡해졌다.

"엄마, 일하지 말고 놀자."

"지헌아, 지후야! 조금만 기다려 줘. 엄마, 이것만 마무리하고 놀아 줄게."

"엄마, 나 심심해. 같이 놀아 주면 좋겠어."

아이들과의 대화는 항상 유쾌하지만 사실 미안해질 때가 더 많다. 아이들은 늘 엄마와 놀기를 원한다. 특별한 무언가를 하고 싶어서 떼쓰는 것이 아니다. 정말 엄마와의 교감이 필요한 것뿐이다. 하지만 나는 일상에서 벗어나지 않는 이상 마음에 여유가 없었다. 일상에서 벗어나더라도 휴대전화가 족쇄였다. 대부분의 워킹 맘은 공감할 것이다. 일을 하고 있으면 아이가 생각나고 아이와 함께하면 일 생각이 머릿속에서 떠나지 않는다는 것을 말이다.

아이들의 기억 속에 나는 함께 시간을 보내는 엄마가 아니었다. 늘 일에 몰입하는, 아니 일에 미쳐 사는 모습이었다. 첫째를 낳고 돌이 될 때까지 나는 아이를 따뜻하게 안아 준 적이 거의 없다. 둘째를 출산하고도 마찬가지였다. 늘 나의 중심은 나의 일, 나의 커리어였다.

남편과의 시간도 마찬가지다. 나의 기억 속에 남편은 항상 나를 기다리고 있었다. 나는 모든 것을 나에게 맞춰 주는 남편이 좋았다. 하지만 아이들은 모든 것을 나에게 맞춰 줄 수 없다는 사실을 알게 되었다. 아이들은 나만 보면 투덜거렸다. 짜증스러워했고 함께 놀면서도 '심심해'라고 했다. 아이들도 엄마의 정신이 다른 곳에 가 있다는 사실을 깨닫고 느꼈던 것이다.

이 과정을 통해 나는 아이들이 커갈수록 함께 보내는 시간과 질이 얼마나 중요한지 알게 되었다. 그때부터 나는 사랑하는 가족들을 위해 내가 달려갈 목적과 목표를 다시 설정했다.

- 잠자기 전 30분 책 읽기
- 하루 4시간만 일하기
- 아이들이 잠들고 난 이후 일기 쓰기
- 한 달에 한 번 여행 가기
- 남편과 하루 20분 이상 대화하기

그리고 가장 중요한 목표를 세웠다. 바로 '가족과 세계여행 후 책 출간하기'다. 이것은 두 가지 목표를 동시에 이루어야 가능한 것이다. 매우 어려운 목표라고 생각했다. 세계여행도 해야 하고, 그것을 책으로도 만들어야 하기 때문이다. 그럼에도 불구하고 나는 이 목표를 꼭 이룰 것이다.

내 나이 마흔, 아이들이 중학생일 때 우리는 세계여행을 떠날 것이다. 아프리카, 유럽, 아시아를 비롯한 세계여행 코스는 가족 모두 함께 계획하기로 했다. 어느 곳을 여행하든 우리에게는 여행을 함께 준비할 시간이 필요하다. 짧지 않은 시간 동안 그 과정을 계획할 것이다. 최소 1년 전부터 함께 계획한다면 우리는 그동안 많은 시간을 함께 보낼 수 있게 된다.

사실 나는 지금도 아이들과 온 가족이 떠날 세계여행을 준비하고 있다. 세계지도를 꺼내 들고 가상 여행을 하고 있다. 벌써 생각주머니가 커진 큰아들은 내게 이런 질문을 한다.

"왜 우리나라 사람과 다른 나라 사람이 사용하는 말은 다르게 들려요?"

"왜 우리나라 사람인데 영어를 배워야 해요?"

"왜 우리나라 사람과 다른 나라 사람이 먹는 음식이 달라요?"

"우리가 지금 낮이면, 지구 반대편에 있는 사람은 밤이에요?"

"아프리카 사람들은 왜 우리와 색이 달라요?"

나는 아이들과 남편 그리고 내가 온전히 같이 보낼 수 있는 시간은 여행이라고 생각한다. 물론 지금 현재 상황에서도 우리는 충분히 대화하고 즐기고 나눌 수 있다. 하지만 여행을 통해 얻는 즐거움, 깨달음은 그 어떤 것과도 바꿀 수 없는 엄청난 경험이 될 것이다. 게다가 우리나라가 아닌 세계여행은 더 큰 추억과 힘을 선물할 것이다.

순수한 아이들이 던지는 질문을 들으며 나는 감사하는 마음이 넘쳤다. 우리 아이들이 질문을 많이 할 수 있는 이유는 간접경험 때문이다. 그런데 만약 '진짜' 세계여행을 한다면 어떨까? 그때 아이들의 마음과 머리에서 터져 나올 질문을 상상하는 것만으로도 행복하다. 그리고 그것을 책으로 출간한다면! 그것은 엄청난 일이다.

아이들은 남들이 하지 않는 경험, 평범하지 않은 경험을 통해 자신의 소중함을 깨닫게 된다. 부모가 얼마나 자신들을 사랑해 주는지 온몸으로 느끼게 될 것이다. 여행 속에서 배운 지혜를 생활에서 사용하게 될 것이다. 의미 없이 왔다 갔다 하는 것이 아니라 여행이라는 순간을 통해 함께 나누는 것을 배울 아이들, 그 순간을 떠올리는 것만으로도 감사가 넘친다. 2028년, 우리 가족의 스토리를 책으로 펴낸 것을 미리 감사해 본다.

여성 성공 CEO로서
<아침마당> 출연하기

나이 서른이 넘어 생각했다. '한 50년 살았다고 하면 좋겠다' 라고. 내 나이가 그리 많지 않지만 그동안 너무 많은 일을 했다. 나는 스스로 많은 것을 이루었다고 생각했고 진심으로 쉬고 싶었다. 당시, 나의 환경도 일상도 모든 것이 힘겨웠다.

지금 생각해 보면 부끄럽지만 나는 참 이기적인 사람이었다. 결혼했지만 주부는 아니었고, 아이는 낳았지만 육아와는 거리가 멀었다. 그저 나의 사회적 지위나 권위, 명예 등에 집중했다. 일을 빼면 나에겐 아무것도 남지 않았다. 삶의 균형이 완전히 깨진 상태였다.

남들이 볼 때는 꽤 성공한 여자였지만 나는 행복하지 않았다. 분명 경제적인 여유는 있었지만 내 손에 잡히는 돈은 없었다. 나는 20대 초반부터 화장품 영업을 시작했다. 처음에는 몇만 원짜리 화장품 하나 파는 것도 힘들었다. 그런데 어느새 월 1,000만 원 이상의 수익을 창출하는 억대 연봉 CEO가 되었다. 그때 나는 내가 정말 성공했다고 믿었다.

하지만 그것은 나의 착각이었다. 개인마다 생각하는 '성공'의 기준은 다르다. 과거에 나는 사회에서 인정받는 여자가 성공한 것이라고 생각했다. 그래서 아이를 출산하는 날까지 일했고, 배 아프며 힘주는 순간에도 일했다. 진통 중에 가장 먼저 챙긴 것 출산용품이 아니었다. 고객명단, 영수증 등이었다. 나는 출산 17일 만에 회사로 복귀했다. 지금 생각해 보면 정말 '미친 짓'을 한 것이다. 나는 그렇게 일에 미쳐 살면서 언젠가 이런 열정을 방송에 출연해 많은 사람들에게 전하고 싶다고 생각했다.

나는 과거에 여러 번 방송에 출연한 경험이 있다. 화장품 영업을 할 때였다. 나는 20대의 성공담을 알리기 위해 필사적으로 방송 출연에 도전했다. 처음에는 커리어가 대단하지 못했고 사람들에게 선보일 스토리도 없었다. 하지만 나는 방송작가에게 끈질기게 구애해 방송 출연 티켓을 확보했다.

"안녕하세요. 저는 화장품 비즈니스를 하고 있는 20대 여성 CEO, 신상희입니다. 이번에 기획하신 뷰티 프로그램에 출연하고 싶어 연락드립니다."

"네? 저희는 이미 출연자가 정해진 상태라 더 이상의 인원 섭외는 없습니다."

방송작가는 단호하게 거절했다. 그만큼 내게 내세울 것이 없었던 것이다. 하지만 나는 절대 포기하지 않았다. 담당 작가의 이메일 주소를 알아내어 밤새워 글을 썼다. 나는 작가에게 연애편지 못지않은 글을 썼다. 일반인이 생각하는 방송 프로그램의 방향 그리고 출연자의 비현실성에 대해 이야기했다. 그리고 무조건 내가 출연해야 된다고 글을 썼다. 아니, 억지를 부린 것이다.

당시 그 프로그램은 유명 연예인들과 뷰티 블로거들이 패널로 출연할 예정이었다. 하지만 나는 '화장품이 좋아서 쓰는 사람'보다 '화장품이 좋아서 파는 사람'의 이야기가 함께 전해져야 프로그램이 더욱 빛날 것이라 말했다. 그 결과 전혀 예정에 없던 추가 섭외를 통해 나는 방송 출연의 기회를 잡았다. 나는 그 이후 다섯 번 이상 새로운 출연 기회를 얻을 수 있었다. 그것은 내게 엄청난 경험이었다.

방송에 출연한 이후 나에겐 또 다른 꿈이 생겼다. 바로 〈아침마당〉에 출연하는 것이다. 〈아침마당〉은 국민방송이라 불릴 만큼 유명한 프로그램이다. 방송인이라면 누구나 한 번쯤 여기에 출연하고 싶어 한다. 방송 출연을 통해 자신의 스토리를 더 많은 사람들에게 알릴 수 있기 때문이다.

나는 몇 년 전 출연했던 뷰티 프로그램보다 수십 배 이상의 더 큰 욕망을 여기에 실었다. 내가 상상하고 간절히 원하면 무조건 이루어진다고 믿기 때문이다. 나는 이제 단순히 차별화를 위해 방송 출연을 원하지 않는다. 나는 많은 여성들에게 성공한 CEO로서 감동을 주는 사람이 될 것이다. 과거처럼 일에만 미쳐 살며 성공한 여자의 모습이 아닌, 일과 육아, 일과 가정의 양립에 성공한 여성 CEO로서의 스토리를 전하고 싶다.

나는 여성이 성공하기 위해서는 얼마나 많은 시행착오를 견뎌내야 하는지 알려 줄 것이다. 그리고 여성의 성공은 결코 학벌이나 환경이 만들어 주는 것이 아니라는 사실도 말할 것이다. '성공한 여자는 많지만, 성공한 엄마는 흔치 않다. 우리는 성공한 여자가 아닌 성공한 엄마가 되어야 한다'는 메시지를 전할 것이다.

나는 항상 또래 친구들이 하지 않는 선택을 했다. 그들이 대기업 입사원서를 쓸 때, 나는 화장품 영업을 선택했다. 친구들이 해외여행을 떠나고 유학을 선택할 때 나는 더 이상 스펙을 쌓지 않기로 결심했다. 그들이 한창 어울려 놀기를 좋아할 때 나는 결혼을 선택하고 아이를 갖고 부모가 되기로 했다. 그러면서도 나는 결코 일을 놓지 않았다. 이 시대가 말하는 경력단절 여성이 되고 싶지는 않았기 때문이다.

그럼에도 불구하고 나는 몇 년 전 경력단절을 경험했다. 아이가 하나일 때와 둘일 때는 여러모로 많이 달랐다. 부모님이 가까이 계셨지만 결국 아이들에게 필요한 존재는 할머니, 할아버지가 아니라는 사실을 깨닫게 되었다. 나는 일을 중단했고 스스로 경력단절을 선택했다.

모든 것이 순조로울 줄 알았던 그 선택이 썩 좋은 선택이 아님을 깨닫게 되었다. 나는 정말 많이 힘들었다. 삶의 방향을 잃었고, 사람들로 인해 마음을 다쳤다. 계속해서 경제적인 어려움이 생겼다. 결국 우리 부부는 삐걱거리기 시작했다. '돈은 따라오는 것'이라 자신했던 우리도 '돈' 앞에서 많은 것이 위태롭다는 것을 알게 되었다.

여성이 성공할 확률은 남성보다 매우 낮다. 그것을 부정하고 싶지만 나는 과거의 성공과 지금의 성공에서 그럴 수밖에 없는 구조를 이해했다. 그래서 나는 나와 비슷한 상황을 겪고 있는 여성들에게 동기부여가 되는 메시지를 전달하고 싶다.

〈아침마당〉이라는 프로그램은 다른 무엇보다 파급력이 대단하다. 나에게는 절대 일어나지 않을 것이라 자신했던 경험을 몇 년 동안 겪고 극복하면서 나는 더 많은 꿈을 꾸게 되었다. 혼자 느끼고 혼자 성장하기엔 너무 아까운 경험이다.

"저는 일 잘하고, 돈 잘 벌면 성공한 사람이 된 것이라 생각했습니다. 그래서 아이 때문에 무엇을 못한다는 사람들을 보면 어리석다고 생각했습니다. 하지만 제가 가정과 아이들을 돌보지 못하고 일하는 동안 배운 것이 많습니다. 성공한 여자는 많지만 성공한 엄마는 흔치 않다는 것입니다. 여자는 누구보다 아이들에게 인정받는 엄마가 되어야 합니다. 돈을 많이 벌면 그만큼 아이들에게 쓸 수 있는 시간과 돈이 많아야 합니다. 그런데 저는 20대에 그러지 못했습니다. 그럼에도 불구하고 제가 〈아침마당〉에 나와 여러분 앞에 설 수 있는 것은 30대의 저는 다르기 때문입니다. 돈과 명예를 가졌고, 일과 가정에서의 균형도 이루었습니다. 저는 이제 시간과 돈에서 자유로운 사람입니다. 돈보다 시간에서 자유로운 사람이 되었다는 것이 너무 행복합니다. 앞으로 저는 제가 이룬 것 이상으로 여러분들이 이룰 수 있도록 도우며 살 것입니다. 감사합니다."

나는 〈아침마당〉에 성공한 여성 CEO로 출연해 하고 싶은 말을 실제처럼 상상한다. 운전 중에 말해 보기도 하고, 혼자 카메라를 켜 놓고 연습해 본다. 자꾸 말할수록 점점 더 이것이 현실로 다가옴을 느낀다. 30대의 나는 얼마 지나지 않아 반드시 성공한 여성 CEO로서 〈아침마당〉에 출연할 것이다. 오늘 하고 싶었던 그 말을 그때도 하게 될 것이다.

남편과 함께
유튜브 크리에이터 되기

나는 내가 경험한 것을 통해 깨달은 바를 누군가에게 알려 주는 것이 즐겁다. 항상 좋은 곳에 다녀오면 좋았다고, 맛있는 음식을 먹으면 맛있었다고 알려 주는 것을 좋아했다. 블로그를 통해 리뷰만 하던 과거와 달리 영상이 발달하고, 그것이 당연해졌다. 이제 선택이 아닌 필수 마케팅 방법이 된 것이다.

오래전 남들이 유튜브를 하지 않을 때, 나는 유튜브를 시작했다. 물론 그때부터 지금까지 꾸준히 해 왔다면 상황이 많이 달라졌을 것이다. 아마도 남편과 함께 크리에이터가 되려는 꿈도 꾸지 않을 만큼 나는 유명한 사람이 되었을 것이다. 그런데 나는 그때 여러 가지 이유로 중도 포기했다. 그래서 여전히 크리에이터가 되는 것이 버킷리스트 중 하나로 남아 있다.

유튜브 콘텐츠는 아무나 운영할 수 없다. 특별할 필요는 없지만 그 일을 즐겨야 한다. 그리고 무엇보다도 부지런해야 한다. 하지만 나는 영상에 있어서 부지런하지 못했다. 늘 편집하다 지쳐 포기하곤 했다. 그런데 결혼한 이후에 잠잠했던 내 꿈이 다시 자랐다.

"오늘은 어떤 사람을 만나게 될까? 너무 기대돼."
"나는 오늘도 어제랑 똑같은 일을 하겠지…."
그런데 어느 날 남편과 내가 매일 비슷한 대화를 하고 있다는 사실을 알게 되었다. 나는 매일 새로운 것을 기대하며 살았고, 남편은 매일 힘들어하며 살았다. 그것을 보며 나의 꿈과 비전만을 이야기하는 것은 멈춰야 한다고 생각했다. 나는 힘들어하는 남편을 보는 내내 마음이 무거웠다. 남편은 매일 같은 일을 반복하며 삶의 의욕을 잃어 가는 듯했다. 그래서 나는 그에게 엄청난 제의를 했다.

"여보, 회사를 그만두는 건 어때?"
"왜?"
"나는 매일 행복하고, 당신은 너무 힘들고…. 사람은 한 번쯤 자신이 무엇을 할 때 가장 행복한지 알아보는 시간을 가져야 된다고 생각해. 당신이 일을 그만두고 꿈을 찾는 동안 내가 조금 더 일할게."

그렇게 단 하루 만에 남편은 그 말을 기다린 사람처럼 퇴사를 결정했다. 당시 남편은 남들은 입사하려고 줄 선다는 방송국에서 촬영기자로 일하고 있었다. 그 일은 분명 남편이 평소 하고 싶어 하던 일이었다. 하지만 취미와 일은 엄청난 차이가 있다는 것을 깨닫게 되었다. 남편이 카메라를 시작한 건 나의 권유때문이었다. 쇼핑몰 사진도 찍고 나와 관련한 영상 작업도 하며 그 분야의 꿈을 키워 나갔다. 그것이 기회가 되어 남편은 방송국에 입사할 수 있게 된 것이다.

　나는 우연히 잡은 카메라가 남편에게 꿈을 만들어 준 것이라 믿었다. 그래서 남편이 회사를 나오는 순간에도 이것이 더 큰 비전을 만들어 줄 것이라 확신했다. 보통 사람이 의미 없이 반복되는 일상에서 비전과 새로운 꿈을 찾기란 쉽지 않다. 하지만 나는 모든 환경은 의식으로 바꿀 수 있다고 믿었다. 그래서 어떤 상황이 와도 두렵지 않았다. 이것이 남편에게 과감하게 퇴사를 권유할 수 있었던 이유다.

　다행히 남편은 얼마 지나지 않아 자신이 좋아하는 것이 무엇인지 알게 되었다. 남편은 정식으로 '갤러디오'라는 브랜드 이름을 걸고 1인 창업가가 되었다. 갤러리와 스튜디오를 합친 말로 남편은 그림 같은 사진을 찍고 싶어 했다. 길가에 떨어진 돌멩이 하나도 남편의 손만 거치면 예술 작품이 되었다. 오픈한 지 얼마 되지 않아 1인 기업가, 프리랜서 강사, 개인과 브랜드 사진, 영상 촬영 요청이 넘쳐 났다. 정말 환상적인 결과였다.

하지만 3년을 채우지 못하고 남편은 폐업 신고를 했다. 촬영 이외에 일어나는 모든 과정을 혼자 감당하는 것이 결코 쉽지 않았기 때문이다. 개인 사업을 할 때 남편은 직장인보다 많은 수익을 만들었다. 하지만 부부가 함께 바쁜 것이 아이들이 어릴 때 얼마나 힘든 일인지 알게 되었다. 결국 남편은 다시 직장인이 되기로 결정했다.

평범한 일상으로 돌아가 이번에는 아예 사진과 거리가 먼 사무 업무를 했다. 비록 본인이 원하던 일은 아니었지만 성실하게 임해 상사에게 칭찬받고 인정받으며 일할 수 있었다. 멈추고 싶은 순간에도 현실적인 문제를 해결하기 위해 남편은 자신의 꿈을 잠시 포기했다. 그런데 이번에도 두 번째 퇴사를 할 수 있는 기회가 찾아왔다.

남들에게는 한 번 있을까 말까 한 기회가 남편에게는 여러 번 찾아왔다. 이런 것을 보면서 나는 남편은 자신의 재능을 반드시 드러내고 살아야 되는 사람이라고 생각한다. 남편은 자신이 빛나는 것보다 남들을 빛나게 해 주는 것을 더 좋아한다. 나와 함께 일하는 동료들의 사진을 찍어 일일이 앨범으로 제작해 주었던 사람이다. 사진을 받아 들고 '감사하다', '너무 잘 나왔다', '다음에 또 찍어 달라'는 등의 칭찬을 받으면 남편은 정말 기뻐서 더 많이 챙겨 주는 사람이다.

한번은 동영상 촬영이 하고 싶어 남편에게 부탁하게 되었다. 내가 화장품을 사용하는 모습을 촬영해 주고 간단하게 편집까지 해 달라고 말했다. 남편은 나의 촬영 목적을 명확하게 파악하고 촬영을 기획했다. '세일즈맨의 하루'를 촬영한 영상이었는데 그야 말로 최고였다. 그 영상을 본 사람들에게 나는 당시 판매하던 제품을 꽤 많이 팔 수 있었다. 그리고 많은 사람들이 궁금해했던 나의 하루도 낱낱이 보여 줄 수 있게 되었다.

남편은 내가 큰 무대에 오르거나 강의 일정이 생기면 늘 동행했다. 연예인들이 파파라치에게 찍히듯 몰래 찍힌 내 모습을 보면 그것만큼 기분 좋은 일이 없었다. 나는 늘 나와 동행하며 나를 주인공으로 만들어 주는 남편이 고마웠다. 그래서 나는 앞으로도 남편이 누군가를 빛나게 해 줄 역할을 충분히 하고 살았으면 좋겠다고 생각했다.

그중 하나가 바로 남편이 유튜브 크리에이터가 되는 것이다. 물론 나의 버킷리스트는 남편의 것이 아니다. 내가 '남편과 함께 유튜브 크리에이터가 되는 것'이 버킷리스트라고 말하면 남편은 극구 반대한다. 자신은 촬영만 하겠으니, 나에게 혼자 주인공이 되라는 것이다. 하지만 진짜 나의 꿈은 남편과 함께 크리에이터가 되는 것이다. 혼자가 아닌 함께인 것이 내게 매우 중요하다.

우리가 유튜브를 처음 접한 것은 내가 영업을 할 때였다. 필요에 의해서 유튜브를 하게 된 것이다. 나는 고객들에게 제품 사용 방법을 정확하게 전달하고 싶었다. 그래서 남편이 전체적인 촬영을 디렉팅하고 내가 출연자가 되어 영상을 만들었다. 다수로부터 반응이 있었던 결과물은 아니었지만 몇 가지 영상 덕분에 나는 높은 매출을 이루었다. 더할 나위 없이 행복한 마음이었다.

그리고 최근에 남편은 아이들과 함께하는 영상을 많이 찍어 업로드하고 있다. 이 과정에서 촬영과 편집, 모든 작업을 남편이 하게 된다. 그리고 나는 선천적으로 마케팅을 할 수밖에 없는 뇌를 가지고 태어났다. 남편이 찍은 작품을 보며 '이건 이렇게 해야 되는데, 이렇게 해서 업로드해야 하는데' 하는 식의 생각만 가득하다. 그런데 의외로 남편은 자신이 직접 보고, 듣고, 느낀 것을 위주로 있는 그대로의 모습을 담아내는 데 주력하고 있다.

남편과 나는 너무 다르지만, 또 비슷한 점이 많다. '우리는 어떤 콘텐츠로 크리에이터가 될 수 있을까?'라는 고민도 자주 해 본다. 남편은 늘 대화 끝에 '당신 혼자 출연해. 나는 그냥 찍어 줄게'라고 말하지만 나는 반드시 남편과 함께하는 콘텐츠를 만들 것이다. 나보다 더 멋지게 활약할 그의 모습이 생생하게 그려진다. 우리는 단순한 것에서부터 시작할 것이다.

우리나라에도 몇 년 전과 달리 유튜브로 본인의 콘텐츠를 발행하는 사람들이 많아졌다. 세일즈맨, 강사, 1인 기업가, 대기업, 중소기업 할 것 없이 한 번 대박 난 콘텐츠는 엄청난 힘을 발휘한다. 그런데 나는 나의 콘텐츠만을 알리는 것은 유튜브가 아닌 공간에서도 이미 많이 할 수 있었다. 그래서 이제는 부부 유튜브 크리에이터를 준비하고자 한다. 이 꿈은 남이 해 줄 수 있는 것이 아니다. 나와 남편이 조금만 부지런을 떤다면 짧은 기간 안에도 이룰 수 있다. 2018년, 우리의 일상과 생각을 영상에 담으며 부부 크리에이터로서의 활동을 시작할 것이다.

보
물
지
도

12

PART
7

꿈과 희망을
전하는 강연가의
삶 살기

·김명빈·

김명빈 부동산 중개업 대표, 공인중개사, 자기계발 작가, 동기부여가

20년간 중·고등학교 수학 강사로 앞만 보며 살아왔다. 그러다 뜻하지 않은 시련을 겪게 되면서 공인
중개사로 새로운 삶을 살게 되었다. 올해로 8년째 부동산 중개업을 하고 있다. 여전히 삶은 힘겹지만
희망의 끈을 놓지 않고 오늘도 앞을 향해 힘차게 달려 나가고 있다. 이제는 시련과 역경을 딛고 살아
온 자신의 이야기를 많은 사람들과 공유하며 그들이 당당한 삶의 주인공이 될 수 있도록 꿈의 에너지
를 키워주고자 한다.

Email audqls17@naver.com

베스트셀러 작가 되기

나는 엄격한 아버지에게 억눌려 말 한마디 제대로 못하는 소심한 아이로 자랐다. 그래서 제주도에서 나고 자랐지만 대학만은 기필코 육지로 가고자 했다. 숨 막히는 아버지의 구속과 간섭에서 벗어나고 싶었기 때문이다. 그때만 해도 자식을 육지의 대학에 보내는 것은 경제적으로 여간 큰 부담이 아니었다. 경제적인 부담도 문제지만 아버지로선 고등학교를 겨우 마친 어린 딸을 타지로 보낸다는 것은 생각할 수도 없는 일이었다.

며칠간의 무언의 투쟁 끝에 큰아버지가 계신 전라도의 대학에 가는 조건으로 나의 탈출구는 마련되었다. 아버지는 큰아버지를 통해 나의 사생활을 통제하고 감시하겠다는 계산이었다. 물론 성적이 좋지 않아 여러 대학을 골라 갈 수 있는 입장이 아니기도 했다. 어느 대학이든 상관없었다. 제주도를 벗어날 수만 있다면 내겐 그만한 행복이 없었으니까.

단순히 아버지의 그늘에서 벗어나고 싶었던 것만이 아니었다. 남몰래 품었던 작가의 꿈을 위한 탈출이었다. 중학생 때 담임선생님은 출산 휴가를 가면서 내게 손편지를 남기셨다. 너에게는 글솜씨가 있으니 작가가 되기 위한 공부를 본격적으로 해 보라는 것이었다. 그렇게 꿈을 품고 시작된 나의 탈출기는 31년째 평범한 일상에 묻혀 멈추어 버렸다.

대학교에 입학하자마자 쓴 시 한 편이 교수님의 빨간 펜에 난도질당해 내던져졌다. 그러면서 나의 자존심과 꿈도 한꺼번에 박살 나 버렸다. 그 이후로 아예 글을 쓸 생각을 안 했던 것이다. 문득문득 그때 어리석고, 오만 방자한 객기를 부리지 않고 낮은 자세로 대처했다면 난 지금 어떻게 되었으며, 무엇을 하고 있을까에 대해 생각한다. 지금도 그때의 어리석음을 한탄한다. 그러면서도 여전히 소심하게 책을 읽는 걸로 스스로를 위안한다.

대학생 때 만난 울산 사람과 6년이란 긴 연애 끝에 결혼했다. 양 부모의 경제적인 도움 없이 남편은 회사원으로 난 학원 수학 강사로 알뜰하고 성실하게 살았다. 그 결과 대출을 받긴 했지만 결혼 4년 만에 20평 전셋집에서 32평 아파트에 우리만의 둥지를 틀게 되었다.

2년 만에 대출도 다 갚고 여윳돈도 생겼다. 우린 투자 목적으로 아파트 분양권도 계약해서 2년 후 새 아파트로 이사 갈 생각에 부풀어 있었다. 새벽까지 게으름을 안 피우고 열심히 산 대가라고 생각했다. 그때는 아이들도 어려서 크게 나가는 돈이 없으니 맞벌이하며 금방 돈을 모았던 것 같다. 가정적인 남편은 아이 둘을 데리고 놀러 가기를 좋아했다. 그래서 휴일만 되면 바다로, 산으로 안 가는 데가 없었다. 난 쉬고 싶다가도 막상 따라나서면 남편과 아이들보다 더 즐겁게 보내곤 했다.

그런 여유로운 행복도 잠시 큰아이가 초등학교 4학년, 작은아이가 1학년 때 갑작스런 심장마비로 남편을 떠나보내야 했다. 그때 내 나이 서른아홉 살이었다. 단 한 번도 생각해본 적 없는 남편과의 사별. 도저히 받아들일 수가 없었다. 내가 무슨 잘못을 저질러서 이런 벌을 받는 건지. 죽어라 열심히 산 죄밖에 없는데….

거의 한 달 동안 새벽 수업을 마치고 집에 와서 소주 한 병을 마셔야만 겨우 술기운으로 잠에 들 수 있었다. 그렇게 몇 달 동안 친구들과 주변 지인들과도 일체 연락을 끊고 오로지 생계를 위해 학원만을 다니며 지냈다. 그런데 어느 날 미처 치우지 못한 베란다의 소주병들을 큰아이가 보고 화들짝 놀란 표정을 지었다. 아이의 반응에 바짝 정신이 들었다.

어차피 학원 강사는 더 이상 할 수 없는 상황이었다. 아이들이 학교에서 돌아오는 시간에 나는 학원에 출근하고 아이들이 자는 새벽에야 퇴근하기 때문에 아이들을 전혀 돌볼 수가 없었던 것이다. 몇 달 동안은 같은 아파트에 사는 큰아이 친구 엄마가 저녁시간 동안 돌봐 주었다. 하지만 길게 맡길 생각은 없던 터였다. 그래서 학원을 그만두고 아이들을 돌보면서 평생 할 수 있는 일을 찾아야 했다.

며칠 고민 끝에 부동산 중개업을 하기로 결정했다. 그러려면 먼저 공인중개사 자격증부터 취득해야 했다. 낮에는 학원에 다니면서 강의를 듣고 밤에는 몇 명씩 그룹을 만들어 과외를 해 자격증을 땄다. 난 자격증을 따자마자 바로 사업자등록증을 내고 부동산 중개업을 시작했다. 내 인생의 첫 시련을 냉담하고 섬뜩할 만큼 당당한 침묵으로 응대한 시간들이었다.

부동산 사무실은 대단지 아파트 정문 앞에 있어 목이 좋았다. 하지만 월세가 비싸 주변의 경험 많은 소장들도 선뜻 나서길 망설였다고 한다. 경험도 없는 초보가 겁도 없이 덤빈다고 수군거렸다는 것을 후에 알게 되었다. 부동산 중개업은 다른 자영업과는 달리 위치의 중요도가 80퍼센트 이상을 차지한다. 때문에 초보일수록 목 좋은 곳을 얻어야 한다는 생각에서 망설임 없이 내린 결정이었다. 결과적으로 내 선택이 옳았다.

3년 동안 일요일도 쉬지 않고 일했다. 그 결과 자리도 잡히고 강사 때와는 다르게 시간적으로도 여유가 생겼고 경제적으로도 나아졌다. 이젠 자리도 잡히고 더 이상의 시련은 없을 거라 확신했다. 그런데 작년, 부동산 중개업을 시작한 지 6년째 되는 해 12월에 또 한 번의 시련이 닥쳤다. 3억 원에 가까운 세금 고지서가 날아든 것이다. 분양권 전매 과정에서 분양팀과 협상하던 중 내 무지와 판단 착오로 세금이 고스란히 내게 부과된 것이었다.

6년 동안의 내 수고가 하루아침에 물거품이 되어 버렸다. 변호사와 세무사, 회계사 모두 찾아다니며 상담해도 답이 없었다. 분양팀이 작정하고 벌인 일이라 증명할 방법도 증명할 서류조차도 없는 상태였다. 죽고 싶었다. 왜 또 나인가? 한 달 동안 눈물로 밤을 지새웠다. 도저히 억울하고 분해서 먹을 수도 잘 수도 없었다. 죽어 버릴까, 내가 낼 것도 아니었으니 체납하고 버틸까? 버티다 보면 무슨 수가 생기지 않을까? 하루에도 수백 번, 수만 번 그 돈을 내야 할지 말아야 할지 고민하느라 온전한 정신이 아니었다.

한 달 동안 있는 돈 없는 돈 다 끌어모았다. 그것도 모자라 빚을 내서 세금을 모두 납부하고는 소주 2병을 사 들고 남편 산소로 향했다. 한 병을 따서 안주도 없이 벌컥벌컥 단숨에 들이켜고는 소리 내며 펑펑 울었다. 그러면서 내게 왜 이러냐고, 이렇게까지 해야 하냐고, 고래고래 악다구니를 퍼부었다.

거의 한 시간을 그러고 나니 기운도 다 빠지고 한기로 온몸에 소름이 돋았다. 눈물 콧물로 엉망인 얼굴을 대충 소매로 닦고 산소를 등지고 앉아 먼 곳을 바라다봤다. 정남향으로 양지바르고 주변 산세가 완만하고 경치가 좋아 10년 전 비 오는 날인데도 유독 눈에 띄어 선택한 곳이었다. 유명한 스님이 최고의 명당이라 칭찬까지 했건만….

세금 후유증은 거의 1년이 지난 지금까지도 빚에 이자에, 내 삶의 의지마저 바닥을 치게 했다. 열심히 성실하게 아등바등 살아도 결국 남는 건 빚밖에 없다. 아직도 내게 남은 시련이 더 있을까 봐 몸서리쳐질 때도 있다.

어느 날 나의 꿈을 일깨워 주었던 그때의 선생님 말씀처럼 오만불손하고 나약하게 내팽개쳤던 내 꿈을 찾아야 한다. 참으로 오랜 세월 동안 타인의 시선에 맞추느라 옴짝달싹 못했던 내 틀에서 당당하게 걸어 나가 이제는 씩씩해지고 싶다.

내 나이 쉰하나, 그래서 무엇이 문제인가? 쉰 살이 훨씬 넘어서도 자신의 책에 인생의 경험을 담아 다른 사람을 이끄는 강연가들이 얼마나 많은가.

김태광 작가의 《성공해서 책을 쓰는 것이 아니라 책을 써야 성공한다》를 읽고 난 후부터 책을 쓰고자 열망했다. 그 절실함에 마음이 설레기까지 한다. 이 책에서는 꿈을 이루는 데 있어 현재의 능력은 중요하지 않다고 했다. 이 얼마나 위안이 되는 말인가. 참 다행이다.

삶의 바닥까지 가 보고 모든 것을 잃고서야 비로소 나 자신을 제대로 들여다볼 수 있는 것 같다. 내가 원하는 것이 무엇이며 나는 무엇을 할 때 제일 행복했는지 제대로 고민하고, 열망하는 것을 이루고자 절실한 마음으로 도전할 것이다.

누군가 인생의 불행 총합은 누구에게나 공평하게 '1'이라고 했다. 젊어서 시련을 겪는 것이나 나이 들어 겪는 것이나 시련의 총합은 1이므로 언제 겪느냐의 문제일 뿐 무게는 똑같다는 것이다. 어쩌면 나는 인생의 불행 총합을 이미 다 치른 셈이 아닌가 싶다. 설사 또 다른 시련이 남아 있다 하더라도 그 시련으로 인해 내 꿈을 저버리거나 밀쳐 내는 어리석음은 범하지 않을 것이다. 이제 내 꿈을 향해 지독히 노력하고 죽을힘을 다해 전진만 할 것이다. 얼마 안 있어 내 책이 대형서점에서 함박웃음을 웃고 있을 것이다.

제주도에 바다가 보이는
전원주택 짓기

우리 집은 제주도에 있다. 서귀포에서 차로 20분 정도 거리인 시골이다. 전라도가 고향인 아버지와 제주도 토박이인 어머니가 만나 부모 도움 없이 오로지 두 분의 노력으로 조금만 과수원을 샀다. 돌이 많은 과수원 일부에 터를 잡아 돌을 골라내고 평평하게 다지고 개간해서 집을 지었다. 꼼꼼하고 손재주가 많은 아버지가 직접 경운기로 돌을 옮겨 반듯하게 각을 세우고 다듬어 하나 하나 쌓아 지은 것이다. 기억은 잘 나지 않지만 학교를 마치면 그곳에 가서 부모님의 잔심부름을 했다. 돌집은 거의 1년에 걸쳐 완성되었고 내가 초등학교 2학년 때 이사했다.

이삿날은 눈이 많이 내린 날이었다. 그래서 이삿짐도 한번에 못 옮길 정도였다. 며칠 동안 꼭 필요한 세간살이만 우선 옮겨 끼니만 겨우 해결했다. 새집은 아직 전기도 공급이 안 되고 보일러 배관 작업도 마무리가 안 된 상태라 춥고 불편했다. 나는 새집이 생긴 기쁨보다는 왜 따뜻하고 편한 집을 놔두고 이런 집으로 이사를 하는지 이해가 되지 않았다.

어머니는 남의 집 사글세 신세에서 내 집을 마련한 기쁨에 들떠 며칠간 잠도 설치고 눈물까지 흘리셨다고 한다. 그러니 두 분이 이 터전을 마련하는 데 얼마나 많은 시간과 노고를 들였는지 짐작이 가고도 남는다. 두 분이 결혼해서 8년 만에 이룬 네 가족의 생활 터전인 셈이다. 이 터전에서 난 소설과 에세이들을 밤을 지새우며 읽으면서 문학의 꿈을 키웠다. 그렇게 나는 남몰래 품은 꿈을 이루려 고등학교를 졸업하고 이곳을 떠나게 되었다.

요즘 난 고향 생각에 울컥할 때가 부쩍 많아졌다. 타지에서 산 세월이 31년째 되면서 고향 생각이 더욱 절절해졌다. 고향을 떠나기만 하면 무엇이든 이룰 수 있을 것만 같았던, 학창시절의 밑도 끝도 없던 객기는 흘러가 버린 세월과 함께 부질없게 되었다. 달랑 옷 몇 가지만 담긴 가방만으로도 꿈을 이루고 싶은 열정과 절실함이 있어 충분히 행복했건만…. 고향에 대한 이 절절한 그리움은 이루지 못한 꿈에 대한 미련일지도 모르겠다.

나의 고향집은 대부분의 제주도 주택들이 그렇듯이 과수원 둘레에 어린아이 키만큼 돌담을 쌓아 올려 다른 과수원과의 경계를 표시하고 그 과수원 안에 지은 주택이다. 집 주변이 온통 귤나무로 둘러싸여 겨울이면 방 안에서 노란 귤을 따 먹을 수 있다.

철 대문을 열고 들어가면 큰 팽나무가 마당 모퉁이에 제법 크게 자리 잡고 사방으로 뻗어 있었다. 여름이면 동생과 함께 평평한 가지를 골라잡고 앉아 한참 동안 놀다 내려오곤 했다. 날씨가 맑은 날은 뚜렷하진 않았지만 멀리 바다가 보이기도 했다. 우리 자매의 놀이터였던 팽나무는 내가 고등학생일 때 지붕을 덮을 만큼 자라자 아버지가 잘라 버리셨다. 지금은 썩은 채 밑둥만 남아 있다. 하지만 나무 주변에서는 겹동백과 박달나무가 여전히 봄과 겨울을 빨갛게 먼저 알리곤 한다.

요즘 난 이곳 고향에 멋있는 주택을 다시 지을 생각에 들떠 있다. 지대가 높아 이층집을 지으면 멀리 바다가 보일 것이다. 집 주변의 귤나무는 가족들이 따 먹을 만큼만 남겨 놓을 것이다. 사시사철 형형색색 봄과 가을을 예쁘게 수놓을 정원을 넓게 만들 것이다. 2층에는 넓은 테라스를 만들어 분위기 있게 차도 마시고 휴일이면 가족들과 바비큐 파티도 할 것이다. 여러 종류의 책으로 가득 채워진 2층 서재에서 난 날마다 책을 읽고 쓰며 행복한 일상을 즐기게 될 것이다. 내 나이 쉰다섯이 되면 이 모든 것이 현실로 이루어질 것이다.

지금 고향집은 재래식에서 현대식으로 내부를 수리해서 살기

편하게 되어 있다. 지은 지 오래되어서 동생도 나도 진즉부터 뜯고 새로 건축하라고 어머니께 권했다. 하지만 아버지께서 직접 지은 집이라고 극구 반대하셔서 내부만 수리했다. 그런 상태라 밖은 자연 그대로 돌이 드러나 있다. 지금은 찾아보기 힘든 귀한 집이기는 하다. 새로 지을 집은 어머니가 사는 집 옆에다 지을 생각이다.

작년 5월 달로 기억된다. 일주일 전부터 매매 건으로 속을 썩이던 고객 때문에 속상해서 저녁도 안 먹고 옷도 갈아입지 않은 채 소파에 아무렇게나 걸터앉아 TV를 틀었다. 비 오는 제주도의 어느 마을 풍경이 눈에 들어왔다. 파란색 슬레이트 지붕의 집 주변 돌담 둘레에는 담쟁이 넝쿨이 빗물을 머금고 있었다. 우산을 쓴, 고무줄 바지를 입은 아주머니의 뒷모습이 꼭 우리 어머니의 모습과 흡사했다. 갑자기 가슴이 뛰면서 눈물이 쏟아져 나왔다. 내 고향 제주도인데, 마음만 먹으면 언제라도 갈 수 있는 곳인데, 그날따라 왜 그렇게 못 갈 곳처럼 멀게만 느껴졌는지….

작년 12월에 뜻하지 않았던 경제적 시련을 겪으면서 난 고향을 어머니 품처럼 그리워하게 되었다. 왠지 고향은 나의 시련도, 아픔도, 상처까지도 품어 줄 것만 같다. 쉰다섯이 되는 해에 바다가 보이는 집을 짓고 제2의 인생을 당당하게 펼쳐 보이리라.

꿈과 희망을 전하는
강연가로 전국을 누비기

나는 올해로 8년째 부동산 중개업을 하고 있는 공인중개사다. 공인중개사 자격증을 취득하자마자 바로 사무실을 개업해서 현재 같은 장소에서 계속 일해 왔다. 사무실은 대단지 정문 앞 목 좋은 위치에 있다. 뿐만 아니라 봄이면 눈처럼 하얀 벚꽃, 여름이면 짙은 신록, 가을이면 알록달록 단풍까지 창문을 통해 볼 수 있는 사계절의 풍광은 내가 이곳을 떠날 수 없는 이유이기도 하다.

부동산 중개업을 시작하고 1년 동안은 이 일이 내 적성에 맞는 것인지, 제대로 하고 있는 것인지, 계속해야 하는 것인지 하루에도 몇십 번씩 스스로에게 묻곤 했다. 아파트 매매와 전세, 월세 거래가 대부분이었고 상대 고객은 주로 아주머니들이었다. 고객들은 집을 고르는 성향도 다르고, 판단하는 가치관도 달랐다. 뿐만 아니라 성격도 달라 여러 가지 경우마다 태도와 대우를 다르게 해야 했다. 때문에 수학 학원에 근무하며 단순하게 학생만 20년을 상대해 온 나로서는 난감한 일이 한두 번이 아니었다.

아파트 매매를 원해 동과 층을 달리해서 비교하기 쉽게 여러 집을 보여 주고 일일이 메모해서 브리핑까지 완벽하게 한다. 그러고 나면 며칠이고 전화 연락도 없다. 그러다가 예산 초과라 매매를 포기하겠다는 내용만 문자로 달랑 보낸다. 그나마 문자라도 보내 주면 고마운 일이다. 전화해도 받지 않고 문자 답도 안 하는 고객이 태반이다.

일이 바빠 고된 것은 얼마든지 참을 수 있었지만 사람에게 받은 상처는 나를 며칠씩 좌절하게 만들었다. 그런 일이 있을 때마다 차를 몰고 바닷가로 향한다. 주전해변이나 간절곶은 사무실에서 왕복 한 시간이 조금 넘게 걸린다. 바다가 아름답기로 소문난 곳이다. 차를 세워 놓고 음악을 세게 틀어 목청껏 따라 부르다 보면 가슴에 맺힌 응어리가 풀렸다.

요즘 울산은 경기가 침체기다. 다른 지역도 마찬가지지만 특히 울산은 작년부터 조선소의 구조조정으로 인해 때아닌 직격탄을 맞았다. 부동산 중개업을 8년째 해 오면서 올해만큼 힘들어 보긴 처음이다. 이건 비단 나만의 문제가 아니라 울산 전 지역의 공인중개사들이 겪는 기약 없는 시련이 될 듯하다. 내 사무실은 목 좋은 곳에 위치해 워킹 고객들의 상담이 끊이질 않았는데 요즘은 발길이 뚝 끊겼다. 어쩌다 찾아온 고객도 거래가 목적이 아니라 아파트 가격이 계속 떨어지니 걱정되어서 팔아야 하는지의 여부를 궁금해한다.

이렇게 고객이 없고 조용할 때면 항상 책을 보게 된다. 그렇게 한 권 두 권 사 모은 책이 책장에 꽂을 데가 모자랄 만큼 많다. 구석구석 쌓아 놓은 책만 해도 제법 된다.

어느 날 날씨가 잔뜩 흐려 비라도 오려나 싶어 창밖을 보고 있었다. 내 사무실 밖은 양쪽으로 유리문이고 안쪽에는 나무로 중문을 설치했다. 그런데 위로 절반이 유리로 되어 있어 밖을 내다볼 수 있다. 그런데 중문과 바깥 문 사이에 작은 박스 하나가 있어 뜯어보니 책이 들어 있었다. 택배 기사님께서 종종 택배 박스를 문 사이에 끼워 놓고 가곤 했기 때문에 나는 아무 의심 없이 박스를 뜯어보았다.

김태광 작가의 《마흔, 당신의 책을 써라》라는 책이었다. 이 책을 주문 한 기억은 없었지만 항상 글을 쓰고 싶은 욕망에 사무친 터라 나도 모르게 읽어 내려갔다. 그 책은 책 쓰기를 희망하면서도 읽는 것으로 만족해 왔던 내게 당장 글을 써야 함을 일깨웠다. 책을 쓰면 돈까지 벌 수 있다니, 돈벌이가 예전 같지 않은 내게는 가슴을 벌렁거리게 하는 이야기였다. 평생 꿈이었던 책도 쓰고 그 책으로 돈도 벌 수 있다면 이처럼 가슴 뛰는 일이 어디 있겠나!

이 책을 읽고 난 여러 날을 고민했다.

그러다 이내 마음을 정했다. '책을 써 보자!'라고. 그동안의 꿈이었지 않은가. 그 마음이 들자 바로 인터넷 검색창에 〈한책협〉을 검색하고 네이버 카페에도 가입했다. 그러곤 카페 여기저기를 둘러보았다. 카페에서 설명하고 있는 강의 커리큘럼을 보니 체계적이고 알찬 구성이었다. 먼저 〈1일 특강〉부터 들어 보고 다른 수업은 그때 가서 결정하자고 생각했다. 그런데 막상 〈1일 특강〉을 신청했지만 울산에서 서울까지 열차를 타고, 다시 노선도 모르는 지하철까지 갈아타서 찾아가야 한다는 게 선뜻 내키지 않았다. 결국 다음 특강으로 미루려 담당자에게 문자를 보냈다. 그런데 의외로 단호한 답장을 받았다. 다음으로 미루지 말고 당장 오라는 것이었다.

강한 기세에 눌려 신청한 수업을 예정대로 듣게 되었다. 그러면서 나의 꿈은 더욱 확실시되었다. 게다가 책 쓰기 하나만을 희망했지만, 수업을 통해 새로운 꿈 하나를 더 키우게 되었다. 내가 살아온 인생 경험을 토대로 꿈이 있어도 이루길 미루고 주저하는 사람들, 원하지 않은 인생의 실패로 인한 좌절에서 헤어 나오길 두려워하는 사람들에게 당당하면서 단호한 메시지를 전달하고 싶어졌다.

요즘 매주 토요일만 되면 수서행 SRT를 타고 책 쓰기 수업을 들으러 간다. 오전 10시에 나서서 수업 받고 울산의 집에 도착하면 밤 10시가 조금 넘는다. 책 쓰기 수업을 듣는 사람들 대부분이 나이가 젊어 컴퓨터도 잘하고 과제도 센스 있고 민첩하게 잘해낸다. 난 일단 그들과 젊음에서 뒤처진다. 몸도, 마음도. 하지만 열정만큼은 뒤지기 싫어 악착을 부린다. '좀 더 젊었을 때는 뭐 하고 이제야 이러나' 잠깐 자책도 한다. 하지만 이미 늦은 후회보다 한 번 더 내 꿈을 이루는 데 에너지를 쏟아 보려 한다. 꿈이 있어 가능한 일이다. 〈한책협〉이 내 꿈을 더 빨리 이룰 수 있게 도와줄 것임을 믿고 확신한다.

친한 지인에게 책 쓰기 수업을 듣는다고 얘기했더니 그 나이에 무슨 미친 짓이냐고 했다. 차라리 그 열정으로 돈을 버는 생산적인 일을 하라며 비웃었다. 예전의 나였다면 수긍하고 포기했을 것이다. 하지만 이미 난 가슴이 뛰는 꿈을 품고 있고 그 꿈 때문에 충분히 행복하다는 것을 안다.

이제 나는 베스트셀러 작가라는 큰 그림을 그리고 있다. 또한 책을 통해 요청해 오는 강연을 하러 전국을 누비게 될 것이다. 나로 인해 제2의 인생을 벅차게 살아갈 모든 이를 위해 파이팅을 외친다.

한 달 동안 세계일주 하기

난 하루의 일정을 마치면 대부분 책을 읽으며 시간을 보낸다. 읽고 싶은 책이 있으면 선별해 놓았다가 한꺼번에 주문하는 버릇이 있다. 한번은 거의 40만 원어치를 주문해 박스에 한가득 담겨 있는 책을 배달받은 적도 있었다. 일을 하면 책을 읽으며 여유롭게 보낼 시간이 그리 많지만은 않다. 하지만 책에 대한 욕심이 많아 한 번 사게 되면 절제가 안 된다. 설사 다 읽지 못한다 하더라도 읽을 책이 쌓여 있으면 마음이 푸근하고 부자가 된 듯하다.

그날도 아직 읽지 못한 책들 중 한 권을 꺼내 들었다. 셰릴 스트레이드가 쓴 《와일드》였다.

가난한 삶과 폭력적인 아버지의 학대, 어머니의 죽음까지 모든 것을 잃은 저자는 스스로 자신의 인생을 파괴해 간다. 그러다

PCT(Pacific Crest Trail)를 걷기로 결심한다. PCT는 미국 서부 멕시코 국경에서부터 캐나다 국경까지 이어지는 약 43,000km의 트레킹 코스다. 저자는 9개의 산맥과 황무지, 인디언 부족들의 척박한 땅을 거치면서, 삶과 죽음을 넘나드는 94일간의 대장정을 벌인다. 트레킹을 통해 지난날의 슬픔과 상처를 치유하면서 자아를 찾게 되는 스물여섯 살의 꽃다운 여자 셰일 스트레이드의 장대한 여정의 기록이다.

우리가 흔히 생각하는 낭만적이고 감성적인 여행의 기록이 아니다. 자연과 부딪치면서 겪게 되는 온갖 시련과 고통, 두려움, 외로움과 싸우면서 새로운 인생을 만나게 되는 94일간의 생생한 실제 경험이다.

우리는 살아가면서 수많은 시련을 만나게 된다. 나이와 환경, 사회적 위치에 따라 겪게 되는 시련은 다양하다. 시련을 받아들이는 태도와 이겨 내는 방법 또한 가지각색이다. 셰릴처럼 척박한 자연과 맞서서 또 다른 시련으로 힘든 인생을 극복하기도 한다. 그런가 하면 시련에 맞설 용기조차 못 내고 포기하고 도망치는 사람도 있다.

내게도 몇 번의 큰 시련이 있었다. 그중 갑작스런 남편과의 사별은 지금도 받아들여지지 않는 절망이며, 부정하고 싶은 기억이다. 그 당시 난 주변 사람들과의 모든 관계를 단절하고 나에게조차도 침묵으로 일관했다. 인정할 수 없는 현실에 대한, 너무나 소심하고 비겁한 반항이었다. 나의 아픔이 남들의 동정을 살까 봐 서둘러 감췄다. 그렇게 아무도 알아채지 못하게 나만의 아픔을 덮어 버리려 했던 것이다. 덮어 버리고 모른 척하면 없던 일이 될 것만 같았다. 차라리 정면으로 맞서 통곡하고 사투를 벌이며 감내했다면 더 강해진 나를 마주하며 만족해하지 않았을까?

나의 이런 상황을 친한 지인 한두 명 말고는 몰랐다. 그들조차도 나의 내면의 깊은 상처까지 들여다보지는 못했을 것이다. 그것까지 들통 나고 싶진 않았다. 그건 내 자존심이었다. 그것마저 다친다면 난 두 번 다시 일어서지 못할 것이었다.

그런 내가 내 이야기를 책으로 쓰고자 〈한책협〉을 찾은 것은 대단한 용기였다. 이젠 정직하고 솔직하게 나를 털어 낼 때가 되었다고 판단했다. 지금 나는 내 이야기를 쓰기 시작했다. 글을 쓰면서 나의 상처와 직면해 제대로 한판 승부 중이다. 글을 쓰다 보면 못다 흘린 눈물이 아직도 남았는지 대책 없이 흐른다. 12년이 지났는데도 아직도 난 성숙되지 못하고 지질하다. 요즘은 "그래, 삼키지 말고 다 쏟아 내자."라며 나를 내버려 두고 있다. 다 털어 내고 누구보다 먼저 나 자신에게 당당해야 나를 원하는 사람들의 상처도 제대로 치유할 수 있지 않겠나 싶다.

사람들은 일이 잘 안 풀리거나 현실에서 도피하고 싶을 때, 여행을 통해 해답을 찾는다. 나도 국내는 구석구석 거의 안 가 본데가 없다. 바다를 좋아해서 바다 경치가 멋있는 곳을 많이 다녔다. 특히 바다는 제주만 한 데가 없어 고향이지만 1년에 한 번꼴은 일부러 시간 내서 다녀온다.

그중 월정리 해변은 조용하고 아기자기한 동화 속 같은 마을이 바다와 잘 어우러져 있다. 마치 내가 살던 동네처럼 푸근하고 정감 있어 가장 좋아하는 곳이다. 다음으로 대학시절에 거의 살다시피 했던 변산반도 격포 해수욕장. 이곳은 겨울 바다의 풍광과 변산반도의 낙조가 장관이라 사진작가들이 자주 찾는 곳이기도 하다. 특히 이곳에 가면 격포 해수욕장과 마주한 채석강을 볼 수 있다. 바닷물에 침식된 퇴적층이 쌓이고 쌓여 시간의 무게가 그대로 드러난 바위 절벽이다. 이태백이 술을 마시고 강에 비친 달을 잡으려다 빠져 죽었다는 중국의 채석강과 비슷해서 채석강이라 이름 지었다 한다. 제주도 중문에 있는 주상절리를 보는 듯하다.

그 외에도 내가 좋아하는 바다는 많다. 삶이 고되고 생각이 많아질 때 광활한 바다의 푸른빛을 마주하고 나면 죽을 것만 같았던 시름을 내려놓게 된다. 월정리 해변도, 변산반도도 숱한 시련과 아픔을 절절하게 묻고 온 곳이라 지금도 그곳은 아프다.

난 외국 여행을 거의 가 본 적이 없다. 남편과 함께 아이 둘을 데리고 일본을 다녀온 게 전부다. 36도를 웃도는 일본의 여름은 한국의 여름과는 많이 달랐다. 어린 아이 둘은 찌는 더위에 칭얼대기 일쑤였다. 빠듯한 일정 안에 계획한 명소를 모두 구경하려면 잘 달래서 지체되는 시간을 벌어야 했다. 게다가 당시에는 환율이 높아 음식 값이며 군것질 값이 만만찮았다.

무리하게 대출해서 집을 샀기 때문에 한 푼이라도 아껴 은행 대출부터 갚아야 한다는 부담감이 컸던 시기라 일본 여행 자체가 내겐 달갑지 않았다. 지금 생각하면 왜 그렇게 어리석었는지 모르겠다. 남들은 1년에 몇 번씩도 간다는 가깝고도 마음먹기 쉬운 나라가 일본인데 내 유일한 해외여행의 추억이 이렇게 옹색하다니….

요즘 내 마음에 보상이라도 하려는 듯 난 한 달간의 세계일주를 꿈꾸고 있다. 물론 한 달은 세계일주를 하기에 턱없이 부족한 시간이다. 유럽만 여행하는 데도 한 달은 빠듯한 일정일 것이다. 먼저 프랑스부터 갈 것이다. 영화 〈퐁 네프의 연인들〉에서 나온 '퐁 네프 다리', 빅토르 위고의 소설 《노트르담의 꼽추》에 나오는 '노트르담 대성당', 영화 〈비포 선 셋〉으로 유명해진 파리 시내의 작은 서점 '셰익스피어 앤 컴퍼니' 그리고 캐나다와 미국의 국경을 경계 짓는 '나이아가라 폭포'.

물론 바다를 빼놓으면 섭섭할 것이다. 신혼여행지로 손꼽히는 괌, 아름다운 바다와 리조트로 유명한 몰디브, 야자수와 에메랄드빛 물결이 멋있는 하와이. 생각만 해도 가슴이 설레고 들뜬다. 자연이 선사하는 그림 같은 풍광을 언제 가슴에 품어 봤는지 까마득하다. 산다고, 살아간다고, 이겨 내야 하는 게 우선이었던 내 삶에 이제는 바다를 안겨 주고 싶다.

　　요즘 나는 작가로, 강연가로 더 크게는 1인 창업가로 살기를 희망하면서 준비하고 있다. 쉰, 인생 2막을 준비하기엔 터무니없이 늦었다는 것 알기 때문에 두렵기도 하다. 책 쓰기 수업을 받으면서 젊은 사람들에게 밀리지나 않으려나, 하고 위축되기도 한다. 하지만 더 이상 돌아보지 않기로 했다. 내 글을 보고 수많은 사람들이 용기를 얻어 씩씩해질 것을 상상한다. 저절로 어깨에 힘이 들어간다. 언젠가는 책을 쓰겠다는 꿈이 현실이 되어 가는 지금 나는 행복하다.

　　1년 후 나는 100년이라는 세월의 흔적을 고스란히 지켜 온 역사적인 서점, 《노인과 바다》의 저자인 헤밍웨이가 즐겨 찾았다는 '셰익스피어 앤 캠퍼니'에서 센 강변을 지긋이 내다보고 있을 것이다.

월수입 2,000만 원 버는
빌딩주 되기

지금으로부터 15년 전의 일이다. 수학 강사로 일하고 있던 때다. 친하게 지내던 후배 강사가 수업을 마치고 술 한잔하자고 했다. 그날은 토요일이라 수업도 일찍 끝나고 시간이 여유로워 학원 근처의 호프집으로 갔다. 후배는 새벽까지 수업하는 것이 힘들고 적성에도 안 맞는 것 같다며 이직을 생각해 봐야겠다고 했다. 후배는 나와 열 살 차이가 났고 그 당시 스물여섯 살이었다.

대학을 졸업하자마자 강사 일을 시작했다고 했으니 2년 정도된 신출내기였다. 나도 강사를 시작한 지 얼마 안 됐을 때 겪었던 고민이라 이해가 되었다. 하고 싶은 것이 있느냐는 물음에 대답이 없는 걸로 봐서는 딱히 하고 싶은 것이 없어 보였다. 후배는 더 늦기 전에 적성을 찾아 새롭게 시작하고 싶다며 철학관에 같이 따라가 주길 부탁했다. 철학관은 처음인지라 망설이다 만날 장소와 시간을 정하고 헤어졌다.

이튿날 약속 장소로 갔더니 이미 많은 손님들이 순서를 기다리고 있었다. 수군거리는 소리를 들어 보니 꽤 유명한 곳인 듯했다. 순서가 되자 후배는 혼자 상담받기가 어색했는지 나를 끌다시피 데리고 들어갔다. 끌려가긴 했지만 내심 궁금하긴 했다.

점쟁이는 나이가 제법 들어 보였다. 후배의 사주를 묻더니 학생들을 가르치느냐며 선생이 천직이라 했다. 나는 웃음을 참을 수 없었고 후배는 이미 울상이 되어 있었다. 이번에는 내가 후배를 끌다시피 나오려는데 점쟁이가 내게 사주를 물었다. 순간 덜컥 겁이 났다. 행여나 안 좋은 말을 할까 싶어 물어볼 생각조차 안 하고 있었다. 머뭇거리고 있자 점쟁이는 재차 내 사주를 물었다. 엉겁결에 사주를 얘기하고는 숨죽이고 있었다. 점쟁이는 내게 무엇을 하느냐고 물었다. 학생들을 가르친다고 했더니 강사 월급으로는 만족을 못한다면서 부동산 일을 하라고 했다. 부동산 일을 하면 큰돈을 번다며, 이미 시작했어야 했다고… 그때는 학생을 가르치는 일을 천직이라 여기는 데다 보람도 있던 터라 귀에 들어오지 않았다.

15년이 지난 지금 난 부동산을 하고 있고 큰돈은 아직 못 벌었다. 물론 집 2채와 상가를 하나 갖고 있긴 하지만 거의 대출이라 실속이 없다. 한때는 사무실 주변에 욕심나는 건물이 있어 그 건물을 갖는 꿈을 품기도 했다. 사진을 찍어 휴대전화 바탕화면에 담고 매일 들여다보며 시각화했다. 또한 역세권을 중심으로 소형 아파트 투자 계획도 철저히 세워 현장 답사도 마친 상태였다. 소형 아파트를 3채 정도 사들일 계획이었다.

전세 안고 사들여 몇 년 가지고 있다가 부동산 상황을 보며 시세차익을 보자는 계산이었다. 온라인을 통해 얻어 낸 정보와 그 지역의 부동산 대표와의 전화 상담, 물건의 현장 답사는 투자하는 데 있어 가장 기본이 되는 절차다. 그 과정만 해도 몇 주가 걸린다. 소형 아파트 10채 이상을 현장 답사해 매매가, 세입자의 입주 날짜를 따져 조건에 맞으면 다시 간추려 본다. 그런 후 최종 결정한다. 난 이렇게 모든 계획을 세웠었다.

작년 12월에 터진, 잘못된 세금 문제만 아니었어도 난 여전히 그 꿈을 끌어당기며 나날이 행복해했을 것이다. 그 일이 있고 난 후 1년 동안 모든 것에서 손을 놔 버렸다. 정신도 같이 놔 버리고 싶었다.

사실 부동산에 대한 관심은 오기에서 시작되었다. 학원 강사로 일할 때였다. 학원은 방학을 제외한 달에는 오후 3시쯤 출근한다. 그날도 학원 출근 전에 아이들 간식을 챙겨 놓고 주변 부동산에 상담차 들렀다. 5,000만 원의 여윳돈이 생겨 부동산 투자를 해 볼 생각에서였다.

투자할 만한 것이 있는지 물었더니 소장님은 웃기만 하고는 말을 안 했다. 5,000만 원 갖고는 턱도 없다는 뜻인 게다. 14년 전이니 적은 돈도 아니었는데 말이다. 자존심이 상했다. 어떻게 해서 번 돈인데 이렇게 우습게 취급하다니. 그때부터 난 부동산에 대해 본격적으로 공부해 보기로 했다. 월급쟁이로는 늘 돈에 쫓기고 허덕이는 신세에서 벗어날 수 없음을 알았기 때문이다. 돈으로부터 자유로워지려면 돈 벌 수 있는 기회가 많은 부동산 일을 직접 공부해서 해 보는 길이 제일 빠를 듯싶었다.

공인중개사 자격증부터 따기로 했다. 인터넷 수업을 받을 수 있는 사이트를 여러 개 뒤져 과목별로 무료 강의를 들어 봤다. 그런 후 이해하기 쉽게 핵심을 정확히 짚어 주는 강사의 수업을 체크해서 수강 신청을 했다. 신청 후 며칠이 지나자 기본서가 배송되었는데 책장을 펼치자마자 숨이 턱 막혔다. 공부를 시작하기도 전에 지레 겁부터 났다. 책에 압사당할 정도의 두께와 무게였다. 괜히 시작했나 싶어 살짝 후회가 되기도 했다.

남편한테 큰소리쳤으니 포기할 수는 없고 일단 시작해 보기로 했다. 퇴근해서 집에 오면 새벽 1시가 된다. 씻고 강의를 들으려고 책상 앞에 앉으면 몇 페이지 못 넘기고 졸음이 쏟아진다. 하물며 무슨 말을 하고 있는 건지 도통 알아들을 수가 없다. 그런데도 강사들은 하나같이 암기하려 하지 말고 이해를 해야 한다고 했다. 당시의 나에게는 도무지 와 닿지 않는 말이었다. 몇 달간 그렇게 고전하다 결국 일하면서 할 수 없는 공부라는 것을 알고 포기했다.

여윳돈 5,000만 원으로는 남편의 이름으로 아파트 분양권을 계약했다. 우리 부부의 두 번째 부동산 투자였던 셈이다. 그 당시 살고 있던 집은 집값의 반 이상을 대출받아 산 것이었다. 그리고 대출금을 4년 만에 모두 갚았다. 그 후 2년 만에 5,000만 원을 모아 분양권을 샀던 것이다. 그 당시에 분양권은 프리미엄이 형성되어 있었다. 따라서 최초 분양가로 계약하기가 힘든 상황이었다. 그런데 우리는 운이 좋았는지 프리미엄 없이 계약하게 되었다. 그만한 이유가 있었음을 후에 알았지만 말이다.

그때는 일단 아파트를 사 두면 입주 시점이 되면 저절로 집값이 오를 것이라 생각했다. 하지만 그것은 나의 착각이고 무지였다. 입지조건이 좋은지, 세대수가 많은 대단지인지, 브랜드가 있는지, 이런 기본적인 확인조차도 안 했다. 그 결과 3,000만 원을 손해 보고 팔아야 했다. 중도금 대출 이자까지 합하면 손실액은 실제로 4,000만 원이 되었다. 실체도 없는 허공에 그 돈을 모두 날린 셈이다. 손해를 보고 나서 아파트 매입 시 짚어야 하는 기본적인 부분은 잡혔지만 투자에는 더욱 소심해졌다.

그 후 자의 반, 타의 반으로 공인중개사 자격증을 취득하고 본격적으로 부동산 일을 시작했다. 자격증 취득 전에도 몇 채의 아파트를 사고팔면서 이익을 낸 경험이 있으니 입문은 진즉 한 셈이다.

나는 아파트 거래를 위주로 한다. 간혹 상가를 찾는 고객과 거래하면서 아파트에 비해 중개 보수도 훨씬 차이가 나고 수익도 비교가 안 된다는 걸 알게 되면서 매력을 느꼈다. 물론 수익이 큰 반면 손해도 크다. 하지만 투자를 제대로만 한다면 그 차익은 상상을 초월할 만큼 크다. 교통이 편한지, 유동인구가 많은지, 주변 상권 상황은 어떤지는 상가 구입 시 기본적으로 알아야 할 사항이다. 특히 구입하려는 상가 주변의 상권이 그 당시에는 좋은 편일 수 있다. 그러나 향후 상권의 이동으로 임대료 하락과 동시에 매도가가 떨어질 수 있다는 변수도 염두에 둬야 한다.

요즘에는 월세를 받을 수 있는 상가에 투자하는 것이 추세다. 꼬박꼬박 월세가 들어온다면 그만한 노후 대비가 없다는 것이다. 나도 부동산 일을 하면서 입지 좋고 수익률 높은 신축 건물을 눈에 담아 놓고 있었다. 갈수록 눈높이가 달라지긴 하지만 매달 2,000만 원을 버는 건물을 사는 것이 내 꿈이다. 아마도 55세가 되면 이루어질 것이라고 생각한다.

최근 사무실 임대료 때문에 고민이 생겼다. 건물주는 2년 계약 만기 시마다 임대료를 올린다. 1년에 9퍼센트 이상 못 올리게 되어 있는데도 막무가내다. 그럴 때면 '진즉에 건물을 샀어야 했는데…' 하고 후회한다. 이런 이유로 나의 꿈은 더욱 절실해졌다.

가끔 예전 후배와 같이 갔던 철학관 할아버지의 말을 떠올린다. 부동산을 하면 큰돈을 번다는…. 그 말 때문에 부동산을 시작한 것은 아니다. 그리고 아직 큰돈도 벌지 못했다. 하지만 머지않아 내 꿈이 이루어질 것임을 확신한다. 내 건물 테라스에서 인생 2막을 축하하며 샴페인을 터뜨릴 것이다.

보
물
지
도

12

책 출간하고
TV에 출연해
강연하기

· 배경서 ·

배경서   부모교육 멘토, 강연가, 부모교육 코치, 자녀심리 연구가, 육아 전문가

아이들이 큰 꿈을 가지고 자신의 인생을 행복하게 살아갈 수 있도록 하기 위해 '영유아기 자존감'에 주목했다. 또한 아이들을 올바르게 양육하는 데 도움을 주기 위해 부모교육을 연구하고 있다. 많은 이들에게 '올바른 육아법'에 대해 도움을 주고자 현재 개인저서를 집필 중이다.

Email vnqvnq93z@naver.com   Blog blog.naver.com/vnqvnq93z
C·P 010.3086.5959

내 이름으로 된
책 출간하기

책을 좋아하는 사람이거나 책을 자주 읽는 사람이라면 언젠가 꼭 이루고 싶은 버킷리스트 중 하나가 '자신의 이름으로 된 책을 출간하는 것'일 것이다. 굳이 책에 깊은 관심이 없는 사람이더라도 한 번쯤은 생각해 보았을 것이다. 나 역시도 그중 한 명이었다. 비록 지금이 죽기 전은 아니지만 책을 출간하겠다는 꿈을 향해 달려가는 중이다.

사실 아주 어렸을 때를 되돌아보면 나는 책을 그렇게 좋아하는 편은 아니었다. 엄마는 나와 오빠를 위해서 온갖 위인전과 동화책, 백과사전, 세계 여러 나라에 대해 알 수 있는 책을 다량으로 구입해 주셨다. 그러곤 우리에게 스스로 책을 찾아 읽는 습관을 길러 주기 위해 애쓰셨다. 오빠는 책을 여러 가지 다양하게 많이 읽었다. 하지만 나는 크게 관심이 없었다. 오빠가 읽는 책이 궁금해서 몇 번씩 펼쳤다 접었다 하면서 책의 내용을 이해하고 알아듣는 척하기는 했었지만 말이다.

그렇게 나는 책과는 거리가 멀었다. 하지만 시간이 지나고 집에 있는 많은 책들을 바라보며 '읽어 보고 싶다'라는 생각이 문득문득 들기 시작했다. 중학생이 된 후에는 누가 시키지 않았는데 스스로 집에 있는 고전소설을 읽기도 했다. 집에 있는 고전소설은 《박씨전》,《심청전》,《흥부전》,《토끼전》,《춘향전》,《장화홍련전》등 50권 정도였다. 나는 그중에서 얇은 책으로부터 시작해 인생에서 처음으로 100페이지가 넘어가는 소설책들에게 관심을 가지기 시작했다. 그리고 호기심으로 읽기 시작했던 책들에 점점 빠져들었다. 책을 한 권 다 읽고 나서는 뿌듯함을 느끼기도 했다. 그래서 중학교 여름방학 때 그 50권 이상의 고전소설을 다 읽는 것이 나의 목표가 되었다.

누군가 강제로 시킨 것도 아니고 목표의 끝에는 물질적 보상 따위도 없었다. 하지만 그 책들을 다 읽고 나면 엄청난 성취감이 느껴질 것 같았고 나의 의식도 한 뼘 더 자랄 것만 같은 느낌이 들어서 그렇게 도전했던 것 같다. 그렇게 패기 있게 도전했지만 결과적으로 나는 50권의 책을 다 읽지 못했다. 온 시간을 투자해서 읽었던 것도 아닌 데다, 책이 많다 보니 불가능하다는 생각을 머릿속에 담고 천천히 읽은 탓이었을 것이다. 그래도 제법 많은 양의 책을 읽었던 기억이 난다. 하지만 그 마음이 실제로 오래가지는 못했다. 그 후로 나는 중학교시기를 나름 바쁘게 보내느라 또다시 책과는 자연스럽게 멀어지게 되었다.

멀어졌던 책을 다시 읽기 시작한 것은 고등학교 2학년 때부터다. 내가 다녔던 고등학교는 5시 정도까지 수업을 하고 저녁식사 후 7시부터 일괄적으로 밤 10시 전까지 야간자율학습을 했다. 그때 야간자율학습 시간에 공부하고 싶지 않아 시간을 때우고자 찾았던 것이 책이었다.

집에 있는 책에는 더 이상 흥미를 느낄 수 없었다. 익숙하기도 했고 수준이 맞지 않았던 것이다. 그래서 고등학교 도서관을 찾아가 심사숙고해서 책을 골랐다. 그리고 나름대로 열심히 읽었다. 그걸 시작으로 나는 고등학교 3학년 수능을 보고 졸업하기 전까지 고등학교 도서관을 이용해서 다양한 소설책을 읽었다. 그러다 다시 책에 흥미와 재미를 느끼게 되었다. 그때 읽었던 책은 지금 주로 읽고 있는 자기계발서나 인문학 책 등과는 장르가 다른 소설책들이었다. 하지만 당시 읽었던 소설책들이 분명 내가 책을 쓰고 싶다고 생각하게 된 좋은 발판이 되었다고 믿는다.

또한 그 당시 소설들을 읽으면서 점점 좋아하는 장르가 생기기도 하고 좋아하는 작가가 생기기도 했다. 친구들과 좋아하는 소설 작가에 대해 이야기한다는 것 자체가 나에겐 아주 큰 자부심이고 자랑거리였다. 하루는 내 친구가 내가 평소 책을 읽는 것을 보고 자신도 심심할 때 읽고 싶다고 말했다. 그러면서 나에게 무슨 책이 재미있냐고 물어보았다. 그래서 나는 내가 읽었던 책 중에서 재미있었던 책을 추천해 주었다. 그 친구가 너무 재미있다고 말하며 그 책의 시리즈 전권을 다 읽었었던 기억이 있다.

나는 그 일을 계기로 더욱더 책의 매력과 재미와 힘을 느꼈다. 그럼에도 불구하고 고등학교를 졸업하고 대학교에 입학하면서 다양한 과제, 시험, 봉사활동, 수업, 아르바이트 등을 하느라 또다시 책에서 멀어지게 되었다.

그렇게 책과 멀어진 채 대학을 졸업하고 어린이집에 취업을 했다. 그때까지도 가슴 아주 깊은 곳에 책을 읽고 싶다는 소망만을 간직한 채 시간을 보내게 되었다. 나름 바쁜 시간을 보내면서도 대학교 초까지만 해도 자기소개서의 취미란에 독서라고 적곤 했다. 그러다 취업하기 위해 자기소개서를 적으면서는 취미란에 독서라고 적지 못했다. 스스로 양심에 찔렸던 것이다.

그러다가 다른 곳으로 이직하고 얼마 후 드디어 나에게 책을 읽을 수 있는 시간이 주어졌다. 나는 당장 도서관으로 가서 읽고 싶었던 소설을 몇 권 골라 조금씩 읽기 시작했다. 처음에는 소설만 찾아 읽었는데 점점 나도 모르는 새에 자기계발서 쪽으로 눈이 가기 시작했다. 예를 들자면 5권을 빌릴 수 있을 때 처음에는 5권 모두 소설을 빌렸다. 그러다 점점 소설 4권에 자기계발서 1권, 소설 3권에 자기계발서 2권 등으로 점차 비중이 바뀌기 시작했다. 나중에는 자기계발에 흥미를 가지면서 자기계발서만 찾아서 읽곤 했다.

책을 읽다 보니 책이 주는 매력에 한없이 빠져들게 되었다. 그러면서 나의 가슴 깊은 곳에는 나 또한 책을 쓰고 싶다는 꿈이 자리 잡게 되었다. 이제는 평생 책을 보고 살자고 마음먹었다. 시간이 없어서 못 본다는 핑계를 대지 않고 부지런히 책을 읽기로 스스로 다짐했다.

어느 날, 평소와 같이 도서관에서 읽고 싶은 책을 고르다가 나는 눈에 띄는 책 한 권을 발견했다. 김태광 작가의 《운명을 바꾸는 기적의 책쓰기 40》이었다. 나는 그 책을 앉은 자리에서 처음부터 끝까지 읽었다. 그 전까지는 성공한 사람들이나 책을 낼 수 있다고 생각했었는데 그 생각이 한 방에 무너져 내렸다. 작가는 '평범할수록 책을 써야 한다'고 말하고 있었다. 그러자 내 안에서는 당장 책을 쓰고 싶다는 열망이 솟구쳐 올랐다. 나는 당장 책을 쓰는 과정을 배우기로 마음먹었다.

작가가 되고자 마음먹기 전에는 사실 꿈을 좇는 사람들을 부정적으로 생각했었다. 나름 나 자신이 현실주의자라고 생각했기 때문에 꿈을 좇아 하고 싶은 일을 하는 사람들을 현실을 자각하지 못하고 이상적인 것만 추구하는 안타까운 사람들이라고 생각했다. 나는 현실에 맞추어서 잘 살고 있다고 착각하면서. 하지만 진짜 현실에서는 직장생활에 찌들면서 정작 나를 위해서가 아닌 남을 위해 시간을 쏟아붓고 있었다. 계속해서 더 나은 환경을 찾고 추구하지만 쳇바퀴 돌듯 불쌍하게 살아가는 내가 있을 뿐이었다. 그런 나를 보며 또 한심하지만 어쩔 수 없다며 참으라고 채찍질했다.

그렇게 시간을 보냈지만 사실은 나도 꿈을 좇아서 당당하게 하고 싶은 일을 하며 사는 사람들이 참 부러웠다. 그래서 꿈을 좇아서 희망을 가지고 살고 있는 지금 이 순간이 참 행복하다. 책 쓰기를 배우기 전 대학교에서도 직장에서도 많은 것을 배웠다. 하지만 그때의 배움에서는 느낄 수 없었던 짜릿함과 재미가 책 쓰기에는 있다.

이제는 누군가 진짜 원하는 꿈을 찾고 그것을 좇겠다고 이야기한다면 그 사람을 적극적으로 도와주고 싶다. 꿈을 찾는다는 것은 진정으로 내가 하고 싶고 원하는 일을 찾는 것이다. 꿈을 좇을 때 가장 행복한 삶을 살 수 있다고 말할 수 있다. 내 이름으로 된 책을 쓴 작가가 되는 것이 나의 첫 꿈이고 버킷리스트다.

TV와 라디오 출연하기

당신은 TV에 출연하는 것을 꿈꾼 적이 있는가? 나는 많은 사람들이 자신이 TV에 나오길 꿈꾼다고 생각한다. 왜일까? 그 이유를 생각해 보았다. 유명해지기 위해서, 자신의 꿈을 이루기 위해서, 그리운 사람을 만나기 위해서, 그리운 사람을 찾기 위해서, 홍보를 위해서, 정보 전달을 위해서 등등… 이유는 많을 것이다.

하지만 TV에 출연하는 것은 생각처럼 쉽지가 않다. TV에 출연한다고 해도 유명해지는 것은 더욱 어렵다. 어찌어찌 출연하더라도 사람들의 관심과 사랑을 받지 못하는 경우가 많다. 수십, 수백 편에 이르는 프로그램 중에서 사랑받지 못하는 프로그램과 사람은 쉽게 묻힌다. 그럼에도 불구하고 사람들은 끊임없이 TV에 출연하기를 원한다. 잠깐의 순간일지라도 말이다. 출연하는 것 자체만으로도 우리는 꿈에 한 발짝 다가서는 듯한 자신감을 얻는다.

나는 초등학생 때 가수가 되고 싶었다. 좋은 노래를 부르고 사람들의 인기를 얻는 것이 부러웠다. 나도 가는 곳마다 사람들이 알아봐 주고 환호해 주길 원했다. 중학생쯤 되었을 때는 예능인이 되고 싶었다. 나는 그 당시에 유행했던 예능프로그램을 자주 봤다. 게임하고 놀면서 즐겁게 돈을 버는 것이 부러웠다. 공짜로 해외여행을 가고 좋은 음식을 먹는 것이 좋아 보였다. 그리고 고등학생이 되었을 때는 연기자가 부러웠다. 멋진 남자 배우와 연기하는 여자 배우가 되고 싶다는 생각을 했다. 연말이 되면 예쁜 드레스를 입고 상을 받아 보고 싶었다. 하지만 연기자가 되는 일은 어렵다고 생각했다. 그래서 개그맨이 되었다가 연기자로 갈아타면 어떨까 하는 상상의 나래를 펴기도 했다. 그러나 이건 어디까지나 나의 바람이었다. 10대 소녀가 연예인을 동경하는 마음에서 비롯되는. 중학생 때까지만 해도 언젠가 20대가 되면 나의 꿈이 이루어질 것이라고 생각했었다. 하지만 이루어질 수 없는 꿈이라고 깨닫고는 현실에 맞춘 꿈을 꾸었다.

그러나 지금, 작가가 되고 싶다고 생각한 후로 다양한 꿈이 생겼다. 그중 하나가 TV에 출연하는 것이다. 가수, 예능인, 연기자, 개그맨으로서가 아닌 작가로서 TV에 출연하고 싶다. 현재 나는 어린이집 교사로서의 경험을 떠올리며 어린이의 자존감에 대한 책을 쓰고 있다. 두 번째, 세 번째 책 역시 자존감을 주제로 쓸 것이다. 나를 위한 자존감이나 자존감을 회복하는 법 등 말이다. 자존감을 주제로 책을 쓴 작가로서 TV에 출연해 사람들의 자존감을 높여 주는 강연을 하고 싶다.

TV에서 강연 프로그램을 쉽게 볼 수 있다. 〈세상을 바꾸는 시간, 15분〉이나 〈어쩌다 어른〉, 〈거인의 어깨〉 등등…. 나는 작가로서 내 생각을 강연하고 싶다. 자존감을 높이도록 사람들을 도와주고 감동을 주는. 그러다 TV 강연 프로그램에 초대되어서 내 강연을 전국에서 볼 수 있도록 할 것이다. 사람들이 내 말에 공감하고 자존감을 높이도록 응원할 것이다.

나는 TV 강연으로 유명해진 후에는 라디오 방송을 할 것이다. 라디오는 사람들과 소통하는 도구라고 생각한다. 매일 같은 시간에 라디오 진행자는 청취자들과 소통한다. 사연을 통해 소통하거나 전화통화를 하기도 한다. 또한 요즘은 보이는 라디오로 듣는 것뿐만 아니라 볼 수도 있다.

라디오는 매일 같은 시간에 사람들의 아침을 깨운다. 교통 정보를 알려 주어 출근을 돕는다. 신나거나 잔잔하거나 부드러운 음악을 들려준다. 저녁시간 외로운 퇴근길에도 재미있는 사연을 들려준다. 잠자기 전, 부드러운 목소리로 행복한 꿈을 꾸도록 응원한다. 많은 사람들이 라디오를 통해서 위로를 받는다. 행복을 나누기도 한다.

나도 그런 라디오 진행자가 되고 싶다. 나는 사람들과 대화하고 소통하는 것을 좋아한다. 친한 사람과 근황을 이야기하고 고민을 털어놓는 것을 좋아한다. 진지한 대화를 나누고 나면 더 친해진 느낌이 든다. 그래서 라디오 방송을 통해서 전국에 있는 사람들과 소통할 것이다. 자존감이 낮은 사람들의 자존감을 높여 주는 메신저가 될 것이다.

나는 작가가 되어서 TV에 나가 강연한다. 그리고 라디오 진행자가 되어 사람들의 메신저가 된다. 내가 이런 꿈을 갖게 된 이유는 세 가지다.

첫째, 내 이름을 세상에 알리고 싶어서다. 내 이름은 '배경서'다. 〈한책협〉의 임원화 코치님께서 〈책 쓰기 과정〉 수업 중에 하신 말씀이 있다. "이름만 듣고 배경서라는 사람이 남자인지 여자인지 어떻게 알까요?" 코치님께서 굳이 내 이름을 예로 든 데는 이유가 있다고 생각한다.

살면서 '배경서'라는 이름만 듣고 남자인 줄 아는 사람도 많았다. 내 이름은 예쁘지 않다. 여성스럽지 못하다. 그래서 이름에 대한 콤플렉스도 있었다. 내 이름은 초등학교 2학년 때 부모님께서 개명해 주셨다. 예쁜 이름에서 중성적인 이름을 갖게 된 것이 마음에 들지 않은 적이 많았다. 이름을 물어보면 알려 주기 부끄러웠다.

하지만 지금은 생각이 바뀌었다. 나는 내 이름을 사랑한다. 그리고 흔하지 않은 내 이름은 나를 더 특별하게 만든다. 나의 특별함을 작가로서 TV 강연으로, 라디오로 세상에 알릴 것이다. 그래서 '배경서' 하면 오직 나 한 사람만 떠오르도록 할 것이다. 특별한 이름에 어울리는 사람이 될 것이다.

둘째, 부모님에게 자랑스러운 딸이 되고 싶어서다. 나는 크면서 부모님에게 짐이 되지 않기 위해 나름 노력했다. 중·고등학교 때는 급식비를 지원해 주는 혜택을 찾아서 신청했다. 대학생 때는 장학금도 받고 알바도 했다. 졸업한 후에는 바로 어린이집에 취직했다. 나는 최대한 돈에 대한 부모님의 부담을 덜어 드리고 싶었다.

하지만 어린이집에 취직한 것은 부모님에게 큰 자랑거리가 되진 못했던 것 같다. 교사로서의 자부심은 있었다. 하지만 보육교사 자격증은 인터넷으로도 쉽게 취득할 수 있었다. 취직도 쉬워서 직업으로서 특별한 자랑거리가 되진 않았다.

내가 어린이집에서 일하는 동안 오빠는 소방관이 되었다. 오빠가 소방관이 된 것은 부모님에게 큰 자랑이 되었다. 나에게도 오빠는 자랑스러웠다. 하지만 나의 자존감은 떨어졌다. 부모님과 함께 주변 사람의 좋은 소식을 얘기하는 것도 부담스러워졌다. "누구는 병원에 취직했다.", "누구는 경찰관이 되었다.", "누구는 승무

원이다.", "누구는 서울대에 갔다." 등등. 나도 욕심내서 더 좋은 직업을 선택할 걸 그랬나 후회되었다. 나는 평소 누구보다 앞서서 행동하고 잘하려고 했다. 그런데 취직을 일찍 한다고 좋은 게 아니라는 것을 후에 깨달았다. 돈이 더 들더라도 공부해서 하고 싶은 일을 찾을 걸 그랬나 싶었다.

하지만 어린이집 교사로서 훗날 원장이 되리라 마음먹고 꾹 참았다. 부모님께서 어디서든 원장 딸을 두었다고 자랑하는 모습을 보고 싶었다. 하지만 어린이집 교사로 일하던 나는 더 큰 꿈을 가졌다. 작가가 되고 싶어졌다. 작가가 되고 강연가가 되고 TV에 나오고 싶어졌다. 더 큰 꿈이 생기자 나의 자존감은 아주 높아졌다. 책을 쓰고 강연을 하고 라디오 진행을 맡을 것이다. 그러면 세상 누구보다 자랑스러운 딸이 될 것이라고 확신한다.

셋째, 내 생각을 당당하게 표현하고 싶어서다. 나는 친한 사람들과 있으면 당당하다. 내 생각을 마음껏 얘기한다. 하지만 어려운 사람이 있으면 다르다. 하고 싶은 말이 있어도 머릿속으로만 백 번 외칠 뿐이다. 나중에서야 그때 얘기할걸, 하고 후회한다. 말을 잘하는 사람 앞에서는 더 작아진다. 하지만 강연을 하고 TV에 나가면 내 생각을 마음껏 말할 것이다. 내가 느끼고 경험한 것, 깨달은 것들을 공유하고 소통할 것이다. 아닌 것은 아니라고 말하고 맞는 것은 맞는다고 말할 것이다. '배경서' 하면 할 말을 잘하는 당당한 여성으로 기억되도록 할 것이다.

　나는 작가가 되고 강연가가 될 것이다. 또한 사람들의 자존감을 높여 주고 행복과 위로를 주는 메신저가 될 것이다. 책 한 권 내고 TV나 라디오에 출연한다는 것이 의심스러울 수도 있다. 하지만 〈한책협〉에서는 이 꿈같은 일이 자주 일어난다. 《1등 영어 강사의 조건》의 이지영 작가는 책을 낸 후 극동방송에서 라디오 방송을 시작했다. 또한 《아빠 육아 공부》의 양현진 작가는 책을 쓴 후 EBS의 〈까칠 남녀〉 프로그램에 나오기도 했다. 이처럼 나 역시 저서와 함께 TV, 라디오에서 활약하는 큰 꿈을 이룰 것이다.

나의 스토리로
사람들에게 강연하기

요즘은 페이스북이나 유튜브, 인터넷에서 강연하는 사람들의 모습을 쉽게 볼 수 있다. 비록 짧은 동영상이지만 사람들은 그것을 통해 아주 강한 메시지를 전달 받을 수 있다. 나 역시 그런 동영상을 여러 가지 접해 보았다. 넓은 대강당이나 무대에서 많은 사람들을 앞에 두고 떨지 않고 강연하는 모습은 내 가슴을 울렸다. 그들의 메시지는 사람들에게 큰 감동을 주었으며, 사람들의 인생을 바꾸어 놓기도 했다. 그리고 그 영상들을 보면서 나도 많은 사람들 앞에서 용기 있게 강연하는 모습을 꿈꾸게 되었다.

강연의 꿈은 말을 잘하는 사람에 대한 어릴 적의 동경심에서 시작되었다. 초등학교 때는 국어책 한 페이지를 읽게 되어도 걱정부터 했다. 선생님께서 나에게 페이지를 지정해 주면서 책을 읽으라고 하시면 '책을 읽다가 말을 더듬으면 어떻게 하지?', '책을 읽다가 버벅거려서 웃음거리가 되면 어떻게 하지?' 하는 걱정 속에서 책을 읽었던 기억이 난다. 책을 완벽하게 읽고 나서야 안도하며 수업에 집중할 수 있었다. 그런 걱정들은 발표를 하는 시간에도 나타났다. 내가 발표한 내용이 엉뚱한 소리로 들리면 어떻게 하나, 내가 발표한 내용이 틀려서 웃음거리가 되면 어떻게 하나. 그래서 나는 선생님의 질문에 손을 들고 발표했던 기억이 없다.

사실 나는 제대로 손을 들고 발표할 생각을 하기 전에 이미 걱정부터 한다. 내 생각이 맞지 않는다고. 그러곤 책을 읽는 순간이나 발표를 하는 순간이나 이목이 집중되는 시간이 오면 긴장을 많이 한다. 그 긴장은 웃음거리가 될까 하는 걱정에서 시작된 것 같다. 그 걱정이 용기를 잃게 하고, 발표하고 싶은 마음을 사라지게 만든다.

그래서인지 고등학생이 되어서는 글을 읽을 때 발음을 정확하게 하는 친구가 부러웠다. 친구가 글을 읽고 난 후 선생님께서 그 친구에게 발음이 정확하니 아나운서를 하면 좋겠다고 하셨다. 나는 평생 그런 이야기를 들은 적이 없기 때문에 그 이야기를 들은 친구가 속으로 부러웠다. 그러나 사람들에겐 누구나 강점이 있듯이 나에게도 다른 강점이 있을 것이라고 믿으며 나 자신을 위로했다. 그리고 그 강점이 발표는 절대 아니라고 생각했다.

대학생이 되면서 사람들 앞에서 발표하고 내 생각을 표현해야 하는 순간이 많아졌다. 대학생으로서 나는 처음으로 엠티를 가게 되었다. 동그랗게 앉아 한 명씩 자기소개를 하는 시간도 있었다. 나는 그 순간에도 '어떤 말을 해야 할까', '빨리 내 차례가 지나갔으면 좋겠다'라는 생각만 하고 있었다. 나는 인사를 하고 내 이름을 짧게 이야기했다. 재미없는 소개를 마치고 나서도 사람들이 내 이름을 기억해 주면 좋겠다고 생각했다. 이렇게 나는 잠깐의 발표에도 겁을 먹고 주목받는 것을 무서워했다.

　　대학에서는 조별로 주제를 맡아 발표하는 수업도 많았다. 나는 그런 수업에서 처음에는 당연히 발표를 하고 싶지 않았다. 그래서 다른 조원이 하는 발표를 열심히 지켜보았다. 발표를 잘하는 사람을 보곤 어떤 점이 좋은지 분석했다. 별로인 사람은 왜 별로인지 머릿속으로 생각했다.

　　이런 생각이 쌓이고 발표하는 자리도 많아지자 나도 발표하고 싶다는 생각이 들었다. 그리고 처음으로 발표를 맡아서 하는 자리가 생겼다. 발표를 썩 잘하지는 못했다. 그냥 PPT 자료를 띄우고 화면을 그대로 읽었다. 발표를 하면서도 마음에 들지 않았다. 떨리는 목소리를 통제하지 못하고 그대로 내뱉는 것도 창피했다. 발표를 하면서 사람들이 나에게 집중하지 않는 상황도 밉지만 이해가 되었다. 그리고 발표가 별로라고 생각했던 사람과 내가 크게 다르지 않다는 점도 깨달았다.

물론 처음부터 잘하는 사람은 없다고 생각한다. 한 번의 발표는 나에게 용기를 주어서 좋았다. 그리고 다음 발표 때 어떻게 하면 좋을지, 안 좋을지 주의 사항을 깨달을 수 있어서 좋았다. 두 번째 발표에서는 나름대로 잘했다고 생각한다. 발표 상황을 말로 연습하고 머리로 생각했다. 그리고 혼자서 시연해 보기도 했다. 그랬더니 실제로 발표할 때도 훨씬 부드럽게 말이 나왔고 여유 있게 발표를 끝낼 수 있었다.

발표하고 나서 사람들의 반응도 달랐다. 나 스스로 잘했다고 생각하자 주변 사람들도 "오늘 발표 진짜 잘하더라.", "발표에 소질 있다."라고 한마디씩 해 주었다. 항상 무엇이든 잘하고 싶은 마음이 컸던 나는 그런 칭찬이 매우 좋았다. 그 이후에도 대학생활을 하면서 종종 발표할 기회가 있었다. 하지만 잘한 경우보다 못한 경우가 더 많았던 것 같다.

대학생활이 끝나면 발표도 끝날 줄 알았다. 하지만 직장에 다니면서도 발표는 계속되었다. 오히려 직장에서 하는 발표는 더 완벽해야 했다. 나는 첫 직장으로 몬테소리 어린이집에 취직했었다. 어린이집에서는 1년에 한 번씩 부모들을 위한 오리엔테이션을 진행한다. 몬테소리 어린이집에서는 교사가 교구 사용법을 보여 준다. 그 교구를 통해서 유아가 어떤 발달을 이룰 수 있는지 부모들에게 알려 준다.

나 역시 교사로서 완벽한 오리엔테이션을 위해 열심히 준비했다. 대본을 토씨 하나 빼먹지 않고 달달 외우기도 했다. 유아들을 상대로 직접 교구를 시연하면서 연습하기도 했다. 동료 교사와 서로 발표하는 것을 봐 주면서 피드백을 주고받기도 했다. 밤낮을 가리지 않고 연습하고 또 연습했다. 발표를 하기 전에는 목소리가 떨릴까 봐 청심환을 먹었다. 그리고 20분이라는 발표 시간 동안 최대한 긴장하지 않은 모습을 보이기 위해서 애썼다. 발표를 마친 후에는 머릿속에 남은 것이 하나도 없었다. 긴장이 풀리면서 잘했다는 뿌듯함만 느껴졌다. 그리고 사람들 앞에서 발표하는 것이 재미있고 짜릿했다. 어떤 발표를 해도 잘할 수 있다는 자신감이 생겼다.

이후에도 야간대학교를 다니면서 많은 발표를 해 보았다. 또한 어린이집에서 부모 참여 수업을 한 적도 많았다. 이제는 그런 발표를 하는 것이 떨리기는 하지만 두렵지는 않다. 전처럼 목소리가 떨리는 경우도 자주 발생하지 않아서 다행이라고 생각한다. 오히려 요즘에는 더 큰 무대에서 많은 사람들을 앞에 두고 강연하는 사람들이 부럽고 존경스럽다. 떨지 않고 자신이 경험한 것과 깨달은 것을 당당하게 말하는 사람들이 멋있어 보인다. 나도 더 큰 무대에서 강연해 보고 싶다. 내 생각을 나누고 고민을 들어 주고 응원해 주고 사랑받고 환호받고 싶다. 그런 사람이 된 나의 모습을 상상하는 것이 즐겁고 행복하다.

지금도 강의를 들을 때면 질문에 답할 상황이 생긴다. 그럴 때 나는 내가 엉뚱한 얘기를 하지는 않을까 걱정된다. 그러면서 옆에서 용기 있게 자신의 생각을 말하는 사람이 부럽다. 또한 앞에 나와서 자신을 소개할 때도 말을 잘하는 사람, 떨지 않고 말하는 사람이 부럽다.

　그러나 그 사람들은 나보다 조금 더 용기가 있을 뿐이다. 그런 상황에 익숙하고 자주 접해서 잘할 뿐이다. 나도 조금 더 용기를 낸다면 사람들 앞에서 말을 더 잘할 수 있을 것이다. 대학교 시절부터 발표하기 전에 했던 연습이 실제 발표에서 큰 도움이 되었다. 그런 것처럼 강연을 위해서 연습하고 또 연습하고 치열하게 준비한다면 떨지 않고 큰 무대에서도 잘할 거라고 스스로를 믿는다. 그리고 이미 그럴 준비가 되어 있다. 나의 경험과 깨달음이 담겨 있는 스토리를 들려주는 강연가가 되어 많은 사람에게 용기를 주고 싶다. 수백 명의 청중을 향해 강연하는 나를 상상한다.

소중한 사람들과
1년에 두 번 해외여행 가기

'돈이 있으면 시간이 없어서 못 가고, 시간이 있으면 돈이 없어서 못 간다'라는 말은 여행 계획을 짤 때면 항상 하는 말 같다. 그리고 항상 공감된다.

직장에 다니기 시작하고 돈을 벌면 여행을 가고 싶다. 짬짬이 다니는 국내여행이 아닌 굵직한 해외여행이 가고 싶다. 하지만 직장에 다니면 돈은 있지만 시간이 없다. 휴가철이 아니면 해외여행을 갈 시간이 안 난다. 또한 휴가철에 해외여행을 갈 때는 돈을 2배로 지불해야 한다.

직장을 때려치우면서 당장 나를 위한 여행부터 계획해 본다. 직장에 다니지 않아서 시간도 많다. 그러나 막상 직장생활을 하지 않으니 큰돈 나가는 일은 부담스럽다. 언제 다시 취직할지 모른다는 걱정 때문에 해외여행은 다음으로 미룬다.

　나 역시 항상 해외여행을 꿈꾸지만 돈과 시간 때문에 걱정이 많다. 대학생 시절 아르바이트를 할 때는 모아 둔 돈이 없었기에 해외여행을 가는 것은 꿈도 못 꿨다. 아르바이트는 그저 한 달 용돈을 두둑하게 해 줄 뿐이었다.

　첫 직장을 가지고 나서는 앞으로의 나를 위해서 여행을 많이 다니자고 마음먹는다. 하지만 직장에 다니자 평일에는 출근하고 퇴근하기 바쁘다. 그리고 주말은 다음 평일을 위한 휴식 시간으로 삼기에 급급하다.

　시간뿐만 아니라 해외여행은 국내여행의 몇 배 이상으로 비용이 비싸다. 직장인으로서 마음껏 누리자고 마음먹어도 돈 앞에서는 작아진다. 한 달 동안 피땀 흘려 번 돈을 몇 박 며칠 만에 다 쓴다는 것은 생각보다 큰 용기가 필요하다. 그래서 나는 직장에 다니기 시작하고 2년 동안은 국내여행으로 만족했다. 겨우 마음먹고 떠난 국내여행에서는 해외여행 대신이라는 생각으로 최대한의 사치를 부렸다. 그마저도 돈이 없을 땐 최소한의 비용으로 다녀온다.

　나에게는 자주 만나는 고등학교 친구들이 2명 있다. 고등학교를 졸업한 지금은 주말에 친구들을 만난다. 우리는 다양한 이야기를 나눈다. 직장이야기, 친구들이야기, 연애이야기, 가족이야기

등등…. 그날도 우리는 주말에 만나서 평소처럼 이야기를 나누었다. 우리는 그 당시 SNS로 해외여행 사진을 자랑하는 친구들이 너무 부러웠다. 그리고 우리 3명의 공통점은 해외여행을 단 한 번도 가본 적이 없다는 거였다. 위로가 필요했던 우리는 그날 당장 결정했다. 다음 해 추석에 함께 해외여행을 가기로.

우리 셋은 사회 초년생 월급쟁이였다. 다음 해 추석에 가기로 마음먹은 이유도 돈을 모으기 위해서였다. 그리고 약 반년 동안 매달 월급에서 5만 원에서 10만 원씩 저축해 두었다. 비행기 표도 미리 알아보았다. 하지만 우리는 해외여행에 대해서 '완전 초보'였다. 일찍 알아봐야 싸다는 말을 듣고 3월 달부터 여행사에 찾아갔다. 여행사에서는 너무 일찍 왔다며 돌려보냈다. 이후 5월 달에도 찾아갔지만 또다시 그냥 돌아왔다. 우리는 7월 말, 8월이 다 되어서야 아주 비싸게 해외여행 예약을 할 수 있었다.

우리는 추석 연휴를 이용해서 2016년에 첫 해외여행을 떠났다. 추석 기간을 이용한 해외여행은 별로 좋지 않았다. 여행비용이 평소의 2배가 들었다. 추석 기간이라서 공항에 사람들도 엄청나게 많았다. 하지만 우리는 첫 해외여행이라는 데 의미를 두었다.

처음 해외여행을 떠난 곳은 베트남의 다낭이었다. 다낭에 도착해서 본 그곳의 하늘과 풍경은 잊을 수가 없다. 호텔 수영장에서 여유롭게 수영하고, 관광지를 구경하고, 맛집을 찾아 돌아다닌 기억이 아직도 생생하다. 그곳에서 찍은 사진을 보면 아직도 저절로 미소가 지어진다.

나는 처음 다녀온 해외여행이 좋아서 계속 가고 싶어졌다. 그래서 두 번째 해외여행을 그다음 해 1월 초에 다녀왔다. 두 번째 해외여행은 같은 직장의 친한 동료들과 대만에 갔다 왔다. 대만에서 역시 좋은 풍경을 감상하고 행복한 시간을 보냈다.

여행은 우리에게 많은 추억을 선물한다. 그리고 힘든 현실을 잠시 벗어나 여유를 느낄 수 있게 한다. 다양하고 새로운 환경에 푹 빠지게도 한다. 오빠와 내가 어렸을 때 부모님께서는 우리를 국내 이곳저곳에 많이 데리고 다니셨다. 산이나 바다, 계곡 등… 다양한 추억이 많다. 그래서인지 나는 어렸을 때부터 여행을 많이 다니는 것이 꿈이었다. 그중에서도 한 번도 가 보지 못했던 해외여행은 꿈 그 자체였다. 그래서 해외여행을 자주 다니는 직업을 선택하고 싶다는 생각도 했었다. 결과적으로는 그런 직업을 가지지 못했다. 그래도 해외여행은 많이 다니고 싶었다. 하지만 처음에 이야기했듯이 돈이 있으면 시간이 없다. 그리고 시간이 있으면 돈이 없어서 못 다니는 것이 나의 현실이었다.

우리 엄마의 꿈 역시 돈 걱정하지 않고 세계 이곳저곳 여행을 많이 다니는 것이다. 엄마와 종종 해외여행에 대해 이야기했었다. 그때마다 엄마는 27년 전에 신혼여행으로 다녀온 제주도 이야기를 하신다. 해외여행은 한 번도 안 가봤다면서, 꼭 가 보고 싶다면서. 나는 그 이야기를 들을 때마다 생각했다. 꼭 나중에 해외여행을 많이 보내 드리고 싶다고. 하지만 확실한 미래가 없었던 나는 그 이야기를 차마 하지 못했었다. 엄마는 아빠와 할머니와 함께 2년 전에 처음 일본으로 해외여행을 다녀오셨다. 지금도 엄마와 나는 꿈 이야기를 자주 한다. 그리고 그 안에는 우리 네 가족이 다 함께 해외여행을 가는 것이 포함되어 있다.

나는 베트남에 가기 위해 처음 여권을 만들었다. 여권을 발급받을 때는 유효기간을 신청할 수 있다. 최장은 10년, 최단은 1년이다. 발급 매수는 48면과 24면으로 선택할 수 있다. 나는 여권을 만들 때 10년 이내, 48면을 신청했다. 그리고 10년 이내에 48면을 해외 도장으로 꼭 다 채우리라 다짐했다.

하지만 직장생활을 할수록 나는 이 꿈이 터무니없는 꿈이라는 생각이 들었다. 해외여행을 1년에 한 번 가는 것도 벅찼다. 내한 몸 해외여행을 다니기 위해 빚을 내서 가는 것도 사치스러웠다. 그리고 항상 평일이 아닌 성수기에 가야 했다. 평소의 2배의 비용을 지불하고 가는 것은 큰 부담이었다.

하지만 직장을 그만두고 개인저서를 준비하는 지금의 생각은 다르다. 나는 개인저서를 통해 1인 창업에 성공할 것이다. 그리고 돈과 시간에 구애받지 않고 해외여행을 다닐 것이다. 성수기에 쫓기듯이 다니는 여행이 아니다. 내가 원하는 시간에 떠나고 돌아온다. 아빠, 엄마, 오빠의 경비를 책임지고 온 가족이 여행을 즐길 것이다. 요즘은 엄마에게 농담처럼 말한다. 가고 싶은 해외여행지를 미리 점찍어 놓으라고. 우리는 미래에 떠날 해외여행에 대해 이야기를 나누며 행복한 고민을 한다. 나는 1년에 두 번, 아니 두 번 이상 내가 사랑하는 사람들과 해외여행을 마음껏 즐길 것이다.

2018년에 벤츠 뽑기

"새벽 5시에 일어나기 힘들어!"

"왕복 4시간 동안 버스 타고 학교에 가는 건 시간낭비야!"

내가 스무 살 때 부모님께 이렇게 소리를 질렀던 기억이 난다. 나는 구미에서 살고 있다. 그리고 고등학교를 졸업하고 대구 칠곡에 있는 대학교에 입학하게 되었다.

집에서 대학교까지는 32km쯤 되었다. 자동차로 가면 30분쯤 걸린다. 그러나 막 고등학교를 졸업한 나에게는 자동차가 없었다. 자동차 없이 대학교로 가는 길은 멀었다. 집에서 나와 30분 동안 구미 시내버스를 탄다. 그리고 구미 종합버스터미널로 간다. 그러곤 20분 간격으로 있는 북대구 방향 시외버스를 탄다. 북대구에 도착하면 시내버스를 타고 대학교로 간다. 이렇게 가면 짧으면 1시간

30분, 길면 2시간이 걸렸다.

다른 방법도 있었다. 대학교 스쿨버스를 타면 된다. 하지만 구미의 스쿨버스 정류장은 우리 집에서 멀었다. 시내버스를 40분 동안 타고 가야 한다. 그리고 스쿨버스는 아침 7시 40분에 도착한다. 스쿨버스를 놓치지 않으려면 새벽 5시에 일어나야 했다.

몇 달은 이렇게 다녔다. 같이 다니는 친구들도 있어서 재미있었다. 하지만 날이 갈수록 힘들었다. 새벽 5시에 일어나서 준비하는 것이나, 스쿨버스 정류장에 도착해 버스가 오기를 밖에서 기다려야 하는 것 모두. 또한 학교에 도착해도 강의 시작 전까지 남는 시간이 많았다. 그래서 밖에서 방황하며 돌아다니는 것도 싫었다. 강의가 끝난 후에는 스쿨버스 막차 시간까지 기다려야 했다. 학교가 늦게 끝나는 날도 있었다. 그러면 2시간 동안 시외버스를 타고 집으로 가야 했다. 시외버스의 막차 시간을 맞추는 것도 힘들었다.

그래서 몇몇 친구는 대학교 근처에 자취방을 얻기도 했다. 나도 자취방을 얻어서 살고 싶었다. 학교 바로 앞에서 사는 것이나, 강의 시작 직전에 일어나서 등교하는 것, 강의가 끝난 후에는 친구들과 놀다가 들어가는 것 등이 부러웠다. 나는 버스를 타고 이동하는 시간이 길었다. 그런데 자취하는 친구들은 버스를 타지 않아도 되었다. 남는 시간이 많은 것이 좋아 보였다.

나는 학교 기숙사라도 들어가고 싶었다. 하지만 학교 기숙사에는 구미에 살고 있는 학생은 들어갈 수 없었다. 자취하는 친구들 방에서 얻어 자는 경우도 있었다. 하지만 우리 아빠는 내가 밖에서 자는 것을 싫어했다. 그래서 나는 매일 부지런히 통학하는 수밖에 없었다.

난 버스를 타고 다니면서 수많은 자동차를 보며 생각했다. '저 많은 차들 중에 내 차가 딱 한 대만 있으면 좋겠다.' 그래서 부모님께 통학하는 것이 힘들다고 울며 소리 지르는 일이 생긴 것이다. 하지만 그 당시 딸 혼자 자취하는 것은 우리 아빠에게 절대 있을 수 없는 일이었다. 다달이 나가는 월세도 무시할 수 없었다. 당장 자동차를 산다는 것도 말이 안 되었다. 나 역시 불가능하다는 생각은 하고 있었다. 하지만 매일 힘들게 통학한다는 것을 최대한 어필하고 싶었다.

나는 1학년 1학기 때 국가 장학금을 받았다. 그리고 장학금을 기회로 삼아서 부모님을 설득했다. 졸업까지 쭉 장학금을 받겠다고. 그러니 자취를 시켜 주거나 자동차를 사 주시라고. 그동안 힘들어 보이셨는지 부모님은 내 부탁을 들어주셨다. 그래서 나는 스무 살에 중고차를 얻었다. 내 차는 모닝이다. 스무 살부터 지금까지 함께하고 있다.

처음 차를 운전했던 순간을 잊을 수 없다. 면허를 따기 위해 운전을 해 봤지만 내 차는 느낌이 달랐다. 부모님으로부터 그렇게 거대하고 비싼 선물을 받은 것은 처음이었다. 내 것이 아닌 느낌이었다. 부모님 차를 빌려 타는 기분이었다. 그래도 통학을 위해서 타야 했기 때문에 아빠에게서 운전 연수부터 받았다. 아빠는 차분하게 잘 알려 주셨다. 덕분에 나는 컴컴한 날이나 비가 오는 날이나 상관없이 능숙하게 운전했다. 고속도로에서도 겁내지 않고 달렸다.

친구들 중에서 내가 첫 번째로 차를 가졌다. 스무 살이 되자마자 차를 가진 것은 큰 자부심이었다. 어디든 가고 싶은 곳으로 갈 수 있었다. 나는 친구들을 태우고 구미 이곳저곳을 다녔다. 매일 통학하며 고속도로를 다녔기 때문에 빨리 달리는 것도 즐겼다. 자신감이 붙어서 포항, 경주, 부산 등 여기저기를 왔다 갔다 했다. 차가 있어서 누릴 수 있는 다양한 혜택을 누리며 다녔다.

차를 가진 자부심이 커지면서 운전을 잘한다는 말을 듣는 것도 좋았다. 친구들이 "운전 진짜 잘하네.", "경서가 제일 운전 잘해."라고 말하거나, 아빠가 "너희 엄마보다 네가 더 운전을 잘한다."라고 말하면 어깨가 으쓱했다. 가족 모임이 있을 때면 부모님께서 나를 믿고 운전을 맡기시기도 했다. 나는 내가 운전을 잘한다는 생각에 장거리 운전이 힘든 줄도 몰랐다. 나는 차가 있어서 행복했다. 마음만 먹으면 멀리 떠날 수 있어서 좋았다. 나는 사람들에게 내가 부러움의 대상이 되는 것이 좋았다.

대학생활이 끝나고 나서는 더 좋았다. 자취를 하던 친구들은 집으로 돌아갔다. 자취를 하고 집으로 돌아온 친구들에게 남은 것은 없었다. 하지만 나는 자취를 하지 않고 차를 샀다. 대학생활이 끝났지만 나에게는 여전히 차가 있었다. 그 점이 좋았다. 취직하고 난 후 출퇴근하는 데도 차는 아주 유용하게 사용되었다.

그런데 시간이 지나면서 주위에 차를 갖는 친구들이 많아졌다. 친구들이 산 차는 내 차보다 좋다. 작은 모닝에 비해 승용차는 크고 편안했다. 놀러 다닐 때는 짐도 많이 들어간다. 내 차는 날이 갈수록 망가지고 부실해지고 있다. 남들에겐 배부른 소리로 들릴 수도 있다. 하지만 요즘은 차 있는 것이 싫을 때도 있다. 어디 멀리 갈라치면 좁고 불편해서 다른 사람을 태우기도 민망하다. 짐 둘 자리도 없다. 차에 힘이 없어서 도중에 멈출까 봐 걱정도 된다. 친구들이 하나둘 차를 사는 것을 보고 부러운 마음이 든다.

나는 매년마다 차를 바꾸고 싶다는 생각을 한다. 주변 또래들보다 먼저 차를 샀다는 생각이 항상 있었다. 그래서 친구들보다 좋은 차를 타고 싶다는 욕심이 큰 것 같다. 친구들이 차를 사면 축하해 주는 마음도 크다. 하지만 마음속으로는 조만간 내가 더 좋은 차를 사겠다고 생각한다. 그리고 인터넷으로 차 종류를 찾아보기도 한다. 가격을 알아보고 어떤 차를 타고 싶은지 점찍어 두기도 한다. 하지만 매년 현실적인 문제에 차 바꾸는 일은 생각 밖으로 밀려난다.

그러다 하루는 〈한책협〉에서 〈1일 특강〉을 듣다가 임원화 코치님께서 하신 말씀이 뇌리에 박혔다. 코치님도 자동차를 사고 싶으셨다고 한다. 그런데 김태광 작가님께서 "벤츠를 타야 해."라고 말씀하셔서 그길로 바로 벤츠를 사셨다고 말해 주었다. "끝에서 생각해라.", "벤츠를 사면 벤츠에 어울리는 사람이 된다."라는 말은 강의가 끝나고 나서도 내 머릿속에서 맴돌았다.

사실 나도 성공하면 외제차를 사고 싶었다. 그리고 그것은 먼 미래의 일이라고 생각했다. 하지만 지금은 다르다. 나는 올해 1인 창업에 성공한다. 그리고 벤츠를 산다. 나는 내가 지금도 충분히 벤츠에 어울리는 사람이라고 생각한다. 지금도 컴퓨터 바탕화면에 벤츠 사진을 깔아 놓고 매일 시각화하고 있다. 운명을 바꾸는 힘은 버킷리스트에 있다고 한다. 구체적인 목표를 잡고 이루어진다고 믿자. 그러면 실제로 우주의 법칙이 나를 그렇게 만들어 줄 것이다.

나는 벤츠를 타고 다닐 것이다. 내 차를 바꾸고 나면 아빠, 엄마, 오빠의 차도 바꾸어 줄 것이다. 모두 벤츠를 타고 벤츠에 어울리는 사람들이 될 것이다.

보
물
지
도

12

PART
9

글로벌
기업가가 되어
TED 강연하기

· 양은정 ·

양은정 '양은정부동산컨설팅그룹' 대표, 금융자산관리사(은행FP), 국내재무설계사(AFPK), 공인중개사

우연한 기회에 부동산 관련 서적을 접하고 부동산 세계에 뛰어들었다. 부단히 노력해온 결과 현재는 금융과 경제를 아우르는 부동산 전문가로 당당히 자리매김했다. '평범한 사람도 부자가 될 수 있다'를 모토로 다양한 강의 활동을 이어나가고 있으며 사람들에게 부와 경제적 자유를 전파하는 리치 멘토로 서 활약 중이다. 현재 부동산 투자 관련 개인저서를 집필 중이다.

Email goodjob7744@gmail.com   Instagram yang_eunjung
Facebook yejrealtyconsulting

경제적 자유를 누리며
풍요롭게 살기

포르쉐 911카레라. 최고 출력 370마력, 최대 토크 45.9kg·m, 7단 더블 클러치 변속기 탑재. 100km까지 걸리는 시간 단 4.2초. 최고 시속 295km/h, 1,700rpm부터 5,000rpm까지 끊임없이 터지는 넉넉한 토크감, 손에 땀을 쥐게 하는 가속력, 리어엔진의 야수 같은 힘이 변속기를 거쳐 뒷바퀴로 전달되는 일련의 과정이 전방을 향해 묵직하면서도 빠르게 진행된다. 지금은 종영한 프로그램이지만 XTM의 〈탑기어 코리아〉라는 프로그램에서 MC인 김진표가 이런 설명을 할 때면 가슴이 뛰었다. 멋있는 차체가 고요하고 빠르게 움직이며 섹시한 엔진 음을 흘릴 때면 저걸 가져야 한다고 마음이 외친다.

이 대단한 차를 알게 된 것은 축구선수 박지성 때문이었다. 그가 가졌던 차가 포르셰 911이었다. 그때부터였을까. 누군가 나에게 원하는 차가 무엇인지 물을 때면 고민하지 않고 바로 포르셰 911이라고 얘기했던 것 같다. 맨체스터 유나이티드에서의 일상을 찍은 다큐멘터리에서 박지성은 포르셰 카이엔s를 타고 빨랫감을 든 채 구장 밖 인근 세탁소로 가고 있었다. 이 차는 박지성 선수가 맨체스터 유나이티드에 있을 때 구단으로부터 제공받은 것임을 나중에야 알게 되었지만, 이미 나는 그 차가 좋았다. 그를 좋아했기에 그가 탄 포르셰도 사랑하게 되었다. 그때 결혼해서 아이가 태어나면 반드시 축구를 시키리라. 박지성 축구 클럽에 넣으리라 다짐했던 기억이 난다.

2002 한일월드컵이 한창이던 때 나는 신림동 고시촌에 있었다. 그 속에 있으면 세월이 1년 단위로 획획 지나가 버린다. 그 때문인지 굉장히 오랜 시간을 그곳에서 보낸 것 같다는 생각이 들 때도 있었다. 그 시절, 암흑 같던 시간을 버티게 해 준 유일한 즐거움이 맨체스터 유나이티드 경기를 찾아서 보는 것이었다.

박지성은 일본 교토퍼플과 네덜란드 PSV 아인트호벤을 거쳐 2005년 잉글랜드 맨체스터 유나이티드로 이적했다. 그는 퍼거슨 감독이 있던 맨체스터 유나이티드 전성기 시절에 전격 입단했다. 한국인 프리미어리거의 탄생. 아시아 축구계에 이정표가 되는 사건이었다. 1970년대 분데스리가에서 차범근의 활약이 있었고,

지금은 많은 한국 선수들이 유럽리그에서 활약 중이지만, 그때는 이 모든 게 꿈같은 현실이었다. 그의 일거수일투족은 늘 다음 날 스포츠 신문 1면을 장식하곤 했다. 그는 우리 시대의 영웅이었다.

박지성 선수를 통해 유럽리그에 대해 알게 되었다. MBC ESPN 에서는 새벽에 그 리그를 생중계해 주었다. 나는 한 장면도 놓치지 않겠다는 일념으로 화장실도 미리 갔다 오며, 경기가 시작되기를 기다렸다. 경기가 시작되고 드디어 고대하던 골이 터지면 나는 마음껏 세리머니도 못하고, 소리 죽여 환호하며 입술만 달싹거릴 뿐이었다.

내가 리그를 챙겨 보느라 새벽에 깨어 있으면 동생은 눈을 흘기곤 했었다. 그렇게 경기가 끝나면 아쉬움에 그의 흔적들을 찾아 인터넷을 뒤지고 다녔던 기억이 난다. 주변에 이런 이야기를 나눌 수 있는 사람이 없으니 온라인으로 같은 관심을 가진 사람들을 만나서 마음을 달랠 뿐이었다.

나중엔 각 방송국 스포츠 뉴스들을 섭렵하며 어떤 방송국의 어떤 해설가와 아나운서가 해설이 좋았다고 말할 정도까지 되었다. 맨체스터 유나이티드의 황금기, 그때도 최고였던 등번호 7번 호날두, 지금은 은퇴한 주장인 긱스나 귀여운 악동 루니, 네덜란드 출신인 골키퍼 반니스텔루이 모두 친근했다. 신림동 고시원에서 살던 나의 유일한 기쁨은 맨체스터 유나이티드 경기를 놓치지 않고 보는 것이었다.

그 후 나는 신림동을 나왔다. 결국 스스로 항복하고 세상으로 나왔다. 하지만 현실은 더 녹록지 않았다. 이미 많은 시간 뒤처진 내가 사회에 적응하는 것은 만만치 않았다. 늘 그렇듯 현실은 만족스럽지 않았고, 이상은 높았다. 시간이 흘러갈수록 벌이는 일은 많았고 하나씩 경험은 쌓여 갔다. 하지만 이것이 과연 내가 원했던 인생인가, 내가 가는 방향이 맞는 것인가 하는 것은 늘 의문이었다. 그러다 우연한 기회에 부동산을 알게 되었다. 나는 《부자아빠 가난한 아빠》와 같은 책들에 빠져들었다. 그리고 나는 돈과 투자의 세계에 들어왔다.

또한 언제부터인지는 모르겠지만 나의 소원 중에는 '개인 비행기 소유하기'가 들어 있었다. 공항이 있는 곳이면 지구상 어디로든 날아갈 수 있고 탑승 수속을 기다릴 필요가 없는 나만의 여객기가 갖고 싶었다. 전용기는 누가 타는 것일까? 그것은 내게도 가능한 일일까? 개인 비행기는 일부 가진 자들의 전유물일까? 드라마에나 등장하는 재벌들, 혹은 시대를 앞서가는 억만장자, 한 나라의 대통령, 기업의 총수들 정도에게나 가능한 일일까?

우리나라 대통령에게도 전용기가 있다. 그리고 삼성, LG, 현대, SK, 한진, 한화 등 그룹 총수들도 전용기를 보유하고 있다. 이들이 타는 항공기 가격은 500억 원대에서 600억 원대라고 한다. 이 정도의 돈이라면 강남 대로변의 빌딩을 살 수 있을 것이다. 말하자면 전용기는 날아다니는 빌딩인 셈이다.

2009년 방영했던 드라마 〈꽃보다 남자〉에서 구준표가 금잔디를 태우고 뉴칼레도니아로 날아갔던 그 비행기. 14인승 걸프 스트림-4, 일명 'G-4'. 시간당 사용료는 약 500만 원이다. 요즘에는 대한항공에서 더 큰 기종의 G-4가 이용되고 있다고 한다. 그 사용료는 시간당 무려 1,000~1,200만 원이라고 한다. 또한 드라마 〈시크릿 가든〉에도 백화점 사장 현빈이 여자 친구 길라임을 위해 전용기를 띄우는 장면이 나온다.

'VVIP(Very Very Important Person)'만 탈 수 있다는 전용기. VVIP로서의 삶을 누리는 사람은 얼마나 행복할까? 전용기는 철저하게 고객의 주문에 맞춰 제작된다고 한다. 그 으리으리한 내부는 보안상 비공개가 원칙이라고 한다. 대리석 화장실, 가죽 소파, 안락한 침실, 회의실도 별도로 갖춰져 있고, 가구와 의자는 원목으로 되어 있다. 현재 알려진 금액만 해도 최소 100억 원이라고 한다. 전용기의 가격은 엔진의 업그레이드 방식, 소음 방지 장치 탑재 여부, 내부 인테리어, 한 번 급유로 몇 시간을 갈 수 있는가 등에 따라 달라진다.

우리에겐 낯설지만 미국의 경우, 금융, IT 업계 종사자들은 출퇴근용으로 자가용 비행기를 적지 않게 이용한다. 외국에서는 꼭 재벌급이 아니라도 가질 수 있는 것이 비행기다. 유지비만 감당할 수 있다면 말이다. 중국의 신흥 부호들도 전용기를 많이 찾고 있다. 이미 수백 명의 중국인들이 개인 전용기를 가지고 있다. 우리나라라고 못할 이유가 있을까?

어느 날 아들이 하는 컴퓨터 게임하는 모습을 우연히 보게 되었다. 격납고에 비행기들이 쏟아지고 있었다. 탱크도 나뒹굴고, 거대한 버스도 나뒹굴고, 요트도 100원 짜리 동전처럼 흩어지고 있었다. 이것이 싫으면 저걸로 바꿀 수도 있다. 그저 손가락만 까딱거리면 되는 것이었다. 매일 새로운 비행기를 사고 요트를 사고 자동차를 산다. 그것으로 격납고를 채우고 있었다. 그것은 전용기 한 대를 갖느냐 마느냐 하는 문제가 아니었다. 아들은 그 게임 안에서 마치 계절별로, 용도별로 옷을 갈아입듯 자연스럽게 이런저런 비행기로 격납고를 채우거나 비우고 있었다. 격납고 안에는 바퀴 달리고 날개 달린 것들이 무수히 많았다. 군용 탱크도 있었고 여러 종류의 비행기도 있었다. 나는 컴퓨터 화면을 힐끗 보면서, 이렇게 멋진 게 있다니 했다. 한동안 빠져서 쳐다봤다.

아들은 탈것의 모델들을 마우스 커서로 하나씩 눌러 보며 어떤 비행기인지 확인하고 있었다. 나는 우리 아이가 크게 꿈꾸고 크게 생각하기를 바란다. 그 안에서 새롭고 놀라운 것들을 발견할 수 있다면, 그런 사이즈를 경험할 수 있다면 그 게임은 그것으로도 충분한 역할을 한 것이라 생각한다. 더 넓고 큰 세상이 있다는 것, 다른 세상이 있다는 것을 알아야 하지 않을까?

어린 시절 일곱 식구가 작은 집에 모여 옹기종기 살았다. 일곱 식구였지만 치킨은 늘 한 마리만 시킬 뿐이었다. 그나마도 3명의 어린아이가 손을 바쁘게 움직이는 덕에 어른들 입에는 작은 조각 하나도 들어가기 어려웠다. 엄마가 할머니한테 치킨 한 조각을 챙겨 드리더라도 할머니는 조용히 다시 내려놓으시곤 하셨다.

부모님은 성실하시고 부지런하시다. 또한 정직하고 도덕적이다. 항상 부모님 자신보다 남부터 챙겼다. 그렇게 열심히 살았는데, 우리는 왜 계속 가난한 삶을 살아야만 했던 걸까? 샴푸 한 통도 물에 씻어 거품이 나오지 않을 때까지 썼는데, 왜 우리는 늘 같은 모습이었던 걸까? 이건 뭔가 잘못된 것이 아닐까?

가난도 싫고, 그로 인해 무엇을 할 수 없다는 것도 싫고, 처음부터 당연한 선택을 배제해야 했던 그런 상황이 답답했다. 그로 인해 별로 중요하지도 않은 문제들로 끙끙 앓는 것도 싫었다. 그런데 더 나를 나락으로 이끌었던 것은 계속 이렇게 살 것이란 습관적인 생각이었던 것 같다. 그것이 더 큰 문제였던 것 같다.

내가 지금 망설이며 쓰고 있는 슈퍼카나 전용기 이야기, 어느 날 지나고 보면 가깝고 익숙한 것이 되어 있을지도 모를 일이다. 그러기 위해서는 내 안은 오로지 긍정적인 마음으로만 가득 채울 것이다. 그렇게 오늘도 두근두근하는 마음으로 달려가 보련다. 가슴이 시키는 일을 하며, 가슴 뛰는 삶을 살다 보면 닿을 수 있을 꿈이라 믿어 본다.

TED 무대에서 강연하기

어느 날 유튜브를 통해 TED 강연을 알게 되었다. 18분 동안의 마법! 단지 18분이 지났을 뿐인데 우린 그동안 생각지 못했던 것을 생각하게 된다. 알지 못했던 것을 알게 된다. 이해하지 못했던 것들을 이해하고 동시에 감동을 받기도 한다.

나는 말하기를 두려워하지만 잘해내고 싶은 사람이다. 그래서 많은 이들의 버킷리스트처럼 나에게도 'TED 강연하기'는 꿈이라고 할 수 있다.

몇 년 전 우연히 TV에서 〈무한도전〉을 보게 되었다. 당시 가요제 특집이 방송되고 있었는데, 공연장에는 2만 명이 넘는 청중이 운집해 있었다. 조명은 오직 무대 위의 한 사람을 비추고 있었다. 연예인 유재석이었다. 그가 길게 설치된 무대 앞으로 홀로 걸어 나오고 있었다. 그리고 걸음을 멈춘다. 그는 마이크를 입에 대고 가요제의 시작을 알렸다. 그는 코미디언으로 연예계 활동을 시작했지만 이제는 그 이상을 보여 주고 있다. 동료 연예인인 하하의 목소리가 무대 뒤에서 들려온다. "유재석 멋있다!"라고 외치는.

유재석은 가수 이적과 함께 '말하는 대로'라는 곡을 노래했다. 노래 가사 중에 "나 스무 살 적에 하루를 견디고 불안한 잠자리에 누울 때면, 내일 뭐 하지 걱정을 했지. 말하는 대로 될 수 있다고 믿지 않았지. 하지만 믿기로 했지. 말하는 대로 될 수 있다고 생각한 대로 될 수 있다고."라는 부분이 있다. 지금은 상상이 안 되지만, 무명시절 유재석은 말문도 자주 막히고 무슨 말을 할라치면 버벅댔다고 한다. 말은 어눌했고 본인의 불안한 마음이 온전히 얼굴에 드러났다고 했다. 위대한 누군가의 첫 시작은 그 길을 시작하는 사람에겐 참 위안이 된다. 그도 그런 시절이 있었다는 것이 나에게는 작은 위로로 다가왔다.

바야흐로 말과 글의 시대다. 그렇지만 나에게는 대중을 상대로 무대에 서서 말하는 것이 아주 드물고 낯선 일이다. 대중을 상대로 무대에 서고 말하는 것은 아주 드물고 낯선 일이다. 잘하고 싶은 일이지만 두려움부터 앞서는 게 사실이다.

그래서 나는 술자리가 좋다. 왜냐하면 맥주 반 잔 정도만 마셔도 세상이 아름다워 보이기 때문이다. 그래서인지 나는 술을 먹으면 평소와 다른 모습이다. 하고 싶은 말이 머릿속에서 잘 걸러지지 않기 때문에 엉뚱한 말이 튀어나가기도 한다. 그렇지만 무슨 말을 할지, 이 말이 맞는 말인지 깊이 고민하지 않아도 되니 좋다.

하지만 평소에는 한 마디 말을 꺼내기 전에 '이 말이 적절한가, 표현은 정확한가' 등 문장을 완벽하게 구사하기 위해 내 머릿속은 복잡하다. 그렇지만 겉으로 표현되는 내 모습은 형편없다. 그렇다 보니 결국에는 입을 잘 열지 않게 된다. 악순환인 꼴이다.

강남에서 빌딩을 팔던 시절, 강 이사라는 분은 나에게 세뇌하는 수준으로 '말 참 못한다'라고 반복해서 말하곤 했다. 심지어 분양현장에서 일하던 시절에는 본부장이 나더러 '바보 같다'는 말까지 했다. 그래서 나는 한동안 노이로제에 빠져 있었다. 결국 나는 나를 못 믿는 지경에 이르렀다. 스스로 '나는 말을 못하는 사람이야'라고 생각하게 되었다. 잘하려고 할수록 더욱 움츠러들었다. 살면서 나의 말하기가 이 정도까지 무너졌던 일은 처음이었던 것 같다. 한 번 무너진 자신감은 걷잡을 수 없이 추락했다.

하지만 나는 그의 말에서 나는 냉정하게 내 문제를 되짚어 보기로 했다.

첫째는 한 번에 너무 많은 것들을 말하려고 한다는 것이다. 머릿속이 너무 가득 차고 복잡한데, 한꺼번에 꺼내려고 하니 그게 버벅거리는 모습으로 나타날 수도 있겠다고 생각했다. 그래서 한 번에 한 가지씩 말하기로 다짐했다.

둘째는 속도와 설명의 문제였다. 나는 생각이 저만치 앞서가서 몇 단계를 건너뛰고 말하기를 하고 있었다. 상대방은 그곳까지 갈 준비가 되어 있지 않은데 말이다. 상대방이 당연히 안다고 생각하고 넘어가는 것들에 대한 설명이 필요하다는 것이었다. 내 이야기에 집중할 수 있도록 쉽고, 간결하고, 친절한 말하기를 해야 한다는 것이었다.

물론 전달되는 목소리, 표정, 이미지에도 문제가 많았다. 그래서 나는 간단한 말하기 과외를 받아 보기도 했다. 그런데 청중을 두고 말하기를 하려니 일단 내 생각을 정돈한 스크립트가 필요했다. 그래서 결국 나는 다시 글을 쓰고 말하기를 한 셈이 되었다.

계속 나는 말과 글은 다른 것이라고 나에게 강요하는 중이었다. 나는 말과 글의 온도차가 심한 사람이기 때문이다. 그래서 말을 좀 잘하게 되면 간극을 좁힐 수 있겠다고 생각했다. 그런데 지금까지 나는 중요한 것을 놓치고 있었다. 말은 곧 글이고 글은 곧 말이라는 것을. 말은 곧 생각이다. 이런 깨달음에 머리에 '꽝' 하고 종이 울리는 느낌이었다. 그리고 나에게 말했다. 너무 애쓰지 말자, 천천히 가자. 내 생각과 글을 다듬다 보면 나는 결국 좋은 말하기를 하게 될 것이라는 희망이 생겼다.

나는 그 기간 동안 말 잘하는 사람들을 많이 알게 되었다. 강사는 JTBC 사장 손석희의 앵커브리핑 영상을 보여 줬다. 그리고 그 당시 인터넷에서 회자되었던 신영준 박사의 주례사, 지하철 역사 앞에서 불특정 다수를 상대로 열변을 토하는 어느 의대 교수님의 영상들을 보여 주었다. 그러면서 나를 자극시켰다. 그때 나는 강연의 구체적인 부분들을 생각하게 되었던 것 같다. 말하는 장소, 이야기를 듣는 청중, 제스처, 발성, 호흡 등.

누구나 비슷한 경험을 할 것이다. 녹음된 내 목소리를 처음 들었을 때, 내가 청중을 두고 이야기하는 모습을 처음 동영상으로 보게 되었을 때, 부끄러워 얼굴을 가린 두 손 사이로 보던 것들 말이다. 내 손이 너무 과하게 움직여서 말하기에 집중하지 못하는 것부터, '아, 음…' 이런 쓸데없는 의성어들까지. 적나라하게 나를 들여다보니 고칠 곳이 많았다. 그러나 경험을 늘려가도 여전히 사람들 앞에서 떨리는 것은 어쩔 수가 없었다. 여전히 발성과 호흡은 어려운 문제였다. '연극을 배우고 싶다'란 생각도 이때 하기 시작했던 것 같다.

나는 나를 꺼내는 데 익숙지 않은 사람이다. 그래서 남 앞에 나를 세우거나 주목시키려고 하지 않았다. 나에게 경험을 쌓을 시간을 주지도 않았던 것이다. 그런데도 나는 무대가 좋다. 잘하고 싶고 누군가의 가슴을 뛰게 하고 싶기도 하고 누군가의 인생에 영향을 끼치고 싶다. 많은 사람들을 만나고 싶다. 그들 중 누군가는 나를 이해할 수도 있지 않을까?

　그러던 어느 날 30명 정도 되는 사람들 앞에서 자기소개를 할 시간이 주어졌다. 나는 준비해 간 대로 간결하게 하고 싶은 말을 하며 소개를 끝냈다. 나는 아직은 낯선 그들 앞에서 오랜만에 떨림 없이 차근차근 나를 설명해 나갔다. 중간에 박수도 받았고, 누군가 내가 한 말을 나중에 기억해 주기도 했다. 소개가 끝나고 나서는 더 큰 박수를 받았던 것 같다.

　내가 인용한 것들을 다시 언급하기도 했다. 그때 나는 연예인이 이런 기분일까 했다. 나는 상대를 모르지만 내 이야기를 듣고 상대는 나를 아는 것처럼 친근하게 다가오는 그런 경험. 내 얘기를 들었던 또 다른 사람은 "평생 기억될 자기소개였어요. 집에 가서도 계속 생각났어요. 저렇게 멋지게 자기를 소개하면 얼마나 좋을까?"라는 반응까지 보여 주었다. 나에겐 아주 고무적인 사건이었다. 한 단계 더 나아갈 수 있을 것 같은 자신감이 생겼다. 많은 사람들에게 내가 각인되는 시간이었다.

　한번은 어느 독서 모임에서 브랜든 버처드의《메신저가 되라》라는 책을 읽고 발표하는 시간이 있었다. 발표가 끝나고 자리에 돌아가자 옆에 앉았던 분이 "어쩜 그렇게 말을 잘해요? 늘 이야기가 도움이 됩니다. 들을 만합니다."라고 했다. 아! 그 말을 듣는데 기절하는 줄 알았다. '나를 알아봐 주는 사람이 있다는 것'이 내

세포들을 자극하고 있었다.

나는 꿈꾼다. 나의 이야기를 기다리고 기대하는, 2만 명이 넘는 사람들 앞에서 조명을 받으며 무대 위에 홀로 서 있는 나를 상상한다. 그리고 박수 소리와 함께 내 이야기가 시작된다.

그 모습을 떠올리면 온몸에 전율이 일어난다. 나는 내 목표를 이룰 때까지 전진할 것이다. 절대 멈추지 않을 것이다. TED 무대에 올라 수많은 사람들 앞에서 당당히 강연할 그 날을 위해 오늘도 힘차게 달린다.

멋진 섬 구입하기

푸른 바다에 점점이 떠 있는 무인도를 내 것으로 만들 수 있을까? 나의 소원 중 한 가지는 멋진 섬을 갖는 것이다. 내가 이런 이야기를 친구에게 했더니 "개발이 가능해야지. 안 그러면 쓸모없지."라고 했다. 내심 나의 기발함이 훌륭하다 생각하며 로맨틱한 마음에 취해 있었는데 친구의 말에 한 방 먹은 기분이었다.

거액의 복권에 당첨되면 사고 싶은 것 중 하나가 개인 소유의 섬이라는 것은 전 세계 공통이라고 한다. 해외 유명인들 중에는 이미 섬을 소유하고 있는 사람들이 많다. 할리우드 스타인 리어나도 디캐프리오는 카리브 해 연안의 섬을 가지고 있다. 러시아 태생의 석유 재벌이자 첼시 구단주이기도 한 로만 아브라모비치도 섬을 가지고 있다. 세계적인 팝스타 리키 마틴과 세계적인 부호인

빌 게이츠도 브라질에 섬을 갖고 있다. 그 밖에도 멜 깁슨, 셀린 디온 등 많은 스타들과 유명 인사들이 섬을 가지고 있다.

유명인들이 섬을 사는 이유는 한마디로 사생활이 보호되는 나만의 공간을 갖고 싶어서다. 그래서 엄청난 돈을 투자해서 카리브 해에도 브라질에도 섬을 사는 것이다. 유명인들의 휴양지 문화도 이제 파파라치 등 외부인의 접근이 제한된 섬에 쏠리고 있다.

더글러스 케네디의 《템테이션》에도 섬이 나온다. 책에 등장하는 섬에는 거대한 저택도 있고 수영장, 운동시설, 사우나실 등이 갖춰져 있다. 또한 거대한 서재와 전용 극장이 있어 누구의 간섭 없이 언제든지 자유롭게 즐길 수 있다.

처음부터 아주 근사한 섬을 살 수 있는 사람은 아주 드물다. 그렇다면 우리는 섬을 포기해야 할까? 무인도를 하나 사서 나무도 심고 꽃도 심고 정원도 만들고 집도 짓고 하면 안 될까? 아니, 그 전에 섬 매매는 어떻게 이루어질까? 우리는 보통 부동산 하면 집, 건물, 땅 정도를 생각한다. 그러다 생각이 섬이란 것에 이르면 '그게 가능할까?'라는 생각지 못한 의문점에 고개를 갸우뚱하게 된다.

결론부터 말하자면 섬 매매는 가능하다. 그럼 가격은 얼마나 될까? 배우 원빈의 "얼마면 돼? 얼마면 되는데?"라는 유명한 대사가 떠오른다. 섬은 등기가 될까? 그럼 이렇게 많은 섬들의 주인은 누구일까? 나는 궁금한 점이 참 많다.

우리나라는 3면이 바다인 반도국이다. 서해나 남해로 가면 무인도가 아주 많다. 국내의 무인도는 2,689개. 50퍼센트 이상이 개인 소유다. 육지와의 거리 등 섬의 환경이 중요하고 대부분은 농림지역, 녹지지역이다. 이렇게 하나씩 알아보다 보니 나의 꿈이 구체화되어 가는 기분이다.

우리에게 친근한 섬이라면 '남이섬'을 생각할 수 있겠다. 남이섬은 처음엔 섬이 아니었다. 옛날에 남이 장군의 유배지였던 이곳은 청평댐이 생기고 물이 차오르면서 섬 모양이 된 것이다. 이곳은 지리적으로 서울에서 가깝고 교통도 좋다. 배를 타고 5분만 가면 되는 곳이지만, 섬이 주는 환상은 많이 갖추고 있다.

남이섬은 드라마 〈겨울 동화〉의 촬영지 덕분에 유명해진 곳이다. 한때 한류의 주역이었던 배우 배용준과 최지우가 소박한 눈사람 옆 나무 벤치에서 키스하던 곳은 사진을 찍는 사람들로 늘 붐빈다. 이 드라마를 계기로 남이섬에는 해마다 수많은 인파들이 몰려들고 있다.

최근에도 그곳에 갔다. 그날은 비가 와서 땅이 질퍽거렸다. 하지만 여전히 사람은 많았다. 수십 대의 관광버스가 주차장에 즐비했고 관광객들은 모두 우비와 우산을 챙기느라 바빴다. 매번 느끼지만 그곳에는 외국인들이 가득하다. 배를 타려고 줄 서서 기다리는 동안 주변에선 온통 익숙하지 않은 언어들이 춤을 춘다.

배를 타고 남이섬에 올라 젖은 은행잎들과 낙엽들을 밟으며 곳곳을 걸어 다녔다. 사람들은 은행잎으로 하트 모양을 만들고 있었다. 그곳에 길게 걸려 있는 포스터에는 이렇게 쓰여 있었다. '남이섬은 오늘이 가장 좋습니다'라고. 결국 남이섬은 '매일이 좋다', '언제 와도 좋다'라는 이야기였다. 누가 저렇게 근사한 말을 생각해 냈을까? 이런 문구를 내 섬에도 달면 얼마나 좋을까?

이 섬은 많은 사람들에게 알려진 섬이다. 서울과도 가깝다. 도시생활에 지친 사람들의 쉼터가 되어 준다. 잣나무길, 자작나무길, 메타세쿼이아길, 은행나무길, 벚나무길 등 다양한 나무군락들이 있다. 타조, 오리, 사슴, 기러기, 청설모, 토끼 등이 살고 있다. 개인 소유의 섬이다. 섬 주인이 40년 이상 섬을 가꾸었다고 한다. 영화 〈겨울 나그네〉의 촬영지이기도 했고, 나훈아의 '해변의 여인'의 배경이기도 하다. 섬은 누군가에게 행복과 감성을 주는 소재임에 틀림없다.

나는 부동산을 하는 사람이고, 항상 멋진 투자거리를 찾는 사람이다. 무엇이든 투자할 수 있고 어떤 것이든 살 수 있는 것이다. 그렇지만 이 꿈의 시작은 부동산 업자로서의 접근은 아니었다. 그저 순수하게 어느 날 기발한 아이디어 하나가 떠오른 것이다. 그건 바로 '섬을 하나 사야겠다. 그곳을 멋지게 만들어야지. 집도 크게 만들고 풀장도 만들고 부대시설도 리조트처럼 근사하게 만들고 놀이공원도 만들어서 아이들도 즐겁게 뛰어놀게 해 주면 좋겠다. 그곳을 별장처럼 쓰면서 친구도 부르고 모임도 갖고 휴가도 즐기면 얼마나 좋을까?'였다.

내가 어느 날 돈이 많이 생겼을 때 카리브 해에 섬을 하나 사서 리어나도 디캐프리오의 이웃이 되어 보는 것은 어떨지 생각해 본다. 하루 앞도 알 수 없는 인생이다. 한 번 사는 인생, 이왕이면 멋지게 살고 싶다. 남의 이야기만 부러워하며 사는 것은 이제 그만하고 싶다. 좋은 것들을 보자. 좋은 것들을 꿈꾸자. '나는 그래도 된다'라고, '그것을 누릴 자격이 있다'라고 생각하자. 그렇지 않다면 도대체 우리는 무엇을 위해 사는가? 어차피 우리가 죽으면 없어질 세상이다. 죽음이 나의 우주도 사라지게 할 텐데…. 그에 비하면 이런 꿈은 차라리 사소한 것이다.

내 부모님은 가난하다. 그럼에도 부에 대한 열망이 없다. 쉽게 말하자면 그런 것들이 들어갈 자리가 없다. 나의 설명이 좀 길어지기 시작하면 엄마는 하품을 하신다. 생활에 지치신 거다. 그냥 '내 자식이 많이 아나 보다' 하는 정도다. 나에게 어떤 간절함이 있다는 생각은 하지 않으신다.

영화 〈쇼생크 탈출〉의 마지막 장면이 떠오른다. 앤디는 감옥에서 희망은 독이 된다고 말하는 레드에게 이렇게 말한다. "희망은 좋은 거예요, 레드. 좋은 것은 절대 사라지지 않아요."라고. 그리고 몇 년 후 앤디 듀프레인은 멕시코 지후아타네호 해변에 레드를 초대한다. 레드는 버스에서 내려 한참을 걷다가 헐렁한 옷을 입고 여유롭게 낡은 배를 수선하고 있는 앤디를 발견한다. 그의 어깨 너머엔 시리게 푸른 바다와 눈부신 백사장이 길게 뻗어 있다.

나도 꿈꿔 본다. 이 영화의 피날레처럼 10년 뒤쯤엔 그런 '평화'와 '한가로움'과 '인생을 함께할 친구'를 갖고 있기를.

어린이 교육재단 만들기

나는 '교육이란 무엇인가?'에 대해 항상 생각한다. 또한 '교육이란 무엇이어야 하는가?'에 대해서도 생각한다. 현재 우리 교육의 목표는 아이의 자유도 행복도 아닌 것 같다.

똑똑한 아이들은 진짜 자신들에게 필요한 것들을 배우지 못하고 있다. 자신들이 얼마나 빛나는 존재인지도 모른다. 그들이 자괴감과 우울함으로 인해 의미 없는 인생을 살아가지 않았으면 좋겠다. 위대한 지능을 가지고 왜 그렇게 시간과 능력을 낭비해야 되는지 안타깝다.

엄마들은 말한다. "학원을 안 보낼 수 없어요. 선행학습을 안 시킬 수 없어요. 사교육을 안 시킬 수 없어요. 남들 다 하는데 가만히 있을 수가 없어요."라고. "안 시키면 괜히 나만 나쁜 부모가 되는 것 같은 생각이 들어요."라고. 엄마의 꿈은 단 한 가지, 아이가 잘되는 것이다. 그래서 엄마는 아이들의 교육에 최선을 다한다. 그런데 문제는 아이도 부모도 행복해 보이지 않는다는 것이다.

나는 남편이 아이에게 자꾸 시키고 명령하는 방식이 마음에 들지 않는다. 아이가 책을 읽기를 바라는가? 그러면 부모가 책을 가까이하면 된다. 아이가 공부를 잘하기를 바라는가? 그러면 부모가 공부하는 모습을 보여 주면 된다. 우리 주변에는 남의 아이 교육에 쓸데없이 감 놔라, 배 놔라 하는 사람들이 많다. 본인 스스로 자녀를 훌륭하게 키워 내는 것을 보여 주면 될 것을 말이다. 그럼 당연히 "어쩜 아이가 이렇게 훌륭해요? 어떻게 키우셨나요?"라는 질문을 받게 되지 않을까?

우리나라에는 남들이 빨간색 옷을 입으면 나 역시 빨간색 옷을 입어야 할 것 같은 분위기가 서려 있다. 심지어 스스로 빨간색이 어울리지 않는다는 것을 알고 있는데도 말이다. 무리에 반하기 쉽지 않다는 이유에서다. 이런 모습을 보며 우리나라는 개개인의 개성이 숨 쉬지 못하는 사회인 것 같다고 느꼈다. 타인의 시선이 나의 행복을 좌우하고 남과 조금이라도 다른 부분이 있다면 그것은 곧 이상함으로 간주된다.

교육도 마찬가지다. 이런데도 우리 아이들 중에서 '특별한 사람'이 나오기를 바라는가? 진정 특별한 아이로 성장하기를 바란다면 우리 어른들부터 다름을 받아들이고, 다름을 창조하고, 다름을 포용해야 하지 않을까?

아이들에게는 한계가 없다. 단지 사회가, 부모가 한계를 만들 뿐이다. 이런 아이들에게 필요한 것은 철학과 경험이 아닐까. 본인을 바로 세울 수 있는 철학과 세상의 지혜를 배울 수 있는 많은 경험들. 책으로든 실전으로든 말이다. 아이들이 자신을 자유롭고 행복하게 만들어 주는 것이 교육이라 느꼈으면 좋겠다. 아이에게 놀이가 되는 교육. 교육이 곧 놀이가 되었으면 좋겠다.

유대인들은 전 세계의 많은 영역에서 정점을 찍고 있는 집단이다. 그들의 인구는 극소수에 불과하지만 세상을 지배하고 있다. 그 이유는 뭘까? 그것은 그들에게 '다른' 교육이 있기 때문이라고 생각한다.

첫째는, 그들이 '교육을 대하는 자세'다. 유대인의 첫 교육은 나무에 새긴 알파벳을 손가락으로 따라 그려 보는 것이다. 그리고 그 손가락을 맛보게 한다. 그것은 달콤하다. 꿀이 발라져 있기 때문이다. 그들이 가르치고 싶은 것은 '배움은 달콤하다'라는 것이다. 우리나라에서 교육이 '해야 할 숙제', '무거운 짐'으로 다가오는 것과는 매우 상반되는 분위기다.

둘째는, 아이를 학교에 보낼 때 부모가 하는 말이 우리와 다르다. 우리는 "오늘도 선생님 말씀 잘 듣고 와."라고 말한다. 얌전히 앉아 선생님이 시키는 대로 공부하다 오라는 뜻이다. 반면 유대인들은 "오늘도 질문을 많이 해라."라고 말한다. 선생님은 세상에서 가장 똑똑하고 많이 아는 사람이니까 언제든 궁금한 게 있으면 질문하라고 말한다.

우리 아이들이 살아갈 세상은 어떤 세상일까? 인구의 고령화는 빠르게 진행되고 있고 한 해에 죽어 가는 인구만 수십만 명이다. 로봇은 갈수록 지능화되고 있다. 이런 시대에는 더욱더 '진짜 인재'가 나와야 한다. 인공지능(AI)과 로봇은 미래에 인간의 일자리를 많이 가져갈 것이다. 인간은 로봇이 할 수 없는 영역, 인간 본연의 정체성을 가지고 기계가 할 수 없는 가치를 창조해야 할 것이다. 그렇지 않으면 도태될 것이기 때문이다. 그런 시대에 '말 잘 듣는 아이'는 더 이상 쓸모가 없다.

내가 즐겨 보는 프로그램 중에 〈영재발굴단〉이라는 프로그램이 있다. 그중 두 가지 에피소드를 소개해 볼까 한다. 잠실에 사는 창섭이는 매일 아파트 베란다에서 롯데월드타워가 완성되어 가는 것을 지켜본다. 그러면서 자연스럽게 세계 최고의 초고층 빌딩을 건축하겠다는 꿈을 키운다. 그래서 제작진은 아이를 위해 타워의 123층 꼭대기를 구경시켜 주었다. 그리고 설계 총괄자인 제임스 본 클렘퍼러를 만나게 해 주었다. 아이는 신이 나서 지금껏 자신이 만든 설계도들을 그에게 보여 준다. 그는 그 열정에 반해서 뉴욕으로 아이와 가족을 초대한다.

두 번째 에피소드는 수학 천재인 '유찬이'와 '민우'의 이야기다. 민우는 학교에서는 아이들의 수학 선생님이 되어 준다. 집에 와서도 수학 삼매경에 빠져 있다. 가족들이 바로 옆에서 열심히 TV를 보며 깔깔거리고 있을 때도 그는 홀로 수학 문제를 푼다. 어느 날 소파에서 물구나무서기를 하며 침울해 있는 녀석에게 제작진이 왜 그러냐고 물었다. 그러자 녀석은 또 다른 수학 천재인 유찬이를 만나고 싶다고 했다. 그는 수학 얘기를 마음껏 할 수 있는 친구가 필요했다. 그래서 제작진은 그 둘을 만나게 해 주었다. 어색함도 잠시. 그들은 이런저런 이야기도 하고 어려운 수학 문제도 풀면서 서로 친구가 되어 갔다.

이 두 가지 에피소드는 내 마음을 뒤흔들어 놓았다. 나의 소망은 어린이의 꿈과 교육을 위한 재단을 만드는 것이다. 아이들이 마음껏 뛰어놀고 상상하며 공부할 수 있는, '전적으로 그들을 위한 공간'을 만들어 주고 싶다. 정말 필요한 공부를 하고 자신의 능력을 최대한 이끌어 낼 수 있는 곳 말이다. 그곳에 아주 크고 멋진 도서관도 만들어 주고 싶다.

나는 아이들이 좋은 경험을 할 수 있도록 지원해 주고, 응원해 주고 싶다. 그들이 세상 속에서 제 꿈을 펼칠 수 있도록 도와주는 '키다리 아저씨' 같은 서포터가 되어 주고 싶다. 그래서 아이들이 '우리가 꿈꾸는 미래'가 되어 주었으면 좋겠다.

어느 날 우리 아이가 나를 빤히 보면서 "엄마가 내 엄마라서 좋은 거 같아."라고 해 내 심장을 떨리게 했다. 그 마음이 계속되기를…. 이렇게 어여쁜 우리 모두의 아이들이 환하게 웃으며 즐겁게 교육받는 세상을 꿈꿔 본다.

전 세계에서 활동하는
글로벌 기업가 되기

　전 세계 11곳에 별장을 가지고 있고, 30명이 넘는 매니저를 거느리고 있는 사람이 있다. 바로 세계적인 소프라노 조수미 씨다. 내가 거의 20년 전쯤, 도서관에서 읽었던 그녀의 자서전 내용이었다.

　그녀는 전 세계의 러브콜을 소화해 내느라 앞으로 3년 동안의 스케줄이 빽빽이 잡혀 있다. 전 세계를 돌아다니며 무대에 서기 때문에 집에는 거의 있지 못한다. 대부분 호텔에서 생활한다. 1년 동안 집에 들어가는 날은 손꼽을 정도다. 그래서 휴식하고 재충전할 장소인 별장 겸 집이 필요했다. 그리고 그녀의 바쁜 스케줄을 조정해 주고 관리해 줄 매니저들이 있어야 했다. 그때 그녀의 이야기는 우물 안 개구리처럼 사는 내게 충격이었다. '이렇게도 살 수 있구나!' 하고 내게 놀라움을 주었던 사람이다. 그래서 20년도 지난 그때의 기억이 지금 나의 버킷리스트를 통해 다시 등장하게 되었나 보다.

조수미 씨는 뛰어난 재능으로 서울대 음대에 수석 입학하지만 그곳은 그녀에게 너무 작았다. 주변 사람들은 모두 그녀에게 유럽 유학을 권했고, 그녀는 로마로 떠났다. 산타 체칠리아 음악원을 마친 뒤 그녀는 각종 국제 콩쿠르를 휩쓴다. 그리고 그녀는 전 세계가 인정하는 톱클래스 성악가가 되었다. 1986년, 오페라 〈리골레토〉로 데뷔해서 20대에 이미 세계 최고 수준의 소프라노로 인정받았다. 세계적인 지휘자 카라얀은 그녀의 목소리를 '신이 내린 목소리'라 칭찬할 정도였다.

나는 어릴 적 시골에서 살았다. 비포장도로에 버스가 가끔 흙먼지를 날리며 굴러다녔다. 산딸기를 먹고 진흙을 캐고 논밭을 지나 학교에 갔었다. 소에게 여물을 주고 마당에서 익어 가는 포도를 따 먹었다. 살구나무, 앵두나무에서 송충이가 마당에 떨어져 뒹굴 때는 그 털북숭이를 징그러워했던 기억이 난다.

그렇게 어린 시절을 보낸 나는 나중에 크면 화려하고 글로벌하게 살고 싶었다. 어린아이 수준의 상상이었지만, '영어도 능숙하게 하고 다양한 얼굴색들과 섞여서 친구도 만들고, 글로벌하게 일하면 좋겠다. 돈도 많이 벌면 좋겠다'라고 소망했던 것 같다. 그런데 어른이 된 후 나의 삶은 전혀 그런 곳으로 향하고 있지 않았다.

내 사주에는 역마살이 3개나 들어 있다. 그래서 가만히 있는 것보다는 밖으로 나가 움직이는 것이 적성에 맞았다. 외국에 나가는 것도 좋다고 했다. 그런데 나는 지난 10년간 갇혀 살았던 것 같다. 생활에 매이고 육아에 매여서다. 나를 잃어버리고 있었다.

내가 외국을 언제 마지막으로 나갔었는지 기억이 잘 나지 않는다. 결혼하고 신혼여행으로 태국을 가 본 것도 벌써 10년 전 이야기다. 억울한 기분이 들었다. 그래서 나는 얼마 전에 작정하고 일본여행을 다녀왔다. 2시간만 가면 되는 나라인데 여기를 한 번 와 보지 못하고 살았다니. 너무 소심하게 살았던 것 같다는 생각이 들었다. 이번에 새로 만든 여권에는 각기 다른 나라의 도장으로 빼곡히 채우리라 다짐해 본다. 그래서 내년엔 최대한 많은 나라를 여행해 볼 것이다. 짬짬이, 틈틈이 새로운 것들을 적극적으로 경험하리라.

내가 부동산과 금융이 만나야 한다고 생각한 것은 NPL(부실 대출금과 부실지급보증액을 합친 것, 금융회사의 부실채권을 뜻함)을 만나면서부터다. 우리에겐 '부동산을 아는 금융 전문가', '금융을 아는 부동산 전문가'가 드물다. 둘 다 잘 안다면 찾아낼 수 있는 많은 가능성들이 있다. 그런데 각자의 고정관념 때문에 보지 못하고 있었다. 빌딩, 개발부지 등 대형 물건 위주의 중개법인을 할 때도 느낀 점이지만 부동산과 금융은 떼려야 뗄 수 없는 관계다. 좀 더 돈과 경제, 금융을 안다면 얼마나 자유롭게 시장을 주무를 수 있을까라고 생각했다.

법인이 다운사이징에 들어가고 어수선하던 때, 뭔가 몰두할 게 필요했다. 그래서 이왕이면 금융공부를 하자고 생각했다. "돈을 벌고 싶다. 부자가 되고 싶다."라고 말하면서도 '정작 나는 돈에 대해 무얼 아는가'라는 질문에서 비롯되었던 것 같다. 그래서 공부하는 김에 금융 자격증인 FP(금융자산관리사), AFPK(국내재무설계사) 등도 취득했다. 그 덕분에 다른 세상도 경험하고 시야도 넓어지게 되었다.

요즘 유행하는 것 중에 대체투자라는 것이 있다. 전통적인 투자 대상인 주식, 채권, 현금 등이 아니라 다른 유형의 자산에 투자하는 것이다. 보석, 미술품, 우표 그리고 부동산, 생필품, 헤지펀드 등 대상이 넓다.

금융투자에 대한 이해도가 좀 있어야 투자할 수 있는 사모펀드의 세계도 있다. 주식, 채권 등 투자 대상은 다양하다. 항공기, 선박, 금 등 실물자산과 국내/해외 부동산, 채권, 금융 파생 상품, 전환사채(CB), 신주인수권부사채(BW) 같은 메자닌 투자, 비상장 기업 주식, 문화 콘텐츠, 기업 인수 합병과 성장 후 재매각하는 PEF(Private Equity Fund)까지 투자 대상을 가리지 않는다.

내가 진정 하고 싶은 것은 부동산과 금융의 경계가 없는 곳, 투자의 경계가 없는 이런 곳에 투자하는 것이다. 내 인생 지금으로부터 10년, 전 세계를 투자 대상으로 열심히 뛰고 성장하고 쟁취하기를 소망해 본다. 부동산과 금융을 주무르는 글로벌 투자가, 기업가로서.

아이의 책상에는 세계지도가 그려져 있다. "엄마! 우리나라는 어디에 있어?" 아이가 묻는다. 나는 "여기 있어." 하면서 손가락으로 가리켰다. 미국, 중국에 비하면 작은 핑크색 점일 뿐이다. 그런데 '그것마저도 쪼개져 있어'라는 말까지는 입 밖에 꺼내지 못했다. 제 생각보다 크기가 적어 실망한 아들에게 대신에 이렇게 말해 주었다. "크기는 작지만 우리나라는 세계 11위의 경제대국이란다. 그리고 조수미 아줌마처럼 세계를 무대로 11개의 별장과 30명의 매니저를 거느린 사람도 있단다. 그리고 엄마도 나중에 그렇게 될지도 몰라…."라고 말이다.

보
물
지
도

12

PART
10

베스트셀러 작가가
되어 <세바시>
출연하기

· 나애정 ·

나애정 보건 교사, 자기계발 작가, 독서 강연가, 독서코치

마흔이 넘은 나이에 시작된 육아와 직장생활의 고단함을 독서로 극복하면서 독서의 매력에 빠졌다. 직장인들이 비효율적인 독서 습관을 버리고 자신에게 맞는 책을 읽으며 즐거운 삶을 살 수 있도록 도 와주는 메신저로서의 꿈을 가지고 있다. 현재 자신의 경험을 바탕으로 독서에 대한 개인저를 집필 중이다.

Email diadem69@naver.com   C · P 010.8843.7780

교육청에서 독서의 힘
알리는 메신저 되기

내가 보건교사가 된 지도 꽤 시간이 흘렀다. 올해로 14년 차다. 2001년에 군병원을 전역하면서 새로운 직업을 잡기 위해 고심했었다. 그러다가 엄마의 강력한 추천으로 보건교사가 되기 위해 임용고시 공부를 하게 되었다. 사실 보건교사가 되겠다는 생각은 한 번도 해 보지 않았다. 하지만 군병원에서 일하다가 사회에 나오니 취직할 수 있는 곳이 생각보다 많지 않았다. 간호사 자격증을 활용해 선택할 직업의 폭이 좁다는 것을 알게 된 것이다. 외국에서 간호사로 일하는 것도 생각해 보았지만 그것은 엄마께서 반대하셨다. 결국 보건교사를 해야겠다고 결심하게 되었다.

나는 임용고시를 보고 합격했다. 23:1이라는 막강한 경쟁률을 뚫고 당당히 시험에 합격했다. 합격한 직후 세상을 다 얻은 듯한 기분에 날아갈 것 같았다. 누구보다 엄마가 가장 행복해하셨다. 서른네 살이나 먹은 노처녀 딸이 제멋대로 직장을 그만두고 빌빌거리며 시험공부를 하고 있을 때는 걱정이 이만저만이 아니셨다고 했다. 그러다가 당신께서 그렇게 열망하던 교사 딸을 두게 되니 너무나 감격스럽다고 했다. 이제 딸 걱정 안 해도 된다고 안도하셨다고 한다.

2003년, 처음 발령받은 곳은 부천에 있는 역곡 중학교였다. 군 병원에서 아저씨 같은 군인들을 대하다가 중학생들을 보니 처음에는 너무나 귀여웠다. 하지만 시간이 지날수록 아이들은 내가 귀여움을 느낄 여유를 가질 수 없을 만큼 보건실에 밀려왔다. 내가 학교에 다닐 때는 졸업할 때까지 보건실이 어디에 있는지도 모를 정도였다. 그 정도로 보건실, 보건교사는 거의 신경도 안 쓰고 학교생활을 했었다. 하지만 시대가 완전히 바뀌었다. 종이에 손가락을 조금 베여도 큰 소리로 "선생님 피가 나요.", 선생님한테 꿀밤을 한 대 맞아도 "선생님 머리가 어지러워요." 하면서 득달같이 보건실을 찾는다.

학생들만 보건실을 찾는 것이 아니다. 일반 선생님들도 마음과 몸이 지치고 아프다. 귀하신 아들, 딸들인 중학생은 선생님을 자신의 친구처럼 만만하게 대한다. 예의 없고 막무가내인 아이들로 인해 선생님들도 마음에 상처를 입고 힘들어한다는 것을 알게 되었다. 아픈 선생님들이 보건실 문을 두드리면 필요한 약을 드리고 편안하게 쉬게 한다. 일반 교사들에게는 수업 이상으로 행정 업무가 많다. 정작 중요한, 아이들을 보살피거나 수업을 연구하는 것은 차순위로 밀리는 것이다. 아이들 돌봄이 뒤로 밀리니 더욱 악순환이 이어지게 된다.

그리고 어디든 마찬가지지만 관리자의 성향도 아주 중요하다. 관리자는 그 학교의 분위기를 좌지우지한다. 관리자의 성향에 따라 학교가 달라진다. 관리자가 눈에 드러나는 결과물을 중요시하면 실적 중심으로 움직이게 된다. 실적은 좀 떨어지더라도 인간 중심을 강조하는 관리자가 있는 학교의 경우 좀 더 인간 친화적인 분위기가 형성된다. 학교라는 조직은 인간을 만드는 곳이다. 인간을 만드는 곳이니만큼 인간을 가장 중시해야 한다. 학생, 교사, 학교 직원들이 중심이 되는 분위기를 만들 수 있는 관리자가 지혜롭다 할 수 있다. 인간 중심으로 조직을 운영하면 장기적이고 꾸준한 실적도 덤으로 따라오게 된다.

부천 역곡 중학교에서 근무할 때 생각이 난다. 그 당시 관리자님은 매우 엄격하셨다. 특히 교사들이 지각하는 것을 몹시도 싫어하셨다. 그런데 하루는 어떤 여선생님이 아침에 지각할 것 같은 상황에 처했다. 그 여선생님은 엄격한 관리자님을 생각하면서 지각하지 않으려고 전철역에서 계단을 무리하게 빨리 내려왔다. 그러다가 계단에서 굴러떨어져 발목이 심하게 뒤틀렸다. 그래서 병원에서 캐스트(석고붕대)를 해야 했다. 결국 그 반 아이들은 그 선생님이 캐스트를 풀 때까지 또 다른 낯선 선생님과 생활해야 했다.

그 학교에 있을 때 그 선생님뿐만 아니라 다른 선생님도 다쳐서 보건실을 찾은 기억이 난다. 그리고 소화불량 증상을 호소하는 선생님, 두통이 심하다고 하는 선생님 등 여러 명의 선생님이 스트레스로 건강의 이상증상을 보였다. 그때 값진 교훈을 얻게 되었다. '사람의 일이란 것이 엄격하게 다그쳐서 되는 것은 아무것도 없다. 오히려 역효과가 난다'라는 것을 말이다.

보건교사의 일도 만만치 않다. 일반 교사 이상으로 스트레스를 받을 수 있는 직업이다. 일단 한 학교에 보건교사는 혼자다. 그렇다 보니 업무에 대해 서로 편안하게 터놓고 상의할 상대가 학교 내에는 없다. 물론 보건교사끼리 네트워크가 형성되어 있다. 하지만 학교마다 특수성이 있기 때문에 대개는 힘든 일이 있더라도 혼자 고민하고 해결해야 한다.

한때 '메르스'라는 전염병이 돌았을 때였다. 그때 아침 일찍 출근해 건물 출입구에서 전체 학생과 교직원을 대상으로 체온을 측정해야 했다. 물론 다른 선생님이 도와서 같이 체온을 측정한다. 그래도 전염병 대책 계획 수립부터 필요한 장비 구매 품의, 학생·교사 전염예방 방송교육, 의심 환자 등교 중지 처리, 메르스 환자 발생 시 대처 관리 등 보건교사의 실질적인 업무량이 엄청나게 많아졌다. 그리고 최근에는 건강을 중요시하는 시대적 변화로 인해 새로운 업무들이 계속 생겨난다.

일반 교사는 보건교사의 애로사항을 속속들이 알지는 못한다. 사람은 자신이 직접 경험해 보지 못하면 잘 이해하지 못하기 때문이다. 보건실이라는 특별실에 있으니 편안하다고 생각한다. 어떤 교사는 "수업을 안 해서 너무 좋겠어요.", "넓은 보건실에서 혼자 있으니 얼마나 좋아요. 부러워요."라고 이야기한다.

보건교사의 주 업무는 수업이 아니라 보건이다. 넓은 보건실에 혼자 있는 것이 아니라 수많은 아이들이 수업시간이든 쉬는 시간이든 몰려온다. 오히려 일반 선생님은 점심시간에 잠시 휴식이라도 취할 수 있지만 보건교사는 점심시간이 더 바쁘다. 8시간 내내 일이 이어진다고 보면 된다. 출장이 있어도 마음 편히 가지 못한다. 출장지에서도 혹시 환자가 발생하지 않았을까? 대처는 잘했을까? 하며 항상 학교를 염려한다.

학교 현장에서 교사들은 다들 힘들다. 일반 교사는 일반 교사대로 기진맥진하고 보건교사는 보건교사대로 열심히 하지만 인정 못 받아서 상처받는다. 또한 관리자도 마찬가지다. 상부 기관에서 하라는 것은 많고, 아이들과 관계된 사건은 수시로 발생하고, 교사들과 학부모 간의 불협화음도 조정해야 하기 때문에 편안할 날이 없다.

교사들은 힘들수록 책을 읽어야 한다. 교사가 바로 서야 아이들도 잘 클 수 있다. 교사가 어떻게 하면 좀 더 여유를 가지고 아이들을 가르칠 수 있을까? 그것은 독서에서 답을 찾아야 한다. 독서를 하지 않으면 삶이 더욱 힘들어진다. 힘든 삶도 독서를 하면 문제들을 풀 수 있는 실마리를 찾을 수 있다. 시간의 여유가 없다고, 퇴직 후에 독서를 하겠다고 말하지만 그때보다 지금 더욱 독서가 필요하다.

나는 내 삶이 힘들 때 독서를 만났다. 그리고 문제의 실마리를 찾았고 지금은 이렇게 삶을 좀 더 여유롭게 바라볼 수 있게 되었다. 늦은 출산으로 육아의 어려움을 절절히 느낄 때 책을 읽었다. 주로 육아서를 읽으면서 육아 문제를 하나하나 풀었다. 육아서로부터 시작된 나의 독서는 내 삶의 문제를 해결하는 독서로 넓혀졌다. 직장인이라면 누구보다 읽어야 하는 자기계발서, 경제경영서 분야로 독서의 영역이 확대되어 갔다.

2013년 이후부터 본격적으로 책을 읽기 시작했다. '연간 100권 읽기'라는 목표를 세우고 꾸준히 이루어 나가고 있다. 독서를 육아휴직 때 시작했기에 복직하고는 독서 시간이 부족해 연간 100권의 목표를 이룰 수 없을 것이라고 생각했다. 하지만 여전히 그 목표는 진행 중이다. 직장에서는 여유가 없어 점심시간에 틈틈이 독서했다. 그러곤 대부분 집에 와서 독서 시간을 만들었다. 새벽 5시에 일어나 출근하기 전 2시간, 밤에 아이들 재우고 1시간. 그리고 주말에는 남편의 이해를 구하고 아이들이 일어나기 전 도서관에서 4시간을 읽었다. 그렇게 해서 나는 연간 100권 이상을 읽었다.

그리고 놀랍게도 내 삶은 변화되어 갔다. 삶에 대한 관점이 달라졌다. 세상에 대한 이해도도 높아졌다. 지금도 나는 독서하고 있고 계속 긍정적으로 변화되고 있음을 느낀다. 무엇보다 책을 읽으면서 변화된 것은 작가가 되겠다는 꿈을 가진 것이다. 작가가 되어 내 책을 통해 사람들에게 위로를 주고 선한 영향력을 끼치고 싶다. 그리고 내 책의 콘텐츠로 강연가가 되고 싶다는 포부를 가지게 되었다.

교사이기에 책은 더욱 읽어야 한다. 교사가 힘들면 아이들도 힘들어진다. 교사가 부정적이면 아이들도 부정적으로 성장할 수밖에 없다. 학교가 살고 아이들이 살려면 우선 교사가 먼저 살아야 한다. 교사가 죽은 학교에서 아이들은 결코 숨을 쉴 수가 없다. 시간이 없어 책이 뒷전이 되어서는 안 된다. 시간이 없을수록, 문제가 복잡한 환경일수록 교사는 책을 읽어야 한다. 교직생활에서 책으로 힐링받고, 힐링받은 긍정 에너지로 아이들을 가르치면 아이들은 타고난 잠재력을 키우면서 제대로 성장할 것이다.

나는 지금 독서 관련 개인저서를 집필 중이다. 그 저서가 출간되고 나면 교육청에서 독서에 대해 강연할 것이다. 내가 책을 통해서 해결점을 찾고 마음의 여유를 찾았듯이 일반 선생님들도 나처럼 책에서 힘든 부분의 답을 찾고 해결하기를 바란다. 책에는 모든 답이 담겨 있다. 우리가 그것을 책에서 구하면 다 구할 수 있다는 실제적인 나의 경험을 들려주고 싶다. 책을 통해서 좀 더 여유를 찾고 아이를 사랑으로 품을 수 있는 교사가 많아지길 바란다.

그런 교사들을 위해 교육청에서 독서의 힘과 노하우를 알리는 나의 모습을 생생하게 상상해 본다. 생활의 일부가 된 독서를 통해 교사들이 긍정적으로 변화되는 모습을 상상해 본다. 그 상상은 조만간 현실이 될 것이다.

대형 베스트셀러
작가 되기

　나는 늦은 나이에 결혼해서 2년 만에 어렵게 아이를 가졌다. 출산했을 당시 내 나이가 마흔두 살이었다. 아이가 3개월이 지나고 낮과 밤을 구분하게 되면서 둘째를 생각하게 되었다. 그 당시 나이가 많았기에 둘째는 지금 결정하지 않으면 영영 나의 선택지에서 벗어난다고 생각했다. 그래서 둘째도 일단 낳고 보자고 과감하게 결심했다. 지금 돌이켜 보면 그때는 육아가 육체적, 정신적으로 얼마나 어려운 일인지 진지하게 느끼지 못했기에 내린 결정이었다. 어쨌든 결과적으로는 잘한 선택이었지만 주변 지인들은 배가 불러 오자 내게 이런 말들을 했다.

　"이 늦은 나이에 둘째를 가졌어?"

　"첫째가 아직 돌도 안 되었는데, 둘째까지 어떻게 키우려고?"

연세 많으신 친정엄마까지도 겉으로 말은 못하고 속으로 걱정하셨다고 한다. 그러나 나는 씩씩했다. 비록 결혼은 늦었지만 아이는 거뜬히 낳아 잘 기른다는 소리를 듣고 싶었다. 둘째 아이를 임신한 동안 난 건강했다. 첫째 때처럼 입덧도 없었다. 그렇다고 특별히 먹고 싶은 것도 없었다. 그냥 임신 전 식욕 그대로였다. 첫째가 어리기는 했지만 둘째는 아직 배 속에 있기 때문에 육아가 그렇게 어렵지는 않았다. 워킹맘이었지만 그래도 행복감을 느끼면서 우아한 육아가 가능했다.

하지만 둘째 아이가 태어나면서 육아전쟁이 시작되었다. 그 당시 남편과는 주말부부를 하고 있었다. 아이 둘은 17개월 차이였다. 둘째가 태어났을 때도 여전히 첫째는 뒤따라 다녀야 하는 아기였다. 아침에 출근하는 것부터 쉽지 않았다. 두 아이 옷 입히고 어린이집에 데려다주는 것이 고역이었다. 그래서 이웃 할머니에게 수고비를 조금 드리고 아침 출근시간에만 오시게 했다. 그러고 나서 다소 한숨을 돌릴 수 있었다. 하지만 저녁이 또 문제였다. 저녁에 아이 둘이 감당이 되지 않았다. 그래서 다시 고민하다가 입주 도우미를 들이기로 했다. 아이들을 내 자식처럼 사랑할 수 있는 사람인가에 중점을 두고 여러 번의 면접을 거쳐 조선족 아주머니를 뽑았다.

입주한 조선적 이모로 인해 한동안 아침저녁이 다소 순조롭게 지나가는 듯했다. 내가 첫째를 데리고 자고 입주 이모가 둘째를 데리고 잤다. 이 이모는 청소에 반찬도 몇 가지씩 준비하곤 하셨다. 여러모로 좋았지만 한 가지 아이에게 안 좋은 부분이 발견되었다. 이 이모님이 TV를 너무나 즐기신다는 것이었다. 한 집 안에서 살면서 그런 부분을 지적하기도 쉽지 않았다. 면접 때 TV 시청을 자제하라는 이야기를 미리 해야 했다. 그런데 입주 도우미를 들인 경험이 없는지라 그 부분을 놓쳤다.

결국 그 이모를 내보내기로 결심했다. 내보내기로 결심은 했는데 또 다른 고민이 생겼다. 미리 이야기하느냐 아니면 내보내기 직전에 이야기하느냐였다. 미리 이야기하면 아이에게 나쁜 영향이 갈까 봐 부모로서 염려되었기 때문이다. 참 부모가 되고 보니 아이와 관련된 부분은 매우 예민해진다. 결국 이모한테는 안된 일이지만, 주말 외박을 나가시는 그날 이야기해서 내보냈다. 지금도 그 생각을 하면 마음이 안쓰럽지만 아이를 위해 어쩔 수 없는 결정이었다. 이 지면을 빌려서 이모의 이해를 구한다.

육아를 하면서 '내 인생에서 이렇게 힘든 적이 있었나' 생각했다. 나이가 들어서 육아를 하면 육체적으로는 힘들지도 모르나 정신적인 측면에서는 젊은 엄마들보다 더 편안하고 여유롭게 육아할 수 있을 것이라 착각했다. 하지만 육아는 젊은 엄마나 나이 든 엄마나 다 힘든 것이었다. 공부를 많이 했든 적게 했든, 배려심이 있든 없든, 그 엄마의 나이, 성격, 인성과 상관없이 인내하고 노력해서 극복해야 할 큰 산이다.

시련이 있으면 사람들은 해결점을 찾기 위해 노력하게 된다. 나는 해결되지 않는 정신적, 육체적 고통을 잊기 위해 책을 읽기 시작했다. 어린 아이가 둘인 워킹맘이지만 내가 간절하니 책 읽을 시간이 났다. 아침에 잠깐, 직장에서 점심시간에 잠깐, 퇴근 후 아이들 미리 재우고 잠깐. 이렇게 짬짬이 책을 읽었다. 처음에는 읽는 양이 아주 적었다. 하지만 책을 통해 현실적인 문제를 해결하게 되면서 책 읽는 시간이 늘어났다. 책에는 현재 나의 고민과 문제를 해결해 주는 실마리가 들어 있었다.

남편과 매일 같이 살게 되면서 떨어져서 살 때 느끼지 못하던 문제를 알게 되었다. 남편이 너무나 말수가 적다는 것이다. 그렇다고 내가 수다스러운 성향도 아니었기에 부족한 대화로 인해 답답함을 느꼈다. 이것도 독서로 해소했다. 그래서 더욱더 책을 찾게 되었다.

내가 책을 본격적으로 읽기 시작한 것은 2013년부터다. 대학교 때 대학 4년 동안 한 가지는 실천하고 졸업하라는 선배의 조언에 따라서 나는 독서를 하자고 마음먹었었다. 대학생 전에는 교과서 외에는 책을 거의 읽지 않았다. 그런 나였기에 나를 변화시키자는 생각으로 육아하면서 책을 열심히 읽었다. 육아의 어려움을 느끼면서 시작한 독서였기에 주로 육아서를 탐독했다. 그렇게 읽은 육아서는 100권이 넘는다. 웬만한 육아서는 다 읽고 나니 읽을 육아서가 없었다. 나는 다른 분야에 관심을 가지기 시작했다.

육아서에서부터 시작된 나의 독서는 점점 다른 분야의 독서로 확장되었다. 짬짬이 독서는 나에게 몰방 독서의 갈증을 느끼게 했다. 나는 '나에게 2시간의 시간이 있었으면 정말 좋겠다'라는 열망을 가졌다. 그러면서 나는 덩어리 시간을 어디에서 확보할까 고민했다. 그러다 주말 아침 아이들과 남편이 일어나기 전에 도서관을 가기 시작했다. 나는 개관 시간에 맞춰 도서관에 갔다. 그러곤 번호표를 뽑아 들고 열람실 책상에 앉아 내가 읽고 싶은 책을 마음껏 읽었다. 그런 시간을 가지면서 나의 의식은 점점 변화되었다.

육아와 바쁜 직장일로 죽을 것 같아 독서를 시작하고 1,000권의 책을 읽으면서 작가가 된 전안나 작가는 《1천 권의 독서법》에서 다음과 같이 말한다.

"먼저 100권을 읽었을 때 마음이 안정되는 걸 느꼈다. 200권을 읽자 반쯤 포기했던 대학원에 붙었고, 독서능력을 인정받아 장학금도 받았다. 300권을 읽자 열등감이 어느 정도 극복되면서 누군가를 원망하고 미워하는 마음이 사라졌다. 500권을 읽자 일상생활과 업무에 적용할 만한 아이디어가 떠오르면서 의욕이 차올랐고, 800권을 읽은 뒤에는 읽는 사람에 머무르지 않고 쓰는 사람이 되고 싶다 생각했고 지금은 작가가 되었다."

　나도 처음에는 미약했지만 책을 읽을수록 변화되고 있는 자신이 느껴지기 시작했다. 확실히 500권 정도 읽자 나의 의식은 그 전과 확연히 달라졌다. 무슨 일이든 적극적이고 도전적으로 변했다. 의식이 변하니 행동이 바뀐 것이다. 그리고 세상을 보는 시각이 변화되었다. 직장에서도 자신감이 생겼다. 내가 무엇을 해야 세상에 이롭고 나 자신에게 가치가 있는지 통찰력이 생겼다. 세상에 대한 이해의 폭이 넓어지면서 주변 사람에 대한 이해와 배려심도 높아졌다.

　그리고 또 하나. 작가가 되고 싶다는 꿈이 생겼다. 책을 읽으면서 나도 책을 써 봐야겠다는 포부와 목표가 생긴 것이다. 나는 쉰을 코앞에 두고 있는 지금까지 작가를 한 번도 접하지 못했다. 그런 내가 스스로 작가가 되겠다는 꿈을 가지게 된 것이다. '가랑비에 옷 젖는 줄 모른다'는 옛말이 있다. 독서가 생활의 일부로서 나의 삶이 되니 저자의 삶도 나의 삶이 되게 하고 싶다는 열망이 생긴 것이다.

　요즘 시대 최고의 스펙은 저자가 되는 것이다. 강력한 멘토를 만나면 가능한 일이다. 그것도 빠른 시간 내에 이루어진다. 우리의 한계는 우리 스스로가 만든다는 것을 잊지 않는다면 우리의 꿈은 훨씬 빨리 이루어진다. 나는 평생 책 쓰는 작가로 살아갈 것이다.

베스트셀러 작가 중에서도 강연 요청이 쇄도하는 대형 베스트셀러 작가. 그것은 현재 나의 꿈임과 동시에 나의 가까운 미래다.

<세바시>에서
멋지게 강연하기

자신의 꿈은 소문을 내야 한다. 소문낸 꿈은 간절함이 더욱 커진다. 다른 사람한테 말한 책임감이 있기 때문에 꿈을 이루기 위해 더욱 노력하게 된다. 나는 항상 어떤 목표가 생기면 주변에 나의 목표를 이야기한다. 그러면 신기하게도 그 목표는 결국 이루어진다. 그런 경험을 가졌기에 이번에도 나는 주위 친구들에게 이렇게 이야기했다.

"나는 〈세바시〉에 출연하고 싶어."

"〈세바시〉에 출연해서 절망하고 힘들어하는 사람들에게 위안을 주는 강연을 하고 싶어."

"난 〈세바시〉의 강연을 듣고 다시 시작할 용기를 얻었어."

"〈세바시〉에서 나는 문제 해결의 실마리를 얻었어."

친구들은 의아해했다. 어떤 친구들은 "〈세바시〉가 뭐야?"라고 되묻기도 했다. 〈세바시〉는 '세상을 바꾸는 시간, 15분'의 줄임말로 CBS TV의 한 프로그램 이름이다. 이곳에서 유명인이나 일반인들이 자신의 이야기를 강연한다. 다양한 사람들이 나오는 만큼 강연 내용도 다양하다. 성공이야기, 실패한 이야기, 시련을 극복한 이야기, 절망 속에서 기회를 잡은 이야기 등 다양한 스토리와 철학, 가치관, 신념의 주인공들이 나온다. 난 작년에 겪은 힘든 시기를 이 〈세바시〉를 통해 이겨 냈다. 〈세바시〉가 없었다면 내 마음과 몸을 추스르지 못했을 것이다.

작년 한 해는 나에게 힘든 해였다. 가정에서도 직장에서도 휴직의 결단을 내려야 할 일들이 생겼다. 남편은 다니던 직장을 그만두고 새로운 직장을 잡겠다고 공부하고 있었다. 내 직장에서는 연초에 항상 그렇듯이 업무조정으로 부서들 간에 신경전을 벌이고 있었다.

우리 부부는 늦은 나이에 결혼해 아이들 나이가 어리다. 큰아이가 초등학교 2학년, 작은아이가 초등학교 1학년이다. 한창 손이 많이 가는 나이다. 초등 저학년에 아이의 평생 습관이 형성된다고 하니 이 시기의 중요성은 누구나 수긍한다.

남편은 쉰여섯 살이다. 이 나이가 될 때까지 한 직장에 몸담았다. 그리고 2016년 12월에 퇴직하고 아이들이 클 때까지 수입이 보장된다는 아파트 관리소장에 도전하겠다고 결심했다. 먼저 관리소장이 되는 데 필요한 자격증을 취득해야 했다.

남편은 주택관리사란 자격증을 취득하기 위해 매일 노량진 학원을 다녔다. 사실 이 시험에 2016년부터 도전했다. 하지만 몇 번의 고배를 마시고 지금 다시 도전 중이다. 2016년 학원에 다닐 때 아이들이 학교에 가기 전인 8시쯤에 집을 나갔다. 그러면 아이들 먹이고 입히고 씻기고 나도 출근 준비하느라 집 안은 그야말로 전쟁터였다. 아침마다 신경이 예민해져서 부부싸움을 했다. 주택관리사에 합격하면 좋겠지만 지금 우선순위는 그것이 아니라고 남편한테 이야기했다. 남편은 자신이 나이가 많으니 지금 공부하지 않으면 안 된다고 고집을 부렸다. 난 남편한테 말했다.

"30년 이상 직장생활을 했으니 당신도 좀 쉬어요. 그리고 아이들이 아직 어리니 아이들 좀 봐 주세요."

내 말에 남편은 오로지 지금 공부하지 않으면 안 된다고만 했다. 남편의 말이 한편으론 이해가 가지만 한편으론 원망스러웠다. 나는 지금 이 시점에서 가장 중요한 것은 아이들 생활습관을 잘 잡아 주는 것이라고 생각했다. 남편이 퇴직한 상태이니 아이들을 좀 봐 주었으면 하는 마음이 많았다. 하지만 그런 나의 마음은 무시되었고 남편은 또 한 해를 더 공부한다고 했다. 그러다 보니 난 심각하게 휴직을 고려하게 되었다.

또한 직장에서도 쉽지 않았다. 보건교사라는 직업이 남들에게는 좋아 보이고 부러움의 대상이었지만 실상은 그렇지가 않았다. 스스로의 만족감이 그렇게 높지 않다. 군병원에서 근무할 때가 보건교사로 일하는 것보다 직업에 대한 자긍심, 만족감이 더 높았다.

학교에서는 일반 조직처럼 다양한 사람이 각자 고유한 업무를 부여받는다. 보건교사는 건강을 보호하고 응급상황이 발생했을 때 즉각적인 대응으로 최대한 후유증이 남지 않도록 대처한다. 또한 전염병이 전파되거나 하면 관리 매뉴얼에 맞추어 전염을 예방하는 데 최선을 다한다. 학교 전체를 대상으로 하는 건강 유지, 건강 증진이 보건교사의 중요한 존재 이유다.

보건교사 초창기에는 보건교사의 역할이 모호했다. 학교의 애매한 잡다한 업무들을 했었다. 그 잡다한 업무는 학교마다 천차만별이었다고 선배들을 통해 전해 들었다. 어떤 학교에서는 고유한 보건 업무 외의 일들이 전체 업무의 30퍼센트 이상을 차지하기도 했다. 연륜이 많은 선생님들 중에는 과거의 고정관념에서 벗어나지 못하는 분들도 있다. 지금도 보건의 고유 업무 외의 일들, 즉 보험 업무, 안전공제보험, 상담사가 담당하는 정신건강 관련 검사 및 업무, 정수기, 물탱크 관리 업무, 환경관리 일, 다른 교사 이름으로 보건 수업하기 등의 일들을 보건교사가 해야 한다고 착각하고 있는 것이다.

돌이켜 생각해 보니, 정말 말도 안 되는 업무를 얼마 전까지 내가 했던 것 같다. 작년 난 아침에 아이들을 학교 셔틀에 태워 보내고 출근했다. 그래서 다른 사람들보다 30~40분 전에 학교에 도착했다. 일찍 출근하는 나를 보고 관리자는 아침에 일찍 등교하는 아이들을 관리하라고 했다. 그리고 업무분장 책자에 보건교사는 일찍 출근하는 것으로 명기해 두었다. 일반 교사가 8시 45분까지 출근하면 나는 8시 10분까지 출근하라는 것이었다. 또한 등교시간에 맞추어 현관문을 열어 놓으라고까지 했다. 난 좋은 마음으로 받아들였었다. '어차피 빨리 출근하는 거 학생들 돌봐 주는 것 어때, 현관문 여는 것 어때, 괜찮다'라고 생각했다.

보건교사로 일하면서 가장 속상한 부분이 있다. 해마다 이루어지는 교사들 간 교사평가제로 인해 많은 보건교사들이 큰 상처를 받는다는 점이다. 물론 평가제에 불만을 가지고 있는 일반 교사들도 있다. 하지만 보건교사는 평가 기준에서부터 불합리한 대우를 받는다. 교사평가제 기준 자체가 수업하는 일반 교사의 여건에 맞는 평가 기준이기 때문이다. 고유한 업무가 건강 관련 업무로 수업을 하지 않는 보건교사에겐 당연히 최하위 등급이 나올 수밖에 없다. 보건교사 거의 대부분이 최하위 등급을 받는다.

학교에서 혼자이기 때문에 업무에 대해 상의할 사람도 없고 보건의 업무를 완전히 이해하는 사람도 없다. 단지 보건실에 있고 수업을 안 하니까 좋아 보이는 것이다. 일은 하면서 일한 만큼 인

정도 대우도 못 받는 느낌을 받는다.

작년에는 연초가 되면서 이런 모든 일이 나에게 한꺼번에 불어닥쳐 심리적으로 혼란스러웠다. 가정에서도 학교에서도 나에게 휴직하라고 말하는 것 같았다. 휴직해서 시기적으로 중요한 아들, 딸 돌봐 주고 직장에서 낮아진 자존감을 회복하라고 나의 내면이 이야기했다.

작년 2월 말 결정을 내리기 전까지 한 달 동안 체중이 3kg이나 빠졌다. 학교의 상담사 선생님이 잘 알고 있다는 신 내린 할머니집도 찾아가고, 큰아이 학교 엄마가 잘 안다는 철학원도 찾아갔다. 두 군데 모두 나에게 "무조건 쉬어, 과로사하겠어."라고 했다. 최소 6개월은 쉬고 건강검진도 받아 보라고 했다. 나는 최후의 보루로 남겨 두었지만 휴직은 하늘의 뜻이구나 생각하면서 받아들이기로 했다.

3월부터 아이들은 학교에 가고 남편은 노량진 학원으로 공부하러 간 후 오롯이 나만의 시간이 주어졌다. 많은 시간이 주어졌지만 마음은 안정을 찾지 못하고 낮아진 자존감으로 아무것도 할 수 없었다. 아이들 교육상 TV는 없앤 상태라 인터넷 유튜브를 보게 되었다. 그곳에서 〈세바시〉를 시청하게 되었다.

많은 사람들이 〈세바시〉에서 강연했다. 내가 잘 아는 사람도 있었다. 하지만 잘 모르는 사람, 즉 평범한 시민들까지 나와서 한 가지 주제를 가지고 자신의 경험과 철학, 신념, 가치관을 이야기했다. 주제는 다양했고 하나같이 나에게 도움이 되는 내용들이었다. 낮아진 자존감은 조금씩 높아졌고, 자신감도 생겼다. 그러면서 시든 꽃이 조금씩 물을 머금고 살아나듯 조금씩 치유되는 느낌을 받았다.

왜 내가 진작 〈세바시〉를 보지 않았을까? 더 일찍 이 프로그램을 봤다면 좀 더 에너지를 얻지 않았을까 안타까웠다. 김창옥, 김미경, 김제동, 고미숙, 정재승, 강신주, 신영복. 내가 주로 본 강연가들이다. 이 지면을 빌려서 덕분에 자존감을 찾고 다시 일어설 수 있었다고 감사함을 전한다.

〈세바시〉를 통해 많은 위안과 치유를 받으면서 나는 한 가지 꿈을 가지게 되었다. '나도 〈세바시〉에 출연해 나처럼 힘들어하는 사람들을 위로하고 싶다', '누군가 시련을 극복하도록 희망과 기회를 주는 강연을 하고 싶다'라는. 나의 꿈이 곧 이루어지리라 확신한다. 자신의 마음에 새겨진 것은 현실이 되는 것이 우주의 법칙임을 나는 알고 있기 때문이다. 〈세바시〉에서 멋지게 강연하는, 나의 꿈을 이룬 모습을 오늘도 생생하게 상상한다.

네빌 고다드는 말한다.

"여러분이 이미 원하는 모습이 되었다는 것을 사실로 받아들인다면 그것은 자동적으로 눈앞에 나타납니다."

아들, 딸의
인생 롤 모델 되기

어릴 때 친정엄마는 항상 아프셨다. 몸도 워낙 마른 체형이셨고 체력도 약했다. 특별한 병이 없는데도 힘이 없으시고 거의 누워서 지낸 기억이 난다. 유치원에 입학하기 전쯤 나는 엄마보다는 아버지를 따라다녔다. 울 때도 다른 아이들은 '엄마'라고 부르면서 우는데 나는 '아버지, 아버지'라고 하면서 울었다고 한다. 집안이 넉넉하지 않은 탓에 아버지는 이 일 저 일 가리지 않고 처자식 먹여 살리기 위해 열심히 일했다. 그러다가 내가 중학생 때 건설현장에서 사고로 돌아가셨다. 결국 엄마를 포함해 우리 다섯 가족만 남게 되었다.

엄마는 강하셨다. 아버지 사고 당시 엄마는 작은 식당을 하고 계셨다. 갑작스런 비보에도 엄마는 아이들 먹이고 입히기 위해 슬퍼할 시간도 없이 일하셨다. 학교에서 야간자율학습을 하다가 밤 늦게 오면 엄마는 피곤한 몸을 의자에 기댄 채 꾸벅꾸벅 졸고 계셨다. 그러면서도 밤늦도록 식당 문을 닫지 않고 한 손님이라도 더 받으시기 위해 노력하셨다. 이른 새벽에는 장사에 쓰실 해산물, 야채를 사기 위해 자전거를 타고 시장을 가셨다. 도와주는 사람 한 명도 없이 오로지 혼자의 힘으로 식당을 꾸려 가시면서 아들 둘, 딸 둘을 키워 내셨다.

지금은 자식 잘 키웠다는 소리를 들으신다. 마흔아홉에 남편을 잃고 혼자의 몸이 되어서 아이 4명을 키워 내신 엄마를 보면서 나는 엄마의 영향력이 크다는 생각을 한다. 마흔아홉 살이면 아직 인생 살날이 많이 남은 나이로 아이들을 두고 재혼할 수도 있다. 그리고 남편이 없다는 절망 속에서 당신의 몸 가누기도 힘들어하며 아이들을 챙기는 것은 뒷전일 수도 있다. 하지만 엄마는 달랐다. 더욱 악착같이 생활하셨다.

특히 배우지 못한 당신의 약점을 자식에게는 물려주시지 않으려 공부는 끝까지 밀어주겠다고 각오하셨다. 이러한 엄마의 남다른 공부 욕심 덕분으로 우리 4형제는 다 대학을 나올 수 있었다. 그리고 지금은 각자 사회에서 한자리씩 차지하고 그 역할을 다하고 있다.

돌이켜 보면 친정엄마에게 너무 감사하다. 내 나이보다 어린 나이에 남편을 잃은 엄마. 그 당시 지금의 나보다 2명이나 더 많은 4명의 자식을 거뜬히 혼자 사회의 일꾼으로 키워 내신 엄마. 홀로 자식을 키우면서 우리에게 보여 주신 곧은 신념과 열정, 성실함을 평생 나의 보물로 간직할 것이다. 그러면서 나는 아이들에게 어떤 엄마여야 할까 생각해 보았다. 내가 이 세상에 없더라도 이것 하나만은 꼭 물려주었으면 하는 것이 무엇일까 생각하는 시간을 가져 봤다.

나는 어릴 때 남들보다는 조금 더 공부를 잘한다는 소리를 들었다. 초등학교 5학년 때는 학교 내 배구선수를 했다. 학교가 끝나면 선생님 대신에 조장으로서 아이들을 훈련시키기도 했다. 그러다 중학교에 들어가면서 나는 다짐했다. '초등학교 때는 배구를 한다고 공부를 못했지만 중학교에서는 배구 대신 공부를 잘해 보자'라고. 그런 다짐 후 나는 첫 시험을 준비하면서 밤늦게까지 공부했다. 지금 생각하니 '당일치기 공부'였던 것 같다. 그래도 결과는 대만족이었다.

첫 시험을 잘 봐 반에서 5등 안에 들고 나니 공부에 대한 욕심이 더욱 커졌다. 관심이 없을 때는 보이지 않던 것들이 관심을 가지면서 보이듯이, 공부에 관심을 가지면서 '공부를 어떻게 하면 잘할까' 생각하고 연구했다. 비록 어렸지만 나름 열심히 공부하기 시작했고 성적은 더욱 좋아졌다. 그리고 엄마, 아버지도 몹시 기뻐하셨다. 그러니 효도를 하는 듯한 마음에 나는 더욱 열심히 공부했다.

나는 아버지가 돌아가시고 한동안 방황했다. 언니는 취직해서 서울로 갔고, 오빠는 울산에 있는 대학교에 입학해서 울산으로 갔다. 세 식구만 살고 있을 때 아버지께서 사고를 당하셨다. 사고 후 엄마는 식당을 하신다고 바쁘셨다. 나는 혼자서 심하게 인생을 고민했다. '아침까지 멀쩡하시던 아버지가 갑자기 돌아가셨어. 사람의 목숨은 파리 목숨과 같아. 내가 지금 열심히 공부해도 금방 죽을 수도 있어. 언제 죽을지도 모르는데 공부하면 뭐 해'라는 생각들에서 벗어나지 못했다.

아버지에 대한 정이 두터웠기 때문에 충격은 더욱 컸다. 나는 삶에 대해 심하게 회의를 느끼고 있었다. 세상이 너무 허무하게 느껴졌다. 공부해야 할 이유를 찾지 못했다. 그래서 성적은 떨어지고 결국 재수를 하게 되었다.

재수를 하고 다행히 간호학과에 들어가게 되었다. 그리고 대학을 졸업하면서 정해진 길대로 살게 되었다. 한 번 이직했고 지금은 보건교사로 근무하고 있다. 나이 쉰을 코앞에 둔 지금까지 간호라는 대학 전공에 맞추어 인생을 살았다. 나의 꿈이 무엇인지 한 번도 고민해 보지 않았다. '꿈은 개뿔, 꿈이 왜 필요해. 꿈은 아이들이나 꾸는 것 아니야?'라면서 직업이 있는 사람은 꿈을 꾸지 않는 것이라고 착각했다.

하지만 지금은 확실히 말할 수 있다. 직업을 구하기 전인 사람뿐만 아니라 직장인이라도 꿈이 있어야 한다고. 직업을 구하기 전인 사람은 당연히 자신의 꿈을 찾고 그 꿈을 함께 이룰 수 있는 직업을 구해야 더욱 행복해진다. 직장이 있는 사람은 다람쥐 쳇바퀴 도는 것 같은 직장생활에 활기와 삶의 만족을 더하기 위해 꿈이 필요하다. 직장에서 더 좋은 성과를 내기 위해서도 꿈은 필요하다. 그 지겨운 직장을 즐겁게 오래 다니기 위해서도 자신의 소중한 꿈은 필요하다.

나는 보건교사다. 남들은 나를 아주 부러워한다. 특히 일반 교사들이 제일 부러워한다. 수업도 안 하고 보건실이라는 특별실을 차지하고 앉아 있다고 나를 볼 때마다 부럽다고 말한다. 어떤 사람은 시기와 질투까지 한다. 하지만 난 부러워하는 그런 시선과는 달리 직업에 대한 만족감이 낮다. 보건교사란 직업이 열심히 해도 그만큼 인정을 못 받고, 하위 등급의 평가가 당연하다는 듯한 학교의 분위기가 마음의 상처로 남았기 때문이다.

어떤 보건교사는 열심히 해 봤자 진급은 하늘의 별 따기다. 교사 평가도 항상 하위 등급이다. 그러니 열심히 할 필요가 없다고 말하기도 한다. 특수한 보건 업무의 위치를 인정하지 않고 애매한 업무는 보건교사가 해야 한다는 교사들의 인식에 다시 한 번 절망감을 느낀다.

직장에서 대우받지 못하는 모순적 현실과 개인적 문제 해결의 실마리를 찾기 위해 책을 읽기 시작했다. 퇴근 후 피곤한 몸을 이끌고 내가 읽고 싶은 책부터 읽어 나갔다. 연간 독서 목표도 세웠다. 1년에 100권이란 목표를 세우고 그것을 달성하기 위해 시간을 확보했다. 허투루 낭비하는 시간을 모으니 2~3시간은 나왔다. 주로 새벽에 일어났다. 새벽 5시에 일어나도 2시간이 확보된다. 그리고 점심시간 30분, 자기 전의 30분을 합하면 하루 총 3시간의 시간이 확보된다. 그 시간을 활용해 나는 연간 100권의 독서 목표를 해마다 이루어 왔다. 책을 읽기 시작하면서 나는 나의 꿈을 생각하기 시작했다. 한 번뿐 인생인데 꿈도 없이 일만 하다가 죽고 싶지 않았다.

책을 읽으면서 꿈이 자연스럽게 생기기 시작했다. 책으로부터 위안을 받으면서 나도 책을 써서 사람들에게 위안을 주고 싶었다. 연간 100권이란 목표를 꾸준히 채우면서 책을 읽지 않는 현대 사람들에게 나의 독서 노하우를 가르쳐 주고 싶었다. 그래서 책을 통해 일찍이 알고 있었던 〈한책협〉을 찾게 되었다. 〈한책협〉의 〈1일 특강〉에 가고 싶었지만 용기가 나지 않아 망설였다. 그래도 용기를 내기로 결심한 나는 남편한테 아이들을 부탁하고 참석하게 되었다.

〈한책협〉의 〈1일 특강〉에서 눈에 보이는 사람들은 다 책을 쓴 사람이거나 집필 중인 사람이었다. 평생 작가를 한 번도 보지 못했는데 속된 말로, 발에 차이는 사람들이 다 작가였다. 너무나 놀라웠다. 작가님들이 한곳에 이렇게 많이 모여 있다니… 그리고 김태광 대표 코치님과 임원화 수석 코치님의 코치를 받고 책을 쓰는 사람들이 이렇게 많다니 탄성이 절로 나왔다. 나는 이곳이라면 책 쓰는 비법을 확실히 배울 수 있겠다는 확신이 들었다. 그래서 〈책 쓰기 7주 과정〉을 그날 신청했다.

난 지금 개인저서를 준비 중이다. 개인저서의 초고 완성을 2월 말로 잡았다. 초고가 완성되고 책이 출간되면 나는 독서를 생활에서 실천할 수 있도록 돕는 메신저가 될 것이다. 앞으로의 사회는 인공지능이 대세다. 쉽게 말해 인간은 로봇하고 경쟁해야 한다. 로봇을 이길 수 있는 방법은 로봇이 못하는 부분을 공략하는 것이다.

지금까지 학교에서는 지식을 머릿속에 주입하는 방식으로 가르쳤다. 하지만 주입된 지식이 경쟁력이던 시대는 지났다. 다양한 정보 중 자신이 필요한 정보를 찾아내고 그것을 새롭게 창조하는 능력이 무엇보다 필요하다. 그런 능력을 키울 수 있는 방법으로는 독서만 한 것이 없다. 직장인들도 인생 2막을 위해서 더욱 독서가 필요하다. 내가 가진 독서 노하우를 알려 주는 메신저로서의 삶을 생생히 상상해 본다.

나는 나의 아들, 딸이 엄마처럼 메신저의 길을 갔으면 하는 마음이 있다. 공교육에서 강조하는 명문대 입학을 나는 원하지 않는다. 인생을 보장해 주던 명문대는 이제 과거가 되었다. 명문대를 나와도 직장을 구하지 못하는 사람들이 많다. 학력은 아무런 도움이 되지 않는다. 실력만이 중요한 시대다. 이런 시대를 사는 아이들에게 나는 과감히 이렇게 알려 주고 싶다.

"먼저 가슴 떨릴 만큼 좋아하는 일을 발견하고 실력을 쌓기 위해 최선을 다해라. 그리고 네가 관심이 있거나 자신 있는 분야를 연구해 책을 쓰고 난 후 그 내용을 사람들에게 알려 주는 메신저가 되어라."

앞으로의 엄마처럼 우리 아이들이 그렇게 하기를 진심으로 바란다. 메신저가 될 아들, 딸의 인생 롤 모델이 되기 위해 나는 오늘도 책을 쓰면서 메신저의 길을 닦고 있다.

하루 4시간 일하는
억대 연봉자 되기

　요즘 나는 책을 쓰기 위해 책 쓰기에 대해 배우러 다닌다. 작년 겨울, 〈한책협〉의 〈1일 특강〉에서 김태광 대표 코치님과 임원화 수석 코치님으로부터 책 쓰는 노하우에 대해 들은 것이 계기가 되었다. 그러곤 본격적으로 공부하고 싶어 〈7주 책 쓰기 과정〉을 신청했다. 그래서 매주 토요일마다 분당 수내동으로 간다. 전철을 타고 가면 꼬박 2시간이 걸린다. 수강한 지 벌써 몇 주가 넘었다. 평소 전철을 잘 타지 않는데, 벌써 1년치 전철을 다 탄 기분이다. 거리가 멀어도 즐겁다. 전철에서 책을 읽으면서 가다 보면 도착할 때쯤 책의 반 이상을 읽는다. 책도 읽고 책 쓰기도 배우러 가는 시간이 너무나 알차다.

　1, 2주 차 때는 김태광 대표 코치님께서 수업하셨고 3, 4주 차

때는 임원화 수석 코치님께서 서론, 본론, 결론, 인용과 각색에 대한 수업을 하셨다. 나와 함께 수강을 시작한 동기들은 모두 18명으로 그전 인원수에 비해 가장 많다. 살면서 의미 있는 일을 하고자 하는 열정적인 분들이 모였다.

수업 분위기도 좋다. 수업 전에 책 한 권을 읽고 자신이 느낀 바를 이야기하는 독서 발표를 한다. 각양각색, 다양한 이야기를 듣노라면 시간 가는 줄 모른다. 사는 곳도 다양하다. 제주도, 울산, 전주, 김천 등…. 토요일날 분당으로 오기 위해 분주하게 움직이는 53기 작가님들의 모습이 눈에 선하다. 힘들게 멀리서 모인 만큼이나 열정적인 수업 분위기는 1주 차 때부터 지금까지 계속 이어지고 있다.

열띤 강의 분위기만큼 코치님들의 에너지도 활화산처럼 뜨겁다. 코치님의 개인적인 이야기까지 곁들이면서 친절하고 힘 있는 강의를 하신다. 한번은 강의 중간에 임원화 수석 코치님께서 말씀하셨다.

"지금 저는 하고 싶은 일을 하면서 병원에서 간호사로 일할 때보다 10배의 수입을 올리고 있어요. 출근도 매일 하지 않습니다. 하루에 4시간 정도 일하는 억대 연봉자가 되었습니다."

나는 속으로 탄성을 질렀다. 그런 것이 가능하다니, 정말 부러웠다. 〈한책협〉에 올 용기를 낼 수 있었던 것도 임원화 코치님이 쓰신 《하루 10분 독서의 힘》을 읽고난 뒤, 그 길을 따라가고 싶어 서였다.

나는 재수를 했다. 재수할 형편은 안 되었지만 그때 마침 언니가 결혼해서 서울에 신혼살림을 차렸다. 언니도 간호사로 강남의 영동세브란스 병원(지금의 강남세브란스 병원)에서 근무하기 시작했다. 나는 언니 집에 얹혀살면서 노량진 단과 학원을 다녔다. 좋은 대학만이 유일한 목표였다. 그러다가 수능 전에 시험을 치르는 '간호사관학교'에 지원서를 내게 되었다. 다행히 합격해서 대학을 다녔고, 졸업 후 정해진 길대로 살게 되었다.

그 후에 한 번 이직을 했다. 군병원에서 9년간 근무하다 10년 차 때 나는 사회로 나왔다. 사회로 나와 보니 내가 선택할 수 있는 직업은 몇 개 되지 않았다. 그 당시 내 생각에는 일반 병원에 간호사로 취업하든지 임용시험을 봐서 보건교사가 되든지 두 가지 방법뿐이었다. 대학 동문 중에 외국에서 간호사를 하는 분도 더러 있었지만 외국에 나가는 것은 엄마가 반대하셨다.

군병원을 그만두고 사회인이 되었을 때 내 나이 서른네 살. 나는 새로운 세상에 던져졌다는 불안감을 느꼈다. 결혼도 하지 않았고, 직업도 없고, 집도 없고 오로지 몸뚱이 하나뿐이었다. 한 가지 유일한 위안은 책을 보는 것이었다. 가끔 공부도 해 보았다. 엄마가 반대하시는 미국간호사 RN시험 준비도 해 보았다. 미국 RN간호사

시험은 토플시험처럼 미국 시험 인증을 받고 시험을 쳐야 한다. 그런데 시험 신청은 했지만 접수 과정에서 문제가 생겨 결국 시험을 보지도 못하고 포기하고 말았다.

일반 병원 취직은 아예 접었다. 밤에 근무하는 게 얼마나 힘든지 알고 있었기 때문이다. 나의 적성에도 맞지 않았다. 전공이 간호이니, 아픈 사람들을 간호하는 것은 당연할 것이다. 하지만 아픈 사람들만 보면 기운이 빠져나가는 것 같았다. 그래서 병원만큼은 취직하지 않겠다고 생각했다.

그 당시 나의 의식이 단순했다고 생각한다. 왜 취직만을 생각했는지 모르겠다. 사고 자체가 제한적이었다. 주변의 모든 사람들이 나에게 취직해야 한다고 이야기했다. 그 누구도 "너의 꿈을 찾도록 노력해 봐."라고 말하지 않았다. 꿈은 사치였고 꿈은 아이들한테만 필요한 것이라고 생각했다. 그때 내가 책을 썼더라면 지금 어떻게 되었을까?

결국 나는 보건교사가 되고자 했다. 임용고시 시험을 보기 위해 노량진 학원가를 다시 찾았다. 재수할 때보다 많이 깨끗해졌지만 10년 전보다 크게 변화하진 않았다. 여전히 공부하는 학생들은 차고 넘쳤다. 나처럼 모두 어떤 조직을 목표로 공부하고 있었다. 내가 노량진 학원가를 찾은 것은 9월. 시험은 11월인데 너무 늦게 찾았다. 공부를 늦게 시작한 것이다. 그래서 결국 그해 시험은 떨어지고 그다음 해 1, 2, 3차까지의 보건교사 시험에 합격했다.

어느 시험이나 마찬가지지만 시험은 사람을 황폐하게 만든다. 절대평가가 아니라 상대평가이다 보니 같이 공부하는 주변 사람들을 적으로 여긴다. 진정한 친구 관계가 성립될 수 없다. 내가 가지고 있는 좋은 정보는 나만 알고 있어야 한다. 주변 사람들도 이런 나와 비슷할 것이다. 서로 윈-윈 관계가 될 수 없는 것이다. 하나의 가치에 몰려드는 사람들은 서로 간에 상처가 된다. 사람들이 다양하듯이 사람들의 재능도 다양하다. 취직만이 유일한 삶의 목적이 아니라 자신의 재능을 계발해서 즐겁게 일하다 보면 수입도 따라온다는 진리를 전혀 인지하지 못한다. 나도 그랬다.

학교 업무는 만만치 않다. 학생들은 집안에서 하나, 둘인 자식이다 보니 귀하게 큰다. 귀한 자식들은 학교에 와서도 귀한 대접을 원한다. 종이에 베여 상처가 나면 "선생님! 손에서 피가 철철 나요." 하면서 뛰어온다. 상처가 나면 보건실을 찾는 것은 당연하다. 하지만 수업 다 듣고 와도 늦지 않는 조그만 상처들도 아이들은 참지 못한다. 그리고 수업을 듣기 싫은 아이들은 아프다고 보건실에 드러누워 있겠다고 한다. 또한 대부분의 아이들이 중2 때 심하게 사춘기를 겪는데, 집에서도 감당이 안 되는 아이들이 수업을 거부하고 보건실을 찾는 경우도 많다. 어느 정도 인성교육자의 역할도 해야 하는 것이다.

게다가 평균수명이 늘어나면서 건강에 관심을 가지는 사회적 분위기와 맞물려 학교현장에서도 건강에 대한 요구가 많아진다. 그러면 새로운 업무들이 자꾸 생겨난다. 건강 관련 업무가 점점 많아지면서 보건 업무도 더 복잡해진다.

퇴근하고 집에 오면 파김치가 된다. 아이들이 어려 큰아이가 초등학교 2학년, 작은아이가 초등학교 1학년이다. 아이들의 과제를 봐 주고 책 읽는 것 챙겨 주다 보면 힘이 더 빠진다. 저녁도 간단히 반찬 한 가지만 해서 먹는다. 사실 외식을 하는 경우도 많다. 외식보다 조미료가 안 들어가는 집밥이 건강에 좋다는 것은 안다. 하지만 피곤해서 어쩔 수 없이 외식을 하게 된다. 저녁이 되면 아이들을 씻기고 재운다. 재우면서 아이들보다 내가 먼저 곯아떨어진다.

나의 개인적인 시간은 없다. 직장에 나가서 정신없이 일하다가 집으로 퇴근한다. 퇴근하면 챙겨 주어야 할 아이들과 남편이 기다리고 있다. 마음 편히 책 읽을 여유가 없다. 오래간만에 책을 읽으려고 하면 피곤하다 보니 금방 졸음이 몰려온다. 그래서 지금은 새벽시간을 활용하고 있다. 새벽에 일어나서 책을 읽는다. 주말에는 남편의 이해를 구하고 아이들이 일어나기 전에 도서관으로 간다. 도서관에서 오전 4시간 동안 읽고 싶은 책을 골라 독서한다. 삶이 고단하지만 그럴수록 나는 독서에 매달렸다. 독서시간은 나 자신을 되돌아보는 시간이 되었다. 잃었던 자신감도 조금씩 회복되었다.

책을 읽으면서 책을 쓰고 강연을 해야겠다는 꿈을 가지게 되었다. 직장인으로서 8시간의 업무를 보고 집에 와서는 피곤해 아무것도 못하는 삶을 이제는 그만하고 싶다는 생각을 한다. 인생은 길다면 길 수도, 짧다면 짧을 수도 있는 시간인데, 일만 하다가 그렇게 마감하고 싶지는 않다. 내가 원하면서 다른 사람에게도 도움이 되는 일을 하고 싶다.

내가 가장 원하는 길이 무엇인지 생각해 봤다. 열 번 자문해도 열 번 다 똑같은 대답이 내면에서 울려 나온다. 내가 하고 싶은 일은 독서 관련 책을 쓰고 독서의 노하우를 알려 주는 메신저가 되는 것이다. 임원화 수석 코치님께서 《하루 10분 독서의 힘》이란 책을 쓰면서 퇴사하고 1인 기업가가 된 것처럼, 나도 그 길을 똑같이 밟고 싶다. 하루 4시간 일하면서 억대 연봉자가 된 임원화 작가님처럼 나도 4시간 일하면서 여유롭게 억대 연봉자의 인생을 살아 보고 싶다.

독서 관련 개인저서가 출간되고 강의하는 나의 모습을 상상해 본다. 학교에서, 교육청에서, 각종 기업체에서 강의하는 나의 모습이 생생히 느껴진다. 그날은 머지않아 올 것이다.

보
물
지
도

12

PART
11

감정 코칭 학교 설립해 아이들의 꿈 응원하기

·한선희·

한선희

'감정코칭연구소' 대표, 독서·토론·논술 GLE센터 운영, 자존감 코치, 강연가

교육현장에서 엄마와 아이들의 롤 모델과 멘토로서 활동하고 있다. 자녀와의 갈등으로 올바른 양육 방법에 대해 고민하고 있는 부모를 위한 따뜻하고 실제적인 해결책을 제시하고 있다. 또한 자존감 코치로서 부모가 자신을 스스로 일으켜 세우는 힘을 찾고, 아이들이 주도적으로 미래를 이끌어갈 수 있도록 돕고 있다. 현재 부모의 감정에 대한 개인저서를 집필 중이다.

Email spdl0406@naver.com   Blog blog.naver.com/spdl0406

스펙보다 꿈을 응원하는
스승과 부모 되기

인생은 다시는 되돌아갈 수 없는 여정이다. 삶에 대한 고정관념을 조금만 바꾸면 다른 세계가 열린다. 내가 진정으로 좋아하는 것이 무엇인지, 내가 진짜로 원하는 것이 무엇인지 자신에게 끊임없이 질문을 던져야 하는 이유다.

원고 집필을 하고 있는 엄마 곁에서 아들 녀석이 몸의 근육을 키워야 한다며 운동에 열을 내고 있다. 아들은 며칠 전 대학 입시에서 낙방 통지서를 받은 상태다. 하지만 얼굴 어디에서도 중대한 인생의 테스트에서 탈락했다는 비통함이나 절망감이 보이지 않는다. 논술 선생의 아들이 논술전형 입시에서 보기 좋게 탈락했으니 엄마의 밥줄이 위태롭게 생겼다. 그런데도 아들은 자신만의 빛깔을 가진 보석처럼 당당하고 맑다.

아들의 불합격은 당연한 결과였다. 논술전형으로 대학을 가겠다는 녀석이 내신과 수능공부도 벅차다며 논술공부를 소홀히 했다. 아들과는 모자지간이라는 만만한 혈연관계의 속성 때문에 사제지간에 갖게 되는 긴장 상태가 성립되지 않았다. 나도 그걸 억지로 끼워 맞추려 하지 않았다. 학교생활 잘하고, 친구들과도 잘 지내니 그것만으로도 감지덕지하고 감사해했다. 학업의 결과에 대해서는 묻지도 따지지도 않았다. 과정에 충실하고 즐거우면 된다고 여겼던 것이다. 제자들의 시험 날짜는 알고 있었지만 내 아들의 시험 일정은 어떻게 되는지 모를 정도였다.

세계는 끊임없이 변화하고 있다. 우리가 배운 지식에도 각종 변종들이 새로운 형태로 등장하고 있다. 노벨 물리학상을 받은 에사키 레오나는 '21세기를 위한 창조적 자기 발견'이라는 강연에서 퍼스트 러너(first runner)가 되어야 한다고 강조했다. 퍼스트 러너란 창조적인 실패나 위험을 두려워하지 않고 끊임없이 자기 발견에 전념하는 사람을 일컫는다. 미래에는 퍼스트 러너가 되지 않으면 살아남을 수 없다는 것이다.

사교육 시장에서 아이들을 지도하는 스승의 입장에서 예전에도 지금도 변하지 않는 교육철학이 있다. 아이큐나 성적보다는 그 아이의 감정 상태나 성향, 그날의 컨디션을 먼저 살폈다. 아이들에게 스스로 자신을 돕는 방법이 무엇이 있을까 고민하게 했다. 그리고 부모의 압력을 못 이겨 억지로 오는 아이들은 돌려보냈다. 학업은 배움이 되어야지 끝을 알 수 없는 고통이나 고문이 되어서는 안 되기 때문이다. 제자들에게 본인의 목소리와 몸짓을 찾을 수 있는 여백과 시간을 주고 싶었던 것이다.

실패와 마주했을 때, 역경의 시간을 만났을 때, 어떻게 받아들이고 대응하느냐는 스스로의 의지로 결정할 수 있는 능력에 따라 달라진다. 일본인들이 즐겨 기르는 코이라는 잉어가 있다. 어항에 넣어 두면 10센티미터까지 자라지만 연못에 넣어 두면 30센티미터까지 자라고, 강물에 풀어 주면 1미터까지 자란다고 한다. 아이들이 자신의 꿈을 조그마한 어항에 가두지 않기를 소망한다.

꽤나 공부를 잘했던 우리 집 큰아이는 대학에 입학하고 나서는 창업의 매력에 빠져 공부는 뒷전이 되었다. 자신이 새롭게 찾은 세계에서 탁월함에 이르는 길을 만들어 가고 있다. 먼저 창업 동아리 회장의 역할에 열정적으로 임했다. 그리고 또 다른 도전을 위해 스스로 비용을 마련하거나 학교의 지원을 받아 내 중국부터 베트남까지 누비고 다녔다. 그러곤 창업 실현 대회에서 우수한 성적을 거두었다.

어른이나 아이나 점점 참을성이 없어진다. 한두 번 시도해 보고 가능성이 낮아 보이면 쉽게 포기해 버린다. 어느 시대나 대가의 반열에 오르거나 자신의 꿈을 실현하기 위해서는 일정 기간의 집중적인 연마 과정이 필수다. 그럼에도 불구하고 매진하는 힘이 부족한 것이 아쉽다. 이런 점에서 자신의 꿈을 향해 나아가는 아들의 열정을 지켜보고 있노라면 조금은 안도가 된다.

대입에 실패하고도 뻔뻔한 작은아들에게도 대학은 나중에 가도 되니 다른 경험들을 해 보라고 꼬드기고 있는 중이다. 지금은 대입에 다시 도전할 거라고 꿈쩍도 안 하고 있지만 엄마는 계속 찔러 볼 예정이다. 어렸을 때부터 쌓아 온 독서량이 있으니 용기를 내서 책을 쓰라고 부추기고 있다. 고등학교 3학년이어서 한동안 못 갔던 도서관이나 서점에도 놀러 가자고 넌지시 추파를 던지고 있다. 여행이나 1인 창업, 개인 방송에도 도전해 보라고 하고 있다. 다양한 시도를 지금 해 봤으면 하는 바람으로 레시피를 살짝살짝 던져 주고 있다.

공병호 작가의 《공병호의 초콜릿》에 실린 일화가 있다. 두 친구가 유기농업을 시작했다. 8년째 되던 해에 두 사람 모두 예기치 않은 여름 태풍에 고스란히 살림 기반을 날려 버리게 되었다. 한 친구는 8년간 참고 견뎌 내었던 세월을 털어 버리고 다른 길을 찾아 떠났다. 하지만 다른 한 친구는 어려움을 딛고 다시 도전했다. 그러다 10년째 되던 해에 그 일을 계속해 왔던 친구는 뛰어난 유기농업 브랜드를 구축했다. 그 결과 그는 사업을 성공적으로 일으키게 되었다는 것이다.

하지만 나는 8년의 세월을 털어 버린 다른 친구의 이야기가 더 궁금하다. 그 친구가 어찌 되었는지 알 수는 없지만. 그가 스스로 해결책을 찾아내고 자신을 넘어서는 혁신을 이루었다면 유기농업에서 성공한 친구 못지않은 새로운 기회를 만들어 냈을 것이라 확신한다.

강준민 작가는 《뿌리 깊은 영성》에서 '잘될 일도 서두르면 안 되는 법'이라고 했다. 현대인에게 가장 무서운 병은 조급증이라고 하면서. 그는 급성장을 자랑거리로 삼는 것을 우려했다. 어떤 버섯은 6시간이면 자라고, 호박은 6개월이면 자란다. 하지만 참나무는 6년이 걸리고, 건실한 참나무로 자태를 드러내려면 100년이 걸린다고 했다.

아들이나 제자들이 지금 당장, 또는 반드시, 구체적인 모습을 갖추지 않아도 좋다. 그렇더라도 꿈꾸는 데 그치지 않고 실현해 나가는 열정은 멈추지 않길 바란다. 그러면 어디서나 인생의 터닝 포인트를 만들 수 있다고 확신한다. 눈보라 속에서도 매화는 꽃망울을 터뜨리고, 얼음장 밑에서도 고기가 헤엄을 치듯 흔들릴망정 포기하지 않기를, 타성에 젖지 않고 자신만의 색깔로 밀도 있는 삶을 살 수 있기를 희망한다.

또한 성공으로 인해 잃어버릴 수 있는 것에 대한 혜안과 지혜를 가질 수 있기를 바란다. 출세한 사람은 삶의 현장이나 진실에서 자꾸 멀어진다. 성공이나 출세에 다다르면 남들로부터 대접받는 데 익숙해지고 부하의 말은 들으려 하지 않게 된다. 부하들도 상사의 지시만 따르려 한다. 특별한 대우, 좋은 대우만 받다 보면 자만심이 커지면서 결국 나태에 빠지게 되는 것이다. 겸손한 자세와 마음으로 촛불처럼, 소금처럼, 자신의 몸을 녹여 세상을 이롭게 하고 주위를 밝힐 수 있기를 소망하며 스펙보다 꿈을 응원하는 스승으로 부모로 남을 것이다. 내 아이는 물론 세상의 모든 아이들이 자신의 꿈을 향해 설레는 도전을 멈추지 않기를 나는 오늘도 꿈꾼다.

대한민국 최고의
재테크 메신저 되기

"언니, 이 일을 어쩌지!"

이렇게 말로라도 살짝 속내를 비쳤다면 신속하게 대처 방법을 찾아볼 수 있었을 것이다. 동생은 결혼한 지 얼마 되지 않아 경매로 보금자리를 잃었다. 마음이 얼굴만큼이나 예뻤던 내 동생을 나는 무척 아꼈다. 마음만 예쁜 것이 아니라 언제나 자신의 일에 최선을 다했고 매사에 야무져서 자랑스러워했던 동생이었다. 때문에 상상도 못한 일이었다.

주인집이 경매로 넘어가는 바람에 전세 보증금을 한 푼도 건지지 못하고 쫓겨나다시피 나온 것이다. 동생은 전세권 설정이나 권리 관계 등 부동산이나 경매에 대한 지식이 전무했다. 그로 인해 이사 비용조차 받지 않고 바보처럼 빈손으로 나왔다. 동생이 주거지를 하루아침에 잃고 마음고생 했을 생각을 하면 지금도 마음이 아프다.

동생의 사례는 부동산이나 경매시장이 갖는 원리나 속성을 몰라서 벌어진 일이다. 사회초년생들이나 신혼부부들뿐만 아니라 인생 경험이 제법 있다는 중·장년층도 무지한 상태나 다름없는 사람들이 생각보다 많다.

나에게도 그와 비슷한 실패의 순간이 있었다. 2007년 한 해는 투자자들에게 짧은 시간 동안 많은 교훈을 안겨 주었다. 동시에 한국 증시에 한 획을 그은 역사적인 해다. 코스피 지수가 2007년 7월 2,000포인트를 돌파했다. 1,000포인트 상승하는 데 18년이 걸렸던 증시의 역사와 비교할 때 2007년 1월 초부터 7월까지 7개월이라는 단기간에 500포인트가 상승한 것은 놀라운 일이었다. 당시의 시장이 얼마나 뜨거웠는지 짐작하고도 남을 수 있는 증거다. 하지만 아는 만큼만 보이는 것이 현실이다.

그날은 친구들과 문화센터에서 배움에 대한 욕구를 충족하고 집으로 귀가하던 중이었다. 한 친구가 "A가 펀드에 투자해서 한 달 만에 6,000만 원을 벌었어!"라고 하자 옆에 있던 친구들도 "B는 몇 달 만에 1억 원 벌었다고 하더라!"라며 저마다 한마디씩 했다. 그 순간 머릿속은 복잡해지기 시작했고 마음이 다급해졌다. 집에 도착하자마자 생활재테크로 모은 돈을 전부 긁어모아 매장으로 달렸다.

객장은 인산인해를 이루고 있었다. 섣부른 판단에 기름을 붓기 충분한 분위기였다. 그래도 '돌다리도 두드려 보고 건너자'라는 마음에 전문가의 의견을 들어 보고 투자하자며 상담을 요청했다. 조바심을 내며 내 차례가 오기를 기다렸다. 그리고 떨리는 마음을 안고 상담실에 들어갔다. 안정된 실내 분위기와 전문가의 포스가 느껴지는 상담사를 보며 마음이 놓였다. 상담사의 결론은 명확했다. 걱정하지 말라고 했다. 지수는 3,000을 넘어 4,000도 가능하다는 것이다. 투자에 대한 믿음은 확고해졌고 돈을 전부 쏟아 넣었다.

'알고 하면 투자이고 모르고 하면 투기'라는 말이 있다. 투자를 한다고 생각하고 있었지만 전문지식이나 경험 없이 남들 얘기만 듣고 투기의 대열에 가열하게 합류한 것이다. 한 달 정도는 수익률이 빠른 속도로 상승곡선을 그렸고 너무 행복했었다. 수익을 내면 무엇을 할지 예쁜 종이 위에 버킷리스트처럼 적어 내려갔다. 가슴이 뛰고 벅차 밥을 안 먹어도 배가 불렀다. 잠을 자지 않아도 피곤한 줄 몰랐다.

그러나 꿈길 같던 상상의 나래는 머지않아 그 날개가 꺾이고 산산조각 나고 말았다. 수익률이 하락하기 시작하더니 끝을 짐작할 수 없는 바닥을 보이며 추락했다. 충격과 실의에 빠져 매사에 의욕을 잃고 지냈다. 어떻게 모은 돈인가? 커피 값을 아끼고 화장품도 저렴한 것으로만 골라 쓰고 하루도 빼먹지 않고 가계부를 적으며 차곡차곡 모은 돈이었다.

결혼 전에도 대기업에 다니면서 받았던 월급을 부모님의 부채를 갚는 데 사용했다. 부모님은 하셨던 일들이 뜻대로 되지 않으면서 많은 부채를 떠안게 되었다. 월급이나 상여금을 타면 갖고 싶은 것을 사고, 좋은 곳에 놀러 다니는 동료들이나 친구들이 부러울 때도 있었다. 하지만 부모님 빚을 갚는 게 먼저라는 생각에 별 망설임 없이 부모님께 월급을 남김없이 드렸다.

용돈으로 일부를 떼어 주셨는데 부모님도 사정이 사정이시다 보니 적은 액수를 주실 수밖에 없었다. 교통비를 쓰고 나면 남는 돈이 별로 없었다. 옷은 서울 명동의 보세 매장에서 사서 입었다. 아쉬운 부분은 살짝 리폼해서 입기도 했다. 솜씨가 봐 줄만 했는지 세련되고 고급스럽다며 명품으로 착각하고 브랜드를 묻는 사람들이 있기도 했다. 알뜰살뜰 모은 돈은 나중에 결혼비용을 충당하고 남았을 정도였다. 그렇게 쌓인 경험은 생활재테크로 종잣돈을 모으는 방법에 있어서 누구보다도 탁월한 능력을 가질 수 있게 해 줬다.

하고 싶은 일도 많고 공부도 더 하고 싶어서 결혼을 미루고 싶었다. 하지만 남편의 바른 인성과 깔끔한 성품을 마음에 들어했던 부모님의 적극적인 권유와 소개로 결혼까지 이르게 되었다. 지금은 예전 같지 않지만 결혼 당시만 해도 시댁은 경제적으로 풍족했다. 때문에 내가 알뜰하게 살지 않아도 탓할 사람은 없었다. 하지만 스스로 경제적 자유를 구축하고 싶었다. 세계적인 경영 컨설턴트이며 스타 투자코치인 보도 섀퍼는 '돈은 화계로 표현된 자유'라고 했다. 돈은 자신이 자신을 바라보는 시각을 변화시킬 뿐 아니라 다른 사람이 여러분을 바라보는 시각을 변화시킨다고 했다.

투자 실패는 생각보다 나를 피폐하고 무겁게 만들었다. 멍하니 베란다에 앉아 먼 곳을 바라보는 일이 잦았다. 시도 때도 없이 눈물이 나와 가족들에게 숨기는 것이 곤혹스러웠다. 그러다 어느 순간 이래서는 안 되겠다는 자각이 왔다. 실패에 좌절하고 머무르지 말고 실패를 기회와 자산으로 만들어야겠다는 오기가 발동한 것이다.

'잃지 않는 투자를 하라'라는 워런 버핏을 모델로 삼아 재테크나 투자에 대해 적극적으로 공부하고 탐구하기 시작했다. 부동산, 경매, 펀드, 환율, 채권 등 다각도로 공부하며 재테크에 대한 식견과 혜안을 키워 가기 위해 노력했다. 현장 임장을 수십 번씩 다녔다. 경제의 흐름이나 변화를 놓치지 않기 위해 경제신문을 읽었다. 집안일 하는 시간까지 쪼개어 이어폰을 꽂고 뉴스와 경제 방송을 들었다.

자신이 대한민국에서 손꼽히는 전문가라고 하며 투자를 권유하는 사람들이 있었다. 하지만 예전처럼 무조건 믿거나 의지하지 않았다. 호언장담에도 흔들리지 않았다. 스스로 공부하고 탐구해서 제대로 알아 가기 위해 열정을 다했다. 전문가라는 사람들이 큰 소리 뻥뻥 치던 예측은 틀리고 내 선택이 적중하는 횟수가 늘어 갔다. 나는 점점 좋은 성과를 내었다. 도움을 요청하는 사람들에게도 만족하는 결과를 안겨 주었다.

돈은 무한정 솟아나는 화수분이 아니다. 그렇기 때문에 대부분의 사람들은 돈을 벌기 위해 취업을 하거나 자영업, 개인 사업, 투자를 한다. 그렇게 무언가를 끝없이 시도하고 있고 그로 인한 수입 또는 손실이 발생하고 있다. 돈이 없는 게 아니라 돈에 대한 관리가 부재한 것이 문제인 것이다. 많은 사람들이 좀 더 큰돈을 벌거나, 부자가 되거나, 경제적 자유를 얻고 싶어 하면서 위험하고 잘못된 길을 선택하고 있다. 힘들게 번 돈을 잘 관리하는 능력이야말로 경제적 자유를 얻을 수 있는 지름길이다. 그것은 곧 인생 관리로 연결된다.

많은 사람들에게 돈을 어떻게 관리해야 삶을 변화시킬 수 있고 꿈을 현실로 만들 수 있는지 알려 주고 싶다. 또한 그동안 해 왔던 공부와 경험, 실전을 토대로 재테크에 대한 고민을 들어 주고 싶다. 그래서 본질적인 성과를 접할 수 있게 하는 등 다양한 해법을 찾을 수 있도록 도움을 주고 싶다.

세계 최고의
감정 코칭 학교 설립하기

우리는 지금 과학과 첨단기술의 눈부신 혜택을 누리는 시대에 살고 있다. 어떻게 하면 더 좋은 성능의 휴대전화를 만들까 연구하고, TV의 화상도를 더욱 선명하게 개선하려고 노력한다. 하지만 감정을 향상시키거나 선명하게 관리하는 것에 대한 연구와 탐색은 도외시하는 경향이 있다. 가장 섬세하고 구체적으로 접근해야 하는 분야임에도 눈에 보이지 않는다는 이유로 외면당하기 일쑤인 것이다.

아이들을 지도하다 보면 똑같은 학년, 똑같은 환경 등 많은 것이 닮아 있는데도 각자의 색깔을 갖고 있다는 것을 알 수 있다. 그 색깔이 어디서 만들어져 나오는지 궁금해서 관심을 갖게 되었다. 수업을 받다가 옆 친구가 "의견을 천천히 좀 말해."라고 했을 때 어떤 아이는 좋게 해석해서 받아들인다. 반면 또 다른 아이는 "너나 천천히 말해."라며 화를 낸다. 그런데 그게 아이들의 성품이나 성격의 문제라기보다는 그 순간의 감정 상태에 따라 다른 결과가 나오는 것이다. 기분이 좋으면 조언으로 듣고 기분이 다운되어 있으면 시비로 받아들이는 것이다. 또는 자존감이 높은 친구는 기분이 어떻든 아무런 문제가 되지 않는다.

거기서 끝나면 좋지만 그렇게 상한 감정은 수업 내내 아이를 지배한다. 선생인 나는 부정적인 감정에 빠진 아이를 건져 올려야 한다. 훈계가 아닌 공감을 통해 문제에 다가가야 하는 것은 기본이다. 뿐만 아니라 자연스럽게, 그러한 상황이 아이들에게 부담되지 않게 처리해야 한다. 자칫하면 아이들의 마음을 다치게 하거나 수업 분위기를 다운시킬 수 있기 때문이다. 그렇게 미세한 부분까지 신경 쓰면서 수업을 하고 나면 진이 빠진다.

하지만 나는 그 과정을 기꺼이 감당한다. 왜냐하면 아이고 어른이고 변화를 일으킬 수 있는 지점이 있기 때문이다. 그 지점은 외형적인 요소가 아닌 감정에 의해 좌우된다. 그리고 그것이 가져온 결과물의 영향은 순간에만 국한되는 것이 아니다. 아이의 자존감을 완성하고 자신감을 만드는 거름으로 축적되는 것이다. 그리고 아이의 미래를 결정하게 된다. 이렇듯 감정은 색깔도 없고 냄새도 없고 형체도 없지만 우리 삶의 대부분을 지배하고 결정한다.

나는 태어나지 말았어야 한다며 192명의 사망, 148명의 부상자를 냈던 2003년 대구 지하철 방화사건, 옥탑방에서 들려오는 행복한 소리에 기분이 상했다며 2명을 살해한 신정동 옥탑방 사건들을 기억하고 있을 것이다. 감정을 제대로 처리하지 못하면 죽음을 부를 수도 있는 것이다. 올바른 자기표현, 긴장과 불안 몰아내기, 솔직한 마음과 느낌 표현하기 등을 통해 부정적이고 억눌린 감정을 해소할 수 있는 기회가 있었다면 미연에 방지할 수 있었던 사건사고들이다.

여기저기에서 개나리가 만발하고 나뭇가지에 새순이 파릇하게 돋아나던 봄날이었던 것으로 기억한다. 모르는 번호로 부재 중 전화가 와 있었다. 상담 전화일 거라고 생각하고 발신을 눌렀다. 낮지만 힘 있는 목소리가 들려온다. 상담 전화는 인사말만 들어도 짐작할 수 있는데 예측할 수가 없었다.

"실례지만 누구신지요?"

잠시 숨을 고르는 게 느껴졌다.

"나야, 지현이, 오래되어서 기억 못하나 보구나."

'지현이, 지현이, 지현이라. 누구지?'

이름이 예뻐서인지 거쳐 간 내 제자 중에도 지현이가 몇 있었다는 것이 떠올랐다. 그런데 제자의 목소리는 아니다. 나는 생각의 귀퉁이까지 빠른 속도로 헤집는다. 대답을 못하고 머뭇거리는 게 느껴졌는지 예전에 같은 학교에 다녔던 친구라고 먼저 말을 꺼낸다. 운동장 옆 언덕에 앉아 오랜 시간 이런저런 얘기를 함께 나누곤 했다고 한다.

순간 나는 친구의 이름보다 자주 입고 다니던 빨간 스웨터가 먼저 떠올랐다. 유난히 하얀 얼굴이 빨간색 스웨터를 더욱 돋보이게 했었다.

"그때 네 덕분에 잘못되지 않고 잘 견뎌 낼 수 있었어."

자신의 마음을 들어 주고 위로해 주는 친구가 있다는 게 큰 힘이 되었었다고 한다. 지현이는 그때 부모님의 이혼으로 힘든 시기를 겪고 있었다. 또한 사회적 규범이나 도덕적 기준으로 용납이 안 되는 사랑을 하고 있었다. 그들에게는 사랑이었지만 누구에게도 쉽게 이해받을 수 없는 만남이었다. 어디에도 얘기할 수 없었을 것이다. 당시에 연민이 유난히 많았던 나는 그 친구가 자꾸 눈에 들어왔었다. 얼굴에 웃음기가 없고 기운이 없어 보였다. 그랬던 친구가 나의 말을 위안으로 삼고 자살의 유혹에서 벗어날 수 있었다니 다행이고 고마웠다.

친구가 부모님의 이혼으로 힘들었던 시간, 잘못된 사랑으로 인한 방황은 감정이 보내는 아프다는, 돌봄이 필요하다는 신호였다. 작은 관심이나 소통이 한 사람을 극단의 선택에서 구할 수 있었던 것이다. 그 뒤로 나는 내 아들을 키우고 제자들을 지도하면서 정서적 돌봄과 자존감에 더욱더 가중치를 두게 되었다. 자신을 제대로 사랑하는 방법에 대해 힌트를 제시해 주려 노력했고, 좋은 결과와 답들이 돌아왔다.

이미 대중에게 많이 알려져 있고 우리에게 용기와 웃음을 주는 전도사로 유명한 김창옥 강사가 있다. 그는 자신의 강연에서 본인의 속내를 내보이며 눈시울을 붉게 물들였다. 놀라웠다. 늘 환하게 웃으면서 소 방울만 한 눈을 반짝반짝 빛내며 관중을 향해 긍정의 에너지를 전달하던 사람이 아닌가?

그런 그가 마음이 너무 힘들어 정신과 상담을 하고 싶었다고 한다. 하지만 이미 얼굴이 알려져 쉽게 용기가 나지 않았다. 고민하다가 외진 곳에 있는 병원을 찾아 나섰다. 다행히도 병원에 있는 사람들이 자신을 알아 보지 못해 마음이 놓였다고 한다. 그러나 진료과정에서 담당 의사의 상담 태도에 실망하고 발길을 돌려야 했다.

이렇듯 우리에게 자신감을 갖고 즐겁게 사는 방법에 대해 강연하는 분도 감정이 보내는 질문에서 자유로울 수 없었다. 또한 마음을 치유한다는 의사조차도 환자를 대해야 하는 태도나 매뉴얼이 부족한 경우가 많다. 병원에서는 간단히 진료하고 약을 처방해 주는 게 전부다. 의사들이 실력이 없거나 마음이 없어서가 아니다. 진료시간의 한계로 인한 문제가 아닌가 한다.

뿐만 아니라 학교폭력, 왕따 문제, 친구와의 갈등, 가정에서 겪는 각종 불화 등도 결국은 건강한 자기 감정표현의 부재로 발생한다. 학교에서건 가정에서건 감정에 대해 깊이 있게 공부하거나 고민할 수 있는 기회가 없는 것이 현실이다.

　나는 세계 최고의 감정 코칭 학교를 만들어서 이 시대를 살아가는 많은 이들에게 도움을 주고 싶다. 감정은 삶에서 전부라고 해도 과언이 아닐 만큼 중요한 요소다. 하지만 가시적인 것들에 의해 뒷전으로 밀려 있다. 그러한 감정에 대한 화두들을 수면 위로 끌어올릴 것이다. 학문적 연구 대상에서 그치지 않을 것이다. 대신 현실에 부합해 사람들이 겪는 생활의 고민과 갈등, 심리적 문제들에 재미있고 알차게 접근할 수 있게 만들 것이다.

　많은 사람들이 자신의 감정을 쉽게 드러내지 못하고 혼자 고민하고 힘들어하고 있을 것이다. 그런 사람들에게 적절하고 꼭 필요한 도움을 주고 싶다. 내가 설립한 감정 코칭 학교를 통해 치료받거나 배출된 인재들이 사회에 기여하고 선한 영향력을 끼칠 수 있게 하고 싶다. 더불어 초·중·고에 감정 코칭 과정을 정규수업으로 도입할 수 있도록 추진하고 싶다. 그래서 학업에 지친 아이들에게 삶의 선량함을 경험할 수 있는 기회를 제공하고 싶다.

선한 영향력을 끼치는 저서
1년에 2권 출간하기

    선택을 앞둔 사람들을 가장 불안하게 하는 것은 자신이 무엇을 해야 할지 모른다는 사실이다. 내가 그랬다. 책을 쓰고 싶었다. 오랜 내 소망이었다. 초등학교 그리고 중학교 초반에 작가의 흉내를 내며 글을 쓰고 책을 만들어 보기도 했다. 물론 공개적인 출판은 아니고 수작업으로 하는 혼자만의 놀이였다. 어린 나이임에도 1인 출판, 1인 독자가 되어 진지하게 많은 책을 만들었던 기억이 난다.

    당시에 작가가 되고 책을 써야지 하는 각오나 결의가 있어서 그랬던 것은 아니었다. 책을 읽고 난 후 내용과 달랐으면 하거나 결말이 안타까울 때 내가 원하는 대로 바꾸고 싶은 욕구 때문이었다. 주인공이 죽었으면 살려서 해피엔딩을 만드는 식이었다. 내

멋대로 구성한 나만의 단편소설이었던 것이다.

그러한 성장과정이 무의식 속에서 불씨로 자리 잡고 있다가 사는 내내 나를 깨웠을 것이라 짐작한다. 내 책을 쓰고 싶다는 꿈을 본격적으로 꾸기 시작한 것은 성인이 되고 나서다. 하지만 자꾸 삶이나 일상에 밀렸다. 결혼해서는 아이 낳아 키워야 해서, 공부해야 해서, 몸이 안 좋아서, 제자들 지도하는 것만도 시간이 없어서 등등 핑계도 변명도 많았다.

꿈을 이루기 위해서는 관점과 태도를 달리해야 했다. 막연한 환상, 가슴속에 묻어 둔 회한이 아니라 삶 그 자체여야 하고 가슴 뛰는 열정이어야 하는 것이다. 꿈을 이루는 것은 작은 실천에서 시작된다. 진부한 말이지만 시작이 반이다. 일단 시작하면 그 힘으로 끝까지 갈 수 있을 것이라 믿었다. 리처드 바크는 말했다. "어떤 희망이 주어질 때는 그것을 현실로 이룰 있는 힘도 같이 주어진다. 그러나 그것을 이루기 위해서는 당신이 먼저 행동해야 한다."라고 말이다.

행동을 했으니 이제 나는 현실로 이룰 힘도 같이 얻은 것이다. 미국인의 81퍼센트가 책을 내고 싶어 하지만 원고를 완성하는 사람은 고작 2퍼센트에 불과하다고 한다. 원고를 쓰는 일은 만만한 과정이 아니기 때문이다. 나 또한 그랬다. 잠도 못 자고, 밥도 제대로 못 먹고 집필했지만 속도는 자꾸 느려졌다. 관념의 틀에서 벗어나질 못하고 있었다. 바닥 끝까지 내려가지 않은 것이다. 바닥이 보이게 그릇을 비우고 새롭게 채워야 하는 것이다. 더 물러설 수 없는 곳에서 시작해야 했던 것이다.

의사는 사람의 생명을 살리지만 작가는 독자의 생명을 살린다고 생각한다. 5개의 원고를 쉬지 않고 내리 쓰다 보니 나중에는 내가 글을 쓰는 것인지 글이 나를 쓰는 것인지 헷갈리기 시작했다. 생각에도 머리에도 과부하가 걸린 것이다. 잠시 심상을 정리하는 시간이 필요했다.

조용한 음악을 듣고 명상을 했다. 말처럼 글에도 책임이 따르기 때문에 잠시 쉼표를 찍고 내가 제대로 가고 있는지 돌아봐야 했다. 글을 어떻게 쓰든 개인의 자유겠지만 그것에 대한 책임도 본인이 져야 한다고 생각하기 때문이다. 유명 연예인이 악성 댓글에 자살하는 안타까운 일이 벌어지기도 하고 실의와 좌절에 빠졌던 사람이 한 줄의 글에 용기를 얻기도 한다.

글쓰기라는 형식과 기술을 무시해서도 안 되지만 그것에만 치중해 글의 목적과 본질을 흐려서도 안 된다. 글은 우리에게 삶의 의미가 무엇인가에 대한 해답을 제시하기도 하고 거꾸로 질문을 던지기도 한다. 삶은 누구에게나 쉽지 않다. 그런데 다행히도 삶을 수월하고 즐겁게 만드는 방법이 있다.

세상에 널려 있는 좋은 글들, 건강한 글들을 읽기만 해도 많이 달라진 나를 만나게 된다. 독서치유가 정신건강을 위한 심리치료의 한 과정으로 자리 잡아 가고 있는 것이 그 근거가 되어 준다. 음악치료, 미술치료, 놀이치료들이 정신건강의 대안으로 떠오를 때도 독서치료에 관해서는 고민이 없었다. 이해가 안 가고 안타까운 부분이었다. 다행스럽게 근래에 들어서 독서치료가 보편화되는 양상을 보이고 있다. 교도소에서도 교화과정으로 독서치료가 시행되기도 한다고 한다.

'그 나물에 그 밥'이라며 알고 보면 모두 비슷한 삶을 살고 있다고 말하는 사람들이 있다. 하지만 거기에는 오만과 억지가 존재한다. 어느 누구도 삶을 완벽하게 이해하는 것은 불가능에 가깝기 때문이다. 같은 재료를 가지고도 솜씨에 따라 다른 음식을 만들어 낸다. 또는 똑같은 음식인데도 먹는 사람의 기호에 따라 맛을 다르게 느끼기도 한다. 같은 이치다.

이러한 삶에 끝없이 질문을 던지고 해답을 찾아 가는 과정이 글쓰기의 과정이라 생각한다. 그래서 글을 쓸 때 긴장감이 없는 것은 아니지만 희열과 기대를 느끼게 된다. 죽는 날까지 책을 쓸 생각이다. 허락한다면 1년에 저서 2권을 출간하고 싶다. 작은 종이 위에 글을 써 내려가는 사유가로서, 소통의 행위자로서 사람들 마음에 촛불 하나 환하게 밝힐 수 있기를 희망하기 때문이다.

《미움 받을 용기》의 저자인 고가 후미타케가 쓴《작가의 문장 수업》에는 이런 문장이 있다.

"상대의 입장에 서서 생각하라는 말은 자주 듣는 이야기다. 하지만 그것만으로는 부족하다. 상대(독자)의 입장에 서는 것은 아직 마케팅 단계를 벗어나지 못한 발상이다. 독자의 옆에 서는 것이 아니라 같은 의자에 앉는 것이 중요하다. 독자와 같은 의자에 앉아서 어깨를 나란히 하고 같은 풍경을 보는 것이다. 그러면서 비로소 자신도 독자가 되며 진정한 의미로 독자를 이해할 수 있다."

앞으로 원고를 쓰는 내내 고가 후미타케의 말을 흘려듣지 않을 것이다. 원고 매수를 채우는 데 집중하기보다 독자와 성실하게 마주하는 데 몰두할 것이다.

나의 글을 통해서 꿈을 꾸는 사람에게는 그 꿈이 이루어질 수 있다는 확신을 주고 싶다. 또한 꿈이 없는 사람에게는 당신도 꿈을 가질 수 있다고 알려 주고 싶다. 마음이 아픈 사람은 토닥거려 주고, 울고 있는 사람에게는 내가 쓴 글이 눈물을 닦아 주는 작은 빛이 되었으면 한다. 소망의 문턱에서 책 쓰기 과정을 도와주는 〈한책협〉을 만난 것은 참 다행이라고 생각한다. 나보다 앞서 충분하고 멋지게 책 쓰기를 실현하고 있기 때문이다.

새벽녘까지 서재에 불이 켜져 있는 것을 눈치챘는지 화장실에 가려고 나왔던 아들이 묻는다.

"엄마, 이 시간까지 뭐 하세요?"

"할 일이 좀 있어서."

"엄마, 힘내세요. 엄마는 나의 롤 모델이에요!"

가끔 심심하면 농담처럼 툭툭 던지는 말이다. 그런데 오늘은 유난히 듣기 좋다. 빼꼼히 열린 문틈 사이로 보이는 아들의 얼굴이 참 반갑다. 고마운 새벽이다. 아들들이 살아갈 미래를 내가 좀 더 선하고 아름답게 만들 수 있기를 희망한다.

'꿈을 응원하는 도서관' 설립하기

　도서관으로의 외출은 우리 아이들에게 힐링이고 모험이었다. 아이들이 어렸을 때부터 주말에 다른 계획이 없으면 아이를 품에 안거나 손을 잡고 도서관으로 향하곤 했다. 빌려 온 책들을 반납하기 위해 가방에 담으면 품에 안은 아이보다 더 무거웠다. 그래도 아이들은 마냥 즐겁기만 한 것 같았다. 무거운 가방을 메고 작은아이는 가슴에 달고, 큰아이는 손잡고 버스에 몸을 실었다.

　남편은 주말에도 일해야 하는 날이 많았다. 남편이 도와주지 않으면 대중교통을 이용하는 게 편했다. 운전하다 중앙선을 넘은 뒤로는 겁이 나서 한동안 운전을 하지 못했다. 남편이 가족들을 위해서 일을 빨리 마무리 짓고 온다고 왔지만 도서관은 오후 5시면 열람이 끝났다. 기다렸다 함께 가면 도서관이 주는 풍미를 느굿하게 즐길 수가 없었다.

우리 아이들이 어릴 때만 해도 지금처럼 도서관이 많지 않았다. 곧 도서관이 들어선다는 부지 바로 앞으로 이사 갔지만 도서관은 한참이 지나서야 들어섰다. 아무튼 집 근처에 도서관이 들어설 때까지 힘들면서도 즐거운 동행은 계속되었다.

우리가 찾던 도서관은 모두 산을 등지고 풍수도 좋고 경관도 아름다운 곳에 위치해 있었다. 하지만 산자락에 얹어서 짓다 보니 언덕길을 한참 걸어서 올라가야 한다. 아니면 계단을 수십 개 올라가야 도착할 수 있었다. 세계문화유산으로 유명한 팔달산에 도도하게 뻗어 있는 계단을 아는 사람은 다 알 것이다. 어린아이 둘을 데리고 책이 든 가방을 메고 그 계단 아래에 서면 어떤 느낌이 들까?

'괜히 왔다. 돌아가자!'

이런 느낌이 들지 않을까? 처음에는 나도 그랬다. 하지만 어느 날 보니 그 길을 즐겁게 올라가는 방법을 이미 체득하고 있었다. 아이들과 계단을 이용해 할 수 있는 각종 놀이들을 만들어서 즐겼던 것이다. 아득하기만 한 계단 오르기를 노동이 아니라 놀이로 만들어 버린 것이다. 그렇게 계단을 오르면 산책길이 펼쳐진다.

팔달산을 머리에 얹고 천천히 걷노라면 길옆에서 흐르는 작은 실개울 소리, 새소리, 매미소리를 들을 수 있었다. 봄에는 자연이 보내는 미소가 너무 예뻤다. 진달래, 개나리, 파릇파릇한 새싹들이 말을 걸어왔다. 그러면 도서관에 가는 길이라는 것도 잠시 잊는다. 가방을 던져 놓고 아이들은 자연과 하나가 된다. 오돌오돌하고 모양도 신기한 솔방울의 생김새에 놀라워하고 무당벌레의 움직임에 감탄사를 쏟아 낸다. 꿈틀꿈틀하며 기어가는 송충이에 기겁을 하기도 한다.

꽃의 향기, 나뭇잎의 생김새, 발에 밟히는 흙의 촉감, 산들거리는 바람까지. 아이들의 얼굴에는 호기심이 가득했고 웃음이 떠나질 않았다. 지칠 줄 모르는 녀석들은 모래밭 놀이를 즐기기도 했다. 운동기구가 놓인 바닥에는 고우면서도 숲이 내뿜는 습기를 적당히 머금은 모래가 융단처럼 깔려 있었다. 아이들이 조물조물하면서 무언가를 만들기에 딱 좋았다. 아들들은 모래로 집을 짓고 자신만의 성을 쌓는 등 신나서 어쩔 줄 몰라 했다. 그렇게 한참을 놀고 나면 배가 고픈가 보다.

"엄마 배고파요!"

우리는 도서관에 있는 식당으로 향한다. 메뉴도 다양하고 맛도 좋아 자주 이용하는 곳이었다.

어린 시절 다니던 학교에는 제법 큰 도서관이 딸려 있었다. 책이 굉장히 많은 데다 실내 분위기도 정갈하고 안락했던 것으로 기억한다. 나는 도서관을 수시로 들락거렸다. 세계 명작과 각종 서적들을 밤이 새는 줄도 모르고 읽었다. 박장대소하기도 하고,

안타까워 한숨을 쉬기도 하고, 콧물눈물을 쏙 빼기도 했다. 나중에 이사하려고 하니 반납하지 못한 책이 박스로 하나 가득이었다. 학교 도서실은 어린 나에게 선물을 가득 안고 오는 산타할아버지 같은 존재였다. 그곳에는 다양한 사연과 사람들이 존재했고, 세계 각국의 문화와 역사가 있었으며, 상상과 호기심이 가득했다.

만약 하루아침에 우리가 살고 있는 곳이 거대한 용암 속으로 사라진다면 어떻게 될까? 한때는 사치와 부의 상징이었던 도시 '폼페이'를 배경으로 한《폼페이》. 귀족들이 사치와 쾌락을 일삼고, 많은 사람들이 허영에 들떠 있던 도시 폼페이. 그 속에서 벌이는 젊은 사람들의 사랑과 질투를 긴장감 있게 담아낸 작품이다. 읽고 있으면 저절로 푹 빠져든다.

아이들의 순수한 꿈을 상징하는《피터 팬》, 흑인 노예들의 삶이 생생하게 그려져 있는《톰 아저씨의 오두막집》, 집 없는 아이 레미가 행복을 찾아가는 여행을 담은《집 없는 아이》등은 아이들이 흥미를 느끼기에 충분했다.

'책을 읽는 것은 가장 좋은 친구와 함께 있는 것'이라고 했다. 또한 빌 게이츠는 도서관이 자신을 만들었다고 했다. 책은 그만큼 우리에게 많은 영향을 끼칠 뿐 아니라 삶을 바꾸어 주기도 한다. 책을 좋아하는 사람들은 인생에서 필요한 것들을 학교보다 도서관이나 책에서 배웠다고 말한다.

책이 가득한 도서관은 우리로 하여금 상상과 모험 속으로 떠날 수 있게 도와준다. 그런데 중학교에 입학하면서 도서관과 이별해야 했다. 그 부분이 속상하고 안타까웠다. 도서관 문화를 꾸준히 접할 수 있었다면 톨스토이, 헤르만 헤세, 헤밍웨이 같은 세계적인 작가가 친구들 중에서 나왔을지 누가 알겠는가.

지금은 여기저기에 도서관이 생겨나고 있어 반갑다. 하지만 도심 속에 짓다 보니 아쉬운 점이 많다. 먼저 자연과 동떨어져 있다. 그리고 주머니가 얇은 학생들이 편하게 이용할 수 있는 도서관 내 식당이 사라지고 있다. 나는 '꿈을 응원하는 도서관'을 설립하고 싶다. 접근성이 용이한 곳에 넓은 부지를 마련해 꽃과 나무 등의 각종 식물을 심고 나비와 새가 날아오게 하고 싶다. 크고 넓은 못을 만들어 각종 수중생물들이 헤엄치게 할 것이다.

또한 찾아오는 사람들의 정신적인 허기는 물론 실질적인 허기를 달래 줄 수 있는 넉넉한 식당도 만들고 싶다. 식당에는 은은한 클래식 음악이 흐르게 하고 시화전을 열 것이다. 자신의 작품을 전시할 기회나 장소가 없는 신예 작가들에게 기회를 주고 싶다. 사람들이 그곳에 오면 힐링과 더불어 자신을 들여다보는 시간을 갖기를 희망한다. 사람들이 책 속에서 스승을 만나고, 좋은 친구를 만났으면 좋겠다. 또한 내가 설립한 '꿈을 응원하는 도서관'에서 세계적인 작가들이 쏟아져 나오길 소망한다.

보물지도 12

초판 1쇄 인쇄 2018년 4월 13일
초판 1쇄 발행 2018년 4월 20일

지 은 이 **배상임 최윤희 유지영 이해일 우희경 신상희**
김명빈 배경서 양은정 나애정 한선희
펴 낸 이 **권동희**
펴 낸 곳 **위닝북스**
기   획 **김태광**
책임편집 **유관의**
디 자 인 **김하늘**
마 케 팅 **강동혁**

출판등록 제312-2012-000040호
주   소 경기도 성남시 분당구 수내동 16-5 오너스타워 407호
전   화 070-4024-7286
이 메 일 no1_winningbooks@naver.com
홈페이지 www.wbooks.co.kr

ⓒ위닝북스(저자와 맺은 특약에 따라 검인을 생략합니다)
ISBN 979-11-88610-48-8 (03190)

이 도서의 국립중앙도서관 출판도서목록(CIP)은 서지정보유통지원시스템
홈페이지(http://seoji.nl.go.kr)와 국가자료공동목록시스템(http://www.nl.go.
kr/kolisnet)에서 이용하실 수 있습니다.(CIP제어번호: CIP2018010995)

위닝북스는 독자 여러분의 책에 관한 아이디어와 원고 투고를 설레는
마음으로 기다리고 있습니다. 책으로 엮기를 원하는 아이디어가 있으신 분은
이메일 no1_winningbooks@naver.com으로 간단한 개요와 취지, 연락처
등을 보내주세요. 망설이지 말고 문을 두드리세요. 꿈이 이루어집니다.

※ 책값은 뒤표지에 있습니다.
※ 잘못 만들어진 책은 구입하신 서점에서 교환해 드립니다.